VOYAGES
DE L'EMBOUCHURE DE L'INDUS
A LAHOR, CABOUL, BALKH
ET
A BOUKHARA;
ET RETOUR PAR LA PERSE.

II.

PARIS. — IMPRIMERIE ET FONDERIE DE FAIN,
RUE RACINE, N° 4, PLACE DE L'ODÉON.

VOYAGES
DE L'EMBOUCHURE DE L'INDUS,

A LAHOR, CABOUL, BALKH
ET

A BOUKHARA;
ET RETOUR PAR LA PERSE,

PENDANT LES ANNÉES
1831, 1832 ET 1833.

PAR M. ALEXANDRE BURNES,
MEMBRE DE LA SOCIÉTÉ ROYALE, LIEUTENANT AU SERVICE DE LA COMPAGNIE DES INDES.

TRADUITS PAR J.-B.-B. EYRIÈS.

OUVRAGE ACCOMPAGNÉ D'UN ATLAS.

TOME SECOND

PARIS.
ARTHUS BERTRAND, LIBRAIRE-ÉDITEUR,
LIBRAIRE DE LA SOCIÉTÉ DE GÉOGRAPHIE,
RUE HAUTEFEUILLE, N. 23.

MDCCCXXXV.

CES VOYAGES

EN BOUKHARIE,

SONT DÉDIÉS

AU TRÈS-HONORABLE

LORD WILLIAM CAVENDISH BENTINCK, G. C. B.
GOUVERNEUR GÉNÉRAL DE L'INDE, ETC.

Sous les auspices duquel ils furent entrepris et exécutés par

Son très-obéissant et fidèle serviteur

ALEXANDRE BURNES.

PRÉFACE DE L'AUTEUR.

L'heureux succès de mon voyage de l'embouchure de l'Indus à Lahor, et la vue de peuples jusqu'alors bien imparfaitement connus, réveillèrent avec une force plus vive un désir que j'avais toujours éprouvé de parcourir des régions nouvelles et de visiter les contrées traversées, dans l'antiquité, par le conquérant macédonien. J'étais le premier Européen qui, dans les temps modernes, eût remonté l'Indus; je ne rêvai plus qu'à une pérégrination au delà de ce fleuve, dans des pays qui furent le théâtre d'événemens extraordinaires, dont la lecture avait fait le charme de mes jeunes années.

Lord William Bentinck, gouverneur de l'Inde, auprès duquel je me rendis, ainsi que je l'ai dit à la fin de mon voyage à Lahor, et que je trouvai à Simla, dans les monts Himalaya, donna l'approbation la plus encourageante à mon projet. Il pensa que la connaissance de l'état des contrées que je devais parcourir, ne pouvait qu'être utile au gouvernement britannique, indépendamment des autres avantages qui devraient résulter d'une entreprise semblable.

La nature hasardeuse de cette expédition et la manière la meilleure de l'exécuter demandaient à être prises en considération. Il aurait été répréhensible, et extrêmement imprudent de pénétrer dans les contrées situées entre l'Inde et l'Europe, comme j'avais navigué sur l'Indus et ses affluens, avec la qualité d'agent accrédité du gouvernement britannique, et on m'invita, ainsi que je l'avais suggéré, à paraître comme un simple particulier.

Je reçus comme capitaine dans l'armée britannique, retournant en Europe, des passe-ports en français, en anglais et en persan. Ils étaient conçus en termes qui faisaient connaître ma qualité réelle, et montraient en même temps que le gouvernement prenait intérêt à ce que je fusse bien traité.

Tous les autres arrangemens relatifs à mon voyage furent laissés à ma direction; le gouverneur général approuva le choix que j'avais fait de M. Leckie, qui m'avait précédemment accompagné dans mon voyage à Lahor; ce jeune officier était très-satisfait de s'associer de nouveau à mes travaux; et nous étions à la veille de notre départ, lorsqu'il fut rappelé par le gouvernement de Bombay. Pensant alors qu'il serait bien remplacé par une personne instruite dans l'art médical qui, je le présumai, faciliterait notre marche dans les pays où nous devions aller, je réussis à décider M. James Gérard, chirurgien de l'armée du Bengale, à venir avec moi. M. Gérard avait passé la plus grande partie de sa vie dans l'Inde, à parcourir la région de l'Himalaya; et de plus, était dominé par la passion des voyages.

Mohammed Ali, l'ingénieur hindoustani qui avait droit à toute ma confiance par sa bonne conduite, sa fidélité et son dévouement dans plusieurs occasions critiques durant mon voyage à Lahor, consentit à m'accompagner encore une fois.

Maintenant j'ai à déplorer, avec la douleur la plus sincère, la mort de ce digne homme. Après avoir traversé sain et sauf les déserts et les dangers du Turkestan, puis la Perse, et fait avec moi la traversée de Bender Bouchir à Bombay, nous revenions ensemble par Calcutta, quand il fut attaqué du choléra, à Vellor, ville du Carnatic. Un gouvernement généreux n'a pas oublié son mérite; il a accordé une pension convenable à sa veuve, il a pourvu à l'entretien de sa famille, et quand ses fils arriveront à l'âge requis, il les fera entrer au service. Cette marque de bienveillance n'a pas échappé à l'attention des compatriotes de Mohammed Ali. J'ai vu qu'une gazette du Bengale, dont un Hindoustani est l'éditeur, en fait mention, et invite ceux de cette contrée de l'Inde à suivre l'exemple de Mohammed Ali, et à montrer que pour les progrès intellectuels ils ne sont pas restés en arrière de ceux de Bombay.

Je pris aussi avec moi Mohoun Lal, jeune Cachemirien qui savait l'anglais et devait m'aider dans ma correspondance en persan, dont les formes composent une science dans l'Orient. Je présumai que sa jeunesse et sa religion me préserveraient d'un risque réel, celui qu'il ne se mêlât d'aucune intrigue avec les habitans des pays où nous devions voyager. Mohoun Lal et Mohammed Ali se montrèrent constamment exacts et fidèles à s'acquitter de leurs devoirs, et dévoués à nos intérêts. Étant Asiatiques, ils pouvaient, quand les conjonctures l'exigeaient, se séparer de nous : ainsi en diminuant le nombre des hommes de notre suite, nous pouvions conserver le caractère de voyageurs pauvres, que j'ai toujours considéré comme notre meilleure sauve-garde.

Nous renvoyâmes tous nos domestiques hindoustanis, excepté Ghoulam Housn qui a des droits à ma reconnaissance éternelle pour les fatigues et les peines qu'il a essuyées à cause de moi, et qui est encore mon fidèle serviteur. Je gardai aussi mon desmestique Soliman qui était un Afghan né à Peichaver.

Depuis le moment où je résolus de traverser les pays situés entre l'Inde et la mer Caspienne, je me décidai à toujours conserver le nom d'Européen, tout en m'accommodant par les habits, les manières et les habitudes aux usages des hommes avec lesquels je me trouverais. L'événement a prouvé que ce dessein était très-sage, quoique le caractère que je continuais à prendre nous ait attiré quelques difficultés. Toutefois je ne pris cette détermination que parce que je désespérais entièrement de pouvoir soutenir le rôle d'un Asiatique, et parce que j'avais observé que nul voyageur européen n'avait parcouru ces contrées sans éveiller des soupçons, et sans finir par être découvert. Une longue fréquentation des Asiatiques m'avait procuré une certaine connaissance de leur caractère; en même temps je possédais, assez bien pour la parler couramment, la langue persane qui est *la langue de passe* des peuples que je devais rencontrer: je n'hésitai donc pas à paraître parmi eux, vêtu de leur costume, et à leur avouer que j'étais étranger. D'après tous les renseignemens que je recueillis, il ne me sembla pas qu'il y eût de justes motifs de craindre quelque insulte ou quelque danger personnel;

mais je ne reçus pas beaucoup de consolation de mes amis de l'Inde; ils me parlèrent du sort de nos prédécesseurs, l'infortuné Moorcroft et ses compagnons, comme devant être notre lot inévitable. J'espère néanmoins que l'heureuse fin de ce voyage donnera des idées plus favorables du caractère des Asiatiques, et excitera d'autres Européens à parcourir et à visiter les régions de l'Asie où je suis allé : c'est ce que je regarderais comme ma plus grande récompense.

Tel est le détail abrégé des circonstances qui m'ont conduit dans ces contrées.

M. Gérard qui m'y a accompagné est maintenant directeur en Angleterre, et il partagera l'approbation que l'on a eu la bonté de donner, peut-être avec un peu trop de libéralité, à mes travaux.

Alexandre Burnes.

Londres, 1834.

VOYAGE
EN BOUKHARIE
ET EN PERSE.

CHAPITRE PREMIER.

LAHOR.

Départ de Delhi.—Vue de l'Himalaya.—Le Setledje.—Autels d'Alexandre.—Entrée dans le Pendjab.—Le Mandja.—Anciens canaux.—Patti.—Château d'un chef Seïk.—Lahor.—Visite au Maharadjah.—Son camp.—Conversation avec ce prince.—Partie de chasse.—Retour à Lahor.—Fête du printemps.—Services rendus par M. Allard et M. Court.—Audience de congé.—Instructions de M. Court.

A la fin de décembre 1831, j'eus l'honneur d'obtenir l'approbation finale du gouverneur général des Indes pour parcourir l'Asie centrale. Le 23 de ce mois il me remit mes passe-ports, et je partis de Delhi pour Lodiana, sur la frontière, où j'eus le plaisir de rencontrer mon compagnon de voyage M. James Gérard, chirurgien de l'armée du Bengale. Le capitaine C.-M. Wade, agent politique dans cette ville, et que j'avais déjà vu à Lahor, nous combla de marques d'attention et de bonté, dont je lui exprime ma vive gratitude. Les Anglais qui composent la société de cette station la plus reculée de l'Inde britannique, nous témoignèrent un intérêt vraiment touchant. Nous prîmes congé d'eux à un banquet amical le 2 janvier 1832; le lendemain nous dîmes adieu pour long-temps à des réunions de ce genre, et nous nous enfonçâmes dans la solitude d'un désert de l'Inde. Nous prîmes la route qui suit la rive gauche du Setledje jusqu'à son confluent avec le Béyah.

Indépendamment de M. le docteur Gérard, j'avais avec moi Mohammed Ali, ingénieur, né dans le pays, et attaché au service de la compagnie des Indes, et Mohoun Lal, jeune Cachemirien, élevé à l'institution anglaise de Delhi; il devait m'aider pour ma correspondance en persan. De tous mes domestiques hindoustanis je ne gardai que Ghoulam Housn, homme d'une fidélité éprouvée; je conservai aussi Soliman, un autre domestique, né à Peichaver, en Afghanistan.

Avant que de franchir les limites de l'Inde britannique, il était prudent et nécessaire d'obtenir du Maharadjah Rendjit Sing, souverain du Pendjab, la permission d'entrer dans ses états. On me fit entendre

qu'une demande adressée en mon nom particulier serait, sous tous les rapports, préférable à une lettre officielle de notre gouvernement, puisque l'accueil extrêmement bienveillant que j'avais déjà reçu de ce prince devait me donner lieu d'espérer une réponse prompte et favorable. Je lui écrivis donc pour solliciter la faculté de pénétrer de nouveau dans ses possessions. Je lui exposai brièvement l'objet que j'avais en vue, et je me félicitai de ce que j'allais traverser d'abord le territoire d'un allié si cordial. Employant le véritable style de l'hyperbole orientale, je protestai au Maharadjah, « que lorsque j'aurais le plai-
» sir de le revoir, mon bonheur s'en accroîtrait, parce
» que cette circonstance me procurerait l'occasion de
» renouveler les expressions de mon amitié pour un
» prince dont les vertus éminentes me remplissaient
» de souvenirs d'un délice continuel. » Au bout de trois jours, nous fûmes rejoints par une petite escorte de cavalerie destinée à venir au devant de nous, et l'officier qui la commandait m'apporta la réponse du Maharadjah, témoignant le plaisir que notre arrivée prochaine lui faisait éprouver. On nous annonça aussi que nous recevrions des présens en argent, et d'autres dons à mesure que nous avancerions; mais il convenait mieux à notre qualité de simples voyageurs de marcher sans toutes ces marques d'attentions; je les refusai donc poliment. Comme il était probable que des rapports passablement exagérés nous précéderaient, je désirais d'éviter tout ce qui

ressemblait à la pompe et à l'apparat, et avec d'autant plus de raison que nous n'y avions nul droit.

En descendant le long du Setledje, nous perdîmes peu à peu de vue les monts Himalaya. Pendant les vingt premiers milles, on pouvait les apercevoir dans toute leur magnificence, revêtus de neige de leur base à leur cime, sans qu'aucune chaîne inférieure cachât leur aspect majestueux. Ils étaient à une distance de 150 milles, et leur faîte offrait moins de cimes aiguës que dans la partie de la chaîne qui est plus à l'est. Les frimas qui couvraient ces sommets gigantesques formaient un contraste frappant avec la verdure agréable des plaines du Pendjab. A la vérité celles-ci étaient, au commencement du jour, blanchies par le givre, mais il disparaissait aux premiers rayons du soleil, et dans cette alternative entre la chaleur et le froid, laissait une surface durcie et verte qu'on ne voit pas souvent dans les contrées intertropicales.

Nous passâmes devant des villages innombrables, bâtis sur les bords du Setledje; les maisons avaient des toits plats disposés en terrasse; elles étaient en briques séchées au soleil, et remplissant un encadrement en bois. Elles avaient l'air d'être propres et commodes; les paysans paraissaient bien vêtus et heureux. La population se compose de Djats, tant brahmanistes que musulmans, et de quelques Seïks. Tous les sectateurs de l'islamisme l'étaient auparavant du brahmanisme, et il est réellement remarquable que la première de ces religions prédomine sur la rive méridionale où, à raison du voisinage du monde brahmanique, on se serait attendu à trouver des prosélytes de cette croyance. Dans les parties supérieures du cours du Setledje, près de Lodiana, les habitans sont exclusivement agriculteurs; mais au-dessous du confluent de cette rivière et du Béyah, la population a des habitudes de déprédation. Elle est connue sous les noms de *Dogour*, *Djelmaïri*, *Salaïri*, etc., et sous la dénomination générale de *Raat*; ces gens sont en dispute continuelle les uns contre les autres. Dans les cantons cultivés, ce pays ressemble à une plaine immense; on n'y aperçoit pas du tout de broussailles, et quelques champs de froment ont une étendue de plusieurs milles sans une seule haie. On n'arrose pas les champs, quoique l'eau ne soit qu'à 26 pieds de la surface du sol. On ne voit des arbres que dans le voisinage des villages. Le bois à brûler est si rare, que partout on le remplace par de la bouse de vache; on la fait sécher et on la met en tas. Le feu que l'on en obtient donne une chaleur si forte, que ces gens n'ont pas sujet de regretter le manque d'une autre matière combustible. La contrée située au-dessous de la lisière qui borde le Setledje, est connue sous le nom de *Maloua*; le climat et le terrain y sont également secs; elle produit du *gram* et de l'orge, ainsi que du badjri (*holcus spicatus*) et du *mat*. Ces grains sont expédiés au Pendjab.

Après avoir parcouru 50 milles depuis Lodiana, nous campâmes à Hari, sur les rives du Béyah, au-dessous de son confluent avec le Setledje. Toutes nos cartes représentent ce confluent comme situé à une cinquantaine de milles plus bas; mais il paraît qu'il n'en a été ainsi qu'à une époque très-reculée. Les deux rivières réunies forment un beau fleuve qui n'est guéable nulle part, et qui a 825 pieds de largeur; celle du canal actuel est de plus d'un mille et demi; la rive haute est à droite, l'eau coulait avec une vitesse de 2 milles et un quart à l'heure; elle était en ce moment parfaitement claire, et n'avait pas cette apparence sale et bourbeuse d'une rivière gonflée par les torrens des montagnes. Sa profondeur n'excédait pas 12 pieds depuis qu'elle était rentrée dans son lit de l'été, et que la fonte des neiges avait cessé de l'alimenter. La température de l'eau était de 57° (11° 10), ce qui était 6° de moins que celle de l'air. Les habitans nous racontèrent que, cinquante ans auparavant, le Setledje avait été barré dans les montagnes par une colline tombée en travers de son lit. Après avoir été retenu ainsi pendant quelques semaines, il s'échappa en rompant les obstacles qui l'arrêtaient, et causa de grands dégâts. Le même accident arriva au Ravi, il y a huit ans; il n'en résulta que peu de dommage, et les craintes des habitans de ses bords ne furent excitées que par la couleur noire que les eaux avaient prise, après avoir forcé leur passage par-dessus les terres qui les obstruaient. Le Setledje a changé son cours à une époque peu reculée, et emporté quelques uns des villages situés sur ses rives. Elles sont argileuses, tombent en poussière, et sont facilement minées par l'eau. Près du confluent actuel nous passâmes le lit à sec du Setledje, qui, suivant la tradition, se joignait autrefois au Béyah, à Firouzpour. L'espace compris entre ce canal et celui qui existe maintenant, a une étendue de 12 à 15 milles en travers, est entièrement dénué d'arbres et couvert d'un terreau gras que les eaux ont déposé.

Dans un pays sujet à de si grands changemens, comment découvrir l'identité entre la topographie des temps anciens et celle des temps modernes? Cependant nous étions dans le voisinage des autels d'Alexandre, et si nous cherchâmes inutilement les restes de ces monumens de l'*insensé Macédonien*, ce ne fut pas sans ardeur et sans un certain enthousiasme. Quand l'armée d'Alexandre se mutina sur les rives de l'*Hyphasis*, ce prince traversa cette rivière, et éleva douze autels de dimension colossale pour indiquer la limite et la gloire de son expédition. Rennel a placé la position de ces monumens entre le Béyah et le Setledje; mais l'opinion de ce grand géographe n'est pas appuyée par les historiens d'Alexandre. Ils ne font pas même mention du Setledje, et le désert dont ils parlent comme situé au delà de l'*Hyphasis*, ne peut être réellement que le pays qui est au delà de cette rivière, et au-dessous de son confluent avec le Setledje, puisqu'on y retrouve encore ce désert. Il n'est pas probable non plus qu'Alexandre eût voulu ériger un trophée de ses conquêtes dans un endroit où une rivière peu considérable et guéable le séparait de l'Inde. Nous courûmes pendant quelques jours, et nous étendîmes nos recherches de tous côtés. Ayant passé le Setledje, nous trouvâmes, au point de son confluent avec le Béyah une ruine en briques de petites dimensions; on la nomme *Andrisa*, ce qui ressemble à du grec, mais c'est une bâtisse musulmane.

Alors nous nous embarquâmes sur le Béyah, et nous dépassâmes le confluent, où les eaux des deux rivières, après s'être réunies sans bruit, continuent à couler doucement. Elles ont l'une et l'autre 600 pieds de largeur, mais le Setledje roule le volume d'eau le plus considérable. Ce fut avec de bien faibles espérances de succès que nous poursuivîmes nos investigations de ces restes d'antiquité, puisque les habitans ne se souvenaient pas d'avoir même vu un Européen. C'est néanmoins approcher d'une découverte que de constater les lieux où les autels ne sont pas, et si par la suite on en trouve quelques traces, ce sera vraisemblablement plus bas, et sur la rive gauche de la rivière formée par la réunion du Béyah et du Setledje, et nommée là le Gorra. Je ne dois pas oublier de dire ici qu'à une douzaine de milles de Lodiana on nous parla des ruines de Tihara, sur la rive gauche du Setledje, lesquelles avaient été emportées par les eaux de cette rivière, une trentaine d'années auparavant. On rencontre encore dans cet endroit des briques cuites de grandes dimensions et d'une forme particulière; ce sont peut-être celles d'une ruine antique. Si les autels étaient ici, ma supposition est erronée.

Le 11 nous passâmes le Setledje dans les bacs à Hari ka Pattan, où nous débarquâmes dans le

Pendjab. Il y a 23 bacs à ce lieu de passage, qui est défendu par un détachement de 400 cavaliers, postés là par le souverain du pays pour empêcher les fanatiques de la religion des Seïks de se transporter sur le territoire britannique. En entrant dans le village, nous fûmes entourés d'une foule de femmes et d'enfans qui célébraient notre arrivée par des chants. Ce sont de pauvres gens de la classe des paysans, qui naturellement s'attendent à une récompense; mais cet usage a quelque chose qui fait plaisir. Les petits garçons du village s'étaient aussi rassemblés pour satisfaire leur curiosité; quand nous nous approchâmes d'eux, ils gardèrent le silence et nous regardèrent avec attention : quand nous fûmes passés, ce furent du bruit, du vacarme, des sauts, des éclats de rire; on courait, on se culbutait; si bien que le chef et ses soldats finirent par rappeler ces marmots à l'ordre.

Dès que nous eûmes mis le pied sur les terres du Pendjab, un serdar ou chef, nommé Cham Sing, vint nous trouver de la part de son maître; il me présenta un arc, suivant la coutume des Seïks, et deux bourses pleines d'argent, je refusai ces dernières, étant très-content de la promptitude avec laquelle nous avions reçu la permission d'entrer dans le pays. Je désirais aussi d'être dispensé de la compagnie de ce personnage et de ses cavaliers; mais ce fut impossible, puisqu'il avait été expédié de Lahor pour nous escorter, et que, suivant ce qu'on nous dit, la route n'était pas sûre pour une troupe peu nombreuse. Ce fut fort heureusement que nous ne nous séparâmes pas de ce chef, car nous passâmes par un village en feu et au pouvoir des fanatiques. Un corps de 500 chevaux, que nous rencontrâmes, avait été envoyé pour châtier ces hommes « à tête « mal organisée et à vue courte », comme les qualifie le style officiel du gouvernement du Pendjab.

Le lendemain matin nous commençâmes notre voyage dans le *Mandja*, qui est le *Douab*, ou terrain compris entre le Béyah et le Ravi. C'est la partie la plus haute du Pendjab, à l'est du Béyah; fait démontré, parce que la rive orientale de l'une de ces rivières, et la rive occidentale de l'autre, sont toutes deux élevées. La rive gauche du Ravi a environ 40 pieds de haut, et il en est de même de la rive droite du Béyah. Les puits sont beaucoup plus profonds qu'au sud du Setledje; ici ils ont plus de 60 pieds, là ils n'en ont pas 26. Le sol est une argile dure et compacte, quelquefois graveleuse, produisant des ronces et des arbrisseaux épineux, que les indigènes nomment *kharil* (capparis) et *baboul* (mimosa arabica). La culture dépend des pluies, et l'irrigation n'est nullement générale; des troupeaux de nilgauds, espèce d'antilope, y errent. Jadis les empereurs mogols, voyant la stérilité comparative de cette contrée, la fertilisèrent par des canaux qui, dérivés du Ravi, joignaient cette rivière au Béyah. On peut encore reconnaître les restes d'un de ces ouvrages à Patti, où il forme un angle droit avec le Béyah, quoiqu'il soit bouché depuis cent cinquante ans. Le Mandja est célèbre par la bravoure de ses soldats et sa belle race de chevaux, ce qui lui garantira toujours la protection d'un souverain.

La première ville où nous entrâmes fut Patti, dont la population est de 5,000 âmes; elle fut, ainsi que celle de Soultanpour, qui en est voisine, bâtie sous le règne d'Akbar. Les maisons sont en briques, que l'on a aussi employées pour paver les rues. Des ouvriers creusant un puits dans ce canton rencontrèrent dernièrement un ancien puits, sur lequel était une inscription hindoue; elle apprenait qu'il avait été construit par un certain Agartata, sur lequel la tradition est muette. Autrefois le district de Patti avait dans son ressort 1,360 villages, et produisait un revenu de neuf lacs de roupies quand il était fertilisé par un canal.

Nous visitâmes ici un des haras royaux de Rendjit Sing. Nous y vîmes une soixantaine de jumens poulinières, principalement de la race de douni, d'au delà du Djalem, où le pays est, comme le Mandja, sec et élevé. Cette aridité, qui caractérise également le sol de l'Arabie où les chevaux acquièrent une si grande perfection, n'a-t-elle pas quelque influence sur l'excellence de ces animaux? On les nourrit uniquement d'orge et de *doub*, espèce de graminée rampante qui est regardée comme très-nutritive. Les chevaux de ce haras furent récemment atteints d'une maladie épidémique dont on croit qu'un musulman qui réside dans un temple voisin les guérit. Par reconnaissance, les Seïks ont réparé et embelli ce sanctuaire, qui est maintenant un édifice d'une blancheur remarquable et resplendissant au soleil. Ce peuple est très-tolérant en matière de religion, et j'ai remarqué que dans l'Inde cette vertu est beaucoup plus commune qu'on ne le suppose. C'est peut-être la superstition qui inspire ce respect général de toutes les religions; mais, quelle que puisse être la cause de ce sentiment, il est raisonnable et salutaire. Les musulmans furent sans doute insolens dans leurs conquêtes, et quels conquérans ne l'ont pas été? Mais à mesure qu'ils s'établirent parmi les peuples soumis, leurs préjugés disparurent à l'avantage mutuel d'eux-mêmes et de leurs sujets.

Le 13 nous reçûmes un message de l'acali, qui peu de jours avant avait mis le feu au village et dont les actes de fanatisme avaient provoqué l'intervention du gouvernement. Ce proscrit, nommé Nehna Sing, désirait de nous rendre visite, et j'avais une envie égale d'entendre un personnage si fameux me raconter quelques-unes de ses aventures. Ces Seïks fanatiques ne reconnaissent pas de supérieur, et le souverain du pays ne peut modérer leur frénésie que par des intrigues et des présens. Ils marchent toujours une épée nue à la main, et prodiguent sans réserve leurs injures aux nobles et aux hommes paisibles; mais ils ne se bornent pas toujours à des démonstrations si peu dangereuses, puisqu'en diverses occasions ils ont attenté à la vie de Rendjit Sing. L'idée d'une entrevue avec un tel personnage causait de grandes alarmes à nos conducteurs. Ils s'efforcèrent de nous en dissuader, et à la fin ils firent complétement échouer nos desseins en informant l'acali qu'il devait venir sans être accompagné. Il ne voulut pas se conformer à cette condition, et nous fûmes ainsi privés du plaisir de voir un homme qui avait défié Rendjit Sing lui-même à quelques milles de distance de sa capitale. Nous fûmes obligés de nous contenter des récits que nous entendimes sur ce Seïk frénétique, et je ne pus découvrir nulle différence entre les nuances du fanatisme du Pendjab et celui des autres pays. Ces acalis ou nihangs ne sont pas nombreux, mais ils commettent les violences les plus révoltantes, et se mettent à l'abri sous leur caractère religieux. Ils ne montrent pas plus d'inimitié contre les sectateurs d'une religion différente que contre les Seïks, et voudraient avoir l'air d'être en guerre avec le genre humain ; leur fanatisme touche de près à la folie. De même que leurs voisins, les musulmans, les Seïks se sont beaucoup écartés, de la forme primitive de leur croyance, et leur différence des autres sectes n'est fondée que sur l'observance de quelques rites. Un Seïk vous assurera que le tabac est le plus abject des stimulans ; Gourou Govind Sing le prouva en montrant la saleté de l'intérieur d'une pipe, comme l'exemple de la corruption dans le corps humain. Un Seïk me dit un jour que le tabac et les mouches étaient les plus grands des maux dans ce siècle dégénéré.

A peu près au milieu du Douab, nous arrivâmes à

Pidana, où réside le serdar Djavala Sing, l'un des principaux chefs du Pendjab. Il avait été envoyé de Lahor pour nous régaler dans ce manoir de sa famille. Il vint au devant de nous à un mille de distance, et nous remit une lettre avec un arc et un sac d'argent. Il était vêtu d'une robe de brocard, et les gens de sa suite avaient des tuniques jaunes, couleur favorite des Seïks. Djavala Sing a la réputation d'un brave soldat, et montre dans ses manières et dans son ton une douceur qui charme chez un homme dont l'air est martial et la taille de près de six pieds. Le jour commençait à tomber quand il nous conduisait à notre camp, à travers son château fortifié, qui nous donna une idée favorable de la demeure d'un chef seïk. Il était au centre d'un village habité par ses vassaux; un mur en terre et un fossé extérieur entouraient le tout. On trouve dans l'intérieur de cette enceinte un bazar et de vastes écuries bâties avec beaucoup de régularité. La conquête de ce pays ayant été suivie de tranquillité, la plupart des chefs ont tourné leurs idées vers l'embellissement du lieu de leur résidence, lequel, vu de loin, a un aspect imposant et respectable, bien qu'inférieur aux habitations fortifiées des chefs radjpoutes du Marvar. Ce manoir est toujours construit dans le style militaire, de forme carrée, avec des murs élevés et des tourelles. Notre digne hôte nous traita d'une manière si hospitalière, que nous passâmes deux jours avec lui. Du haut de son château notre vue embrassait tout le pays voisin, qui est très-riche à cause du voisinage des deux capitales, Lahor et Amritsir; cependant le sol est stérile.

En avançant vers Lahor, nous entrâmes sur le grand chemin que fit faire Djihan Ghir, et qui jadis était ombragé par une allée d'arbres, et bordé de caravanseraïs et de minarets. Il conduisait le voyageur d'Agra à Lahor, ville du grand Mogol; il a été célébré dans le poëme *Lalla Roukh*, au sujet de la description du cortége royal allant à Cachemir. Par le laps du temps, les arbres sont disparus, mais beaucoup de minarets et de superbes caravanceraïs marquent encore la magnificence des empereurs mogols. Le chemin offre une chaussée large et fréquentée; il n'était pas possible d'y marcher sans participer à l'enthousiasme que l'auteur de *Lalla Roukh* a excité, et je puis dire aussi, satisfait.

Le 17 au matin, nous entrâmes dans la cité impériale de Lahor, qui jadis fut la rivale de Delhi. Nour circulâmes parmi ses ruines, et à une distance de trois milles nous rencontrâmes M. le chevalier Allard qui, avec deux indigènes d'un rang distingué avait été envoyé au devant de nous. L'officier français était dans son carrosse attelé de quatre mules; M. Gérard et moi nous nous y assîmes avec lui, et nous fûmes conduits à sa demeure hospitalière, où nous descendîmes et prîmes notre logement. La cérémonie de recevoir divers messages amicaux et officiels de Rendjit Sing terminée, les Seïks qui avaient fait partie de la députation se retirèrent, laissant une profusion de fruits du Cachemir et du Caboul, comme une marque de la bienveillance de leur maître. Le soir une bourse de 1,100 roupies nous fut envoyée par le Maharadjah; nous l'acceptâmes, car la refuser eût été offenser ce prince.

Le lendemain matin nous allâmes rendre nos devoirs au Maharadjah, qui nous reçut avec une affabilité extrême, dans un jardin éloigné de deux milles de Lahor. Il était de très-bonne humeur; nous restâmes près de deux heures avec lui. Il nous parla tantôt de sujets de la plus haute importance, tantôt de pures bagatelles; il exprima sa vive satisfaction d'une entrevue qu'il avait eue récemment avec le gouverneur général de l'Inde, et nous dit que maintenant il pouvait diminuer la solde de ses troupes, ayant vu qu'une armée aussi forte que celle des Anglais était si peu payée. Le Maharadjah s'occupait beaucoup du jet des bombes; il nous conduisit sur le devant de son jardin pour nous montrer le succès que ses efforts avaient obtenus. On ignore dans ce pays l'art de fondre le fer; les bombes sont en cuivre. M. Court, un des officiers français du Maharadjah, les lui montra le jour de notre arrivée, et reçut en présent une bourse de 5,000 roupies, des joyaux et d'autres cadeaux. Rendjit Sing nous adressa les questions les plus détaillées sur notre voyage; comme il n'entrait pas dans nos projets de lui développer en entier notre plan, nous lui dîmes que nous nous dirigions vers notre patrie. Il me pria de me charger d'une lettre de complimens pour le roi d'Angleterre; je lui représentai que cela m'était impossible, parce qu'elle pourrait compromettre ma sûreté dans les pays que je devais traverser. Alors je lui offris une paire de jolis pistolets, qui attirèrent ses éloges, et il me dit qu'il les garderait en mémoire de moi. M. Gérard lui fit hommage d'une lunette d'approche. Le Maharadjah nous reçut entouré de ses troupes; on pouvait, de sa salle d'audience, apercevoir quatre régimens d'infanterie. Nous traversâmes une haie qu'ils formaient avec sa cavalerie, et nous fûmes honorés d'un salut. Quand nous prîmes congé de lui, il nous invita à rester à sa cour aussi long-temps que nous pourrions, parce qu'il souhaitait de nous faire voir une chasse au tigre, et nous donner une fête dans son palais, honneur que nous appréciâmes convenablement. Puis nous revînmes chez M. Allard pour jouir du plaisir de sa société et de celle des officiers ses compagnons.

Le 22 vers minuit, nous fûmes très-alarmés par une secousse de tremblement de terre qui dura près de deux secondes avec une grande violence. La maison où nous logions, quoique bâtie solidement en briques et en mortier, fut vivement ébranlée. L'atmosphère n'avait annoncé rien d'extraordinaire; le baromètre n'éprouva aucun changement soit avant, soit après le phénomène; le thermomètre ne marquait que 37° (2° 22); avant le lever du soleil, il baissa jusqu'à quatre degrés au-dessous du point de congélation; au mois de juillet précédent il était monté à 102°(31° 09). J'appris que les tremblemens étaient assez fréquens à Lahor, notamment en hiver. Ils sont encore plus communs au Cachemir, et il paraît qu'ils le deviennent davantage à mesure qu'on approche des montagnes. Les minarets sourcilleux de Lahor, bâtis il y a près de deux cents ans, prouvent évidemment que ces commotions n'ont point été très-désastreuses depuis cette époque. La secousse actuelle paraissait se diriger du sud-est au nord-ouest, et nous fûmes frappés en découvrant, après avoir franchi l'Hindou Kouch, qu'elle avait suivi exactement cette ligne. Dans la vallée de Badakchan, et dans tout le cours supérieur de l'Indus, la plupart des villages avaient été renversés, et plusieurs milliers d'habitans avaient été ensevelis sous leurs ruines. La secousse avait eu lieu dans cette contrée à la même époque, et, autant que j'en pus juger, à la même heure qu'à Lahor, puisqu'on me parla des horreurs du milieu de la nuit du triste événement.

Une semaine après notre arrivée, nous reçûmes l'invitation promise d'aller rejoindre le Maharadjah pour jouir avec lui des plaisirs de la chasse. Il avait déjà quitté la capitale, et nous envoya une lettre amicale avec quatre éléphans pour nous amener, nous et notre bagage. Nous montâmes à l'instant sur ces animaux, et nous nous acheminâmes le long des rives du Ravi, route que la cour avait suivie. Nous nous arrêtâmes pendant une heure au célèbre jardin de Chalimar, qui était alors plus beau que jamais. Quoiqu'au milieu de l'hiver, les orangers étaient chargés de fruits. Nous fîmes halte pour la nuit au village de Lakodar, fameux dans l'histoire, parce que ce fut là que Nadir Châh passa le Ravi pour aller s'emparer de Lahor. La rivière a quitté son ancien lit qui maintenant est à sec et cultivé. Les hordes de Nadir le dévastateur se sont également évanouies depuis long-temps, et ont fait place aux habitans laborieux et paisibles de ce pays. Le lendemain matin nous entrâmes dans le camp royal, qui était à une vingtaine de milles de la capitale. Le long de la route nous avions vu des troupes de soldats, des porteurs et des messagers qui portaient des fruits et des choses rares. Depuis notre départ de Lahor, il était évident que nous nous approchions d'une réunion nombreuse d'hommes. A un mille en avant, un radjah et sa suite, montés sur des éléphans, vinrent au devant de nous, et nous conduisirent au camp placé sur le bord de la rivière; le spectacle, à mesure que nous avancions, était magnifique. Un grand pavillon en toile rouge, entouré d'une vaste enceinte de la même étoffe, marquait le campement du Maharadjah; ses troupes et leurs chefs étaient cantonnés tout à l'entour, en groupes pittoresques. La suite de tentes préparées pour nous loger était extrêmement élégante; elles étaient en toile écarlate et jaune, et le sol était couvert de tapis de Cachemir et de pièces de satin de France. Ce fut avec une sorte de répugnance que je posai le pied sur des matières aussi riches. Dans chaque tente il y avait un lit de camp, avec des rideaux et des couvertures en soie jaune. Une splendeur si dispendieuse était peu convenable pour des hommes qui ne pouvaient guères espèrer de trouver même les aisances de la vie dans la suite de leur voyage; mais je dois avouer que nous en fûmes très-satisfaits en ce moment : un officier de la cour vint au nom du Maharadjah nous féliciter sur notre arrivée, et dans la soirée nous fûmes rejoints par le capitaine Wade et le docteur Murray, qui avaient été envoyés à Lahor pour une mission politique.

Le 27 août soir, nous nous mîmes en marche avec le Maharadjah, et après avoir passé le Ravi à gué, nous nous avançâmes dans l'intérieur du pays. L'ordre de la marche était très-pittoresque, et le cortége, sous tous les rapports, celui d'un roi-soldat. Ses chevaux étaient conduits devant lui, mais on fit le voyage sur des éléphans. Deux de ces monstrueux animaux portaient des loges en or. Le Maharadjah était assis dans l'une d'elles; six ou sept autres suivaient avec ses courtisans et ses favoris. Un petit corps de cavalerie et une pièce de campagne formaient son escorte; le carrosse que lui avait donné le gouverneur général était attelé de quatre chevaux et complétait le train magnifique.

Rendjit Sing parla beaucoup pendant la marche et continua la conversation avec nous pendant près d'une heure après qu'on se fût arrêté. Il parla du bonheur d'Émir Khan, qui avait reçu du gouvernement de l'Inde une concession considérable de terre, sans obligation de service militaire, et s'étendit sur son élévation d'une origine si humble à un si haut rang; mais il n'avait qu'à se citer lui-même comme un exemple remarquable du caprice de la fortune. Il nous dit qu'une armée disciplinée ne s'arrangeait pas avec les habitudes d'un prince de l'Orient, parce qu'il ne pouvait pas la payer régulièrement; il se plaignit par conséquent de cette obligation. Il s'informa si nos troupes réclamaient jamais leur paye à haute voix, et manifesta quelque surprise en apprenant qu'une telle conduite était regardée comme une mutinerie. Une conversation à laquelle il prenait part ne pouvait naturellement finir sans qu'il fût question de son sujet favori, le vin, et dès qu'il se fut assis, il remarqua que la position de sa tente était fort agréable pour une partie de plaisirs, composée de personnes qui voudraient boire, puisqu'elle embrassait une belle perspective du pays voisin. Il demanda aux médecins si le vin valait mieux avant ou après un repas, et rit de bon cœur quand je répondis en recommandant l'un et l'autre. Pendant cette conversation, un paysan s'étant avancé de notre côté en demandant hautement justice, les gardes l'arrêtèrent et le bâillonnèrent; mais le Maharadjah cria d'un ton d'autorité : « Ne le frappez pas. » Un officier fut envoyé pour écouter ses plaintes; mais je crains que, si l'opinion commune est vraie, la justice ne soit ici une chose non moins dispendieuse que dans les autres contrées de l'Asie.

Après avoir pris congé du prince, nous gagnâmes nos tentes qui étaient différentes de celles que nous avions occupées la veille. Elles étaient en châles de Cachemir, et avaient quatorze pieds carrés. Il y en avait deux réunies par une enceinte de la même étoffe magnifique, et l'espace intermédiaire était abrité par une tenture soutenue à une grande hauteur par quatre piliers massifs ornés d'argent. Les châles d'une tente étaient rouges; ceux de l'autre, blancs. Dans chacune il y avait un lit de camp, avec des rideaux également en châle de Cachemir, ce qui donnait plutôt l'idée d'une demeure de fées que celle d'un camp dans les djengles du Pendjab.

Parmi les personnes qui vinrent au camp, je ne dois pas oublier le sage Azizodin, médecin et secrétaire de Rendjit Sing; suivant les notions de l'Orient, c'est un homme très-savant, profondément versé dans la théologie, la métaphysique et la physique, qu'il avoue avoir apprises dans les auteurs grecs. Il étala sa science dans plusieurs longs discours, desquels j'ai extrait ce qui suit, comme échantillon de ce qui, dans l'Orient, passe quelquefois pour de la sagesse. « Le monde possède trois atomes différens, tous excellens, et qui entrent tous dans le plus noble ouvrage de Dieu : l'homme. Ni les pierres précieuses, ni les métaux précieux, ne peuvent ni multiplier leur nombre ni augmenter leur volume; c'est dans leur beauté que réside leur excellence. Dans le règne végétal, nous voyons les arbres et les plantes suçant l'humidité de la terre et l'appropriant à leur nature, croître en dimension et en gloire. Dans le règne animal, nous voyons les bêtes des champs broutant les plantes qui leur donnent la nourriture, et évitant celles qui sont nuisibles. Nous les voyons propager leur espèce sans institutions sociales. Dans l'homme seul nous trouvons toutes les excellences; il possède la beauté et l'ornement de la pierre précieuse; il comprend et emploie les propriétés du règne végétal, et à l'instinct des animaux il ajoute la raison et s'occupe de l'avenir. Il choisit sa femme avec réflexion, et ne vit pas en troupeaux comme les autres animaux. »

Mais nous étions venus pour chasser et non pour philosopher, et le lendemain à midi nous suivîmes Rendjit Sing dans une expédition. Il montait un cheval bai qu'il préfère, couvert d'une housse élégante richement bordée, et ornée à sa bordure de la plupart des quadrupèdes et des oiseaux que le chasseur poursuit. Ce prince était vêtu d'une tunique de châle verte, bordée de fourrure; son poignard était garni des plus riches brillans; et un léger bouclier en métal, don de l'ex-roi de Caboul, complétait son équipement. Une troupe d'éléphans le suivait, et une meute de chiens de races croisées, venant du Sindhi, de la Boukharie, de l'Iran et de ses propres états, formait l'avant-garde. Ses fauconniers avaient leurs oiseaux au poing. Ils voltigeaient à ses côtés et secouaient les grelots suspendus à leurs pates. Une compagnie d'infanterie, disposée sur une ligne étendue, et à peu près trois cents cavaliers, balayaient le terrain; nous suivions les forestiers qui, avec leurs hallebardes grossières, ne tardèrent pas à faire lever le gibier. Nous devions rencontrer des sangliers au lieu de tigres. Les sabres des Seïks brillaient au soleil; en une demi-heure huit monstres eurent mordu la poussière, et beaucoup plus furent pris au piége. La plupart avaient été tués par les sabres des cavaliers; un petit nombre avait d'abord été blessé par les mousquets. Le plaisir de cette chasse peut n'être pas convenablement apprécié par un Européen, puisque les sangliers n'avaient qu'une bien faible chance d'échapper; toutefois, je suis sûr que les Seïks se divertirent bien. Cette scène se passa dans une plaine couverte d'herbes hautes; montés sur nos éléphans, nous pouvions, dans les espaces ouverts, considérer à notre aise la beauté du spectacle. Les couleurs brillantes des vêtemens des personnes de la cour produisaient un effet frappant. Rendjit Sing s'empressait d'examiner chaque sanglier à mesure qu'il tombait. Au bout d'une heure et demie nous revînmes à nos tentes; les chasseurs heureux furent récompensés. Ensuite les sangliers vivans furent amenés, attachés par une pate à un poteau, et harcelés par les chiens; on aiguillonne le courage et l'ardeur de ces animaux en leur jetant de l'eau sur le corps. Ce passe-temps est cruel et peu amusant. Après l'avoir regardé quelques momens, Rendjit Sing ordonna de rendre la liberté aux sangliers, disant qu'ils pourraient vanter son humanité; les animaux furieux décampèrent au travers de la foule qui remplissait le camp et au grand contentement de la multitude.

Nous passâmes ensuite quelques instans avec le Maharadjah qui nous fit un récit animé de ses exploits au delà de l'Indus. Il parla de la bravoure d'un Nihang ou Seïk fanatique qui périt dans cette occa-

sion. Il avait combattu à pied et reçu une blessure qu'il pansa, puis il revint à cheval sur le champ de bataille. Une seconde blessure ne le découragea point, il s'assit sur un éléphant; à la fin un coup de fusil lui perça la poitrine. « C'était un homme très-
» brave, continua le prince, mais un grand scélérat;
» s'il n'était pas mort ce jour-là, j'aurais été obligé
» de l'emprisonner pour le reste de ses jours; il vou-
» lait passer la frontière afin de mettre le feu à quel-
» que cantonnement anglais. » La bataille dont il s'a-gissait s'était livrée à Nouchéro près de Peichaver; c'était la victoire la plus glorieuse remportée par Rendjit Sing après le passage héroïque de l'Indus, dans un endroit où il n'y avait pas de gué. Il était amusant de l'entendre raconter ses charges, ses évo-lutions, ses batailles et ses succès. Son seul œil bril-lait à ces récits. « Il faut que vous passiez sur le champ
» de bataille, ajoutait-il, et il faut que vous en fas-
» siez une reconnaissance exacte; je vous donnerai
» des lettres pour les chefs voisins et pour les Khibe-
» ris vivant en maraudeurs; ils vous indiqueront le
» terrain, et vous garantiront une sûreté complète
» et un traitement honorable. » Cette marque de fa-veur était bienveillante, et j'y fus d'autant plus sen-sible, que je ne l'avais pas sollicitée; mais les lettres furent inutiles.

Nous continuâmes à jouir de la société du Maha-radjah jusqu'à la fin du mois, que nous retournâmes à Lahor, avec la même pompe et le même apparat qui avaient été déployés dans la campagne. En chemin on chassa au faucon, amusement que peut même prendre quelqu'un qui n'est pas chasseur. Une salve de cent coups de canon annonça la rentrée de Rendjit Sing dans sa capitale, et nous reprîmes notre logement chez notre digne ami M. Allard.

Le 6 février, la fête du *Basant*, ce qui signifie simplement le printemps, fut célébrée avec un grand éclat. Rendjit Sing nous y invita; nous l'accompagnâmes sur des éléphans, pour être témoins des démonstrations de joie que le retour du printemps fait éclater ici, de même que dans les autres pays. Les troupes formaient une haie dont on ne pouvait parcourir la longueur qu'en trente-cinq minutes; elles consistaient uniquement en corps réguliers, cavalerie, infanterie et artillerie; tous en uniformes jaune, qui est leur costume de cérémonie pour cette fête. Le Maharadjah passa le long de la ligne et reçut son salut. Nous avions à traverser entièrement les ruines de l'ancien Lahor sur un terrain irrégulier, ce qui donnait à la ligne un aspect ondulé qui rehaussait considérablement la beauté de la scène. Au bout de cette magnifique armée s'élevaient les tentes royales doublées de soie jaune. Dans l'une d'elles il y avait un dais évalué à un lac de roupies; il était couvert de perles et bordé de pierres précieuses; on ne peut en imaginer de plus somptueux. Rendjit Sing s'assit à une extrémité, et écouta pendant dix minutes la lecture du Grinth (Écriture sainte des Seïks). Il fit un présent au prêtre, et le volume sacré fut emporté, enveloppé dans dix couvertures différentes, dont l'extérieure, était de velours jaune en honneur du jour. Alors des fleurs et des fruits furent placés devant le prince ; tout arbrisseau ou arbre qui porte des fleurs jaunes en est dépouillé en cette occasion. Je ne pus découvrir d'autre motif pour le choix d'une couleur si simple, que la volonté arbitraire d'un souverain. Les nobles et les commandans des troupes, tous habillés de jaune, vinrent ensuite offrir leur don en argent monnayé. Chàh Zéman et Chàh Eyoub, fils de l'ex-roi de Caboul, entrèrent alors, et parlèrent quelque temps au Maharadjah. Sarafraz Khan, nabab du Moultan, également habillé de jaune, et accompagné de cinq de ses fils, rendit son hommage et fut accueilli avec beaucoup de bonté. Les agens de Bhaoualpour et du Sindhi s'approchèrent à leur tour, et furent interrogés d'une manière très-détaillée sur un sujet d'une grande importance politique dans le temps présent : l'ouverture de l'Indus. Il aurait été difficile, à l'attitude hypocrite de ces personnages, de découvrir qu'ils étaient les représentans de princes qui haïssaient cordialement le Maharadjah. Ces cérémonies terminées, les danseuses furent introduites ; comme elles participent à la bienveillance du prince, elles reçurent une bonne portion de l'argent étalé devant lui ; il parut le partager presque entièrement entre elles ; elles furent invitées à chanter les chansons d'amour de la fête, ainsi qu'une ode sur le vin. Alors Rendjit Sing fit apporter la bouteille, et insista pour que nous bussions le coup de l'étrier ; après cela nous partîmes.

Notre départ de Lahor fut retardé par la fête que le prince avait résolu de nous donner à son palais de Saman Bourdje. Nous allâmes le joindre dans un jardin, et nous l'accompagnâmes au lieu désigné qui était superbement illuminé en flambeaux de cire, pour l'occasion. Des bouteilles remplies d'eau diversement colorée, étaient placées près des lumières et augmentaient la splendeur. Nous fûmes d'abord conduits à la grande salle, où se tenaient jadis les empereurs mogols; elle a 70 pieds de long, et on y entre par une colonnade en marbre voûtée. Le plafond et les parois sont entièrement incrustés de miroirs, ou dorés; l'illumination faisait bien ressortir sa magnificence. Plusieurs parties de ce palais, de même que de celui de Delhi, doivent évidemment beaucoup des beautés de leur architecture au génie d'un artiste européen. Nous quittâmes la grande salle pour un petit appartement, qui est la chambre à coucher du Maharadjah; c'est là que les divertissemens du soir devaient avoir lieu. Le capitaine Wade et le docteur Murray étaient également présens; nous étions assis sur des chaises d'argent, autour du Maharadjah. A une extrémité de la pièce il y avait un lit de camp qui mérite d'être décrit. Toutes les parties étaient entièrement revêtues d'or, et une feuille massive de ce précieux métal formait le ciel. Il était posé sur des escabeaux élevés de 10 pouces au-dessus du plancher, et qui étaient aussi en or. Les rideaux étaient en châle de Cachemire. On voyait à côté une chaise ronde en or; et on nous montra dans un des appartemens supérieurs du palais le pendant de cet ameublement somptueux. Les bougies qui éclairaient étaient portées par des bras en or. Le petit appartement où nous nous tenions était superbement doré, et une tenture de soie jaune formait le côté qui donnait sur la cour.

Nous jouîmes là de la société du Maharadja, qui faisait librement circuler la bouteille, remplissait lui-même les verres, et par son exemple encourageait les buveurs. Rendjit Sing boit au poids, sa dose usuelle ne dépasse pas celui de huit peïces[1], mais dans cette occasion il en avala 18. Sa boisson de prédilection est une liqueur spiritueuse, extraite par la distillation des raisins du Caboul; elle est très-ardente et plus forte que l'eau-de-vie. Il devint très-gai et très-amusant, et raconta plusieurs événemens de sa vie privée. Il avait apaisé deux mutineries de son armée : trois de ses chefs étaient, à différentes fois, tombés à ses côtés; il avait une fois défié son adversaire pour terminer leur dispute par un combat singulier. L'esprit belliqueux du prince se communiqua aux danseuses, que suivant sa coutume, il fit entrer plus tard dans la soirée. Il les régala de la liqueur; elles se battirent entre elles à son grand amusement et au déplaisir de ces pauvres créatures, qui dans la mêlée perdirent quelques-uns des lourds anneaux qui pendaient à leurs oreilles et à leur nez. Le souper

---

[1] Petite monnaie de cuivre.

fut servi; il consistait en différens mets très-bien apprêtés, et qui, par un contraste singulier avec la magnificence de la salle, furent présentés dans des feuilles cousues en forme de jattes; elles contenaient du lièvre, de la perdrix, du porc et toute espèce de gibier. Rendjit Sing en mangea bien et nous en fit passer. Il y avait aussi une diversité de confitures et de glaces. Nous ne nous séparâmes que long-temps après minuit.

Au milieu de ces fêtes et de ces divertissemens, nous ne perdions pas de vue les difficultés qui nous attendaient, et nous résolûmes de mettre à profit l'expérience de M. Allard et de M. Court qui, venus de Perse par terre, avaient parcouru une partie du pays que nous allions traverser. Ils semblèrent rivaliser à qui nous montrerait le plus de bienveillance. Ils nous remirent plusieurs lettres pour leurs connaissances dans l'Afghanistan, et nous donnèrent de bons avis pour diriger notre conduite. M. Court eut même la complaisance de rédiger en français un précis que j'insère dans cette langue à la fin de ce chapitre, parce qu'étant le résultat de son expérience, il offre des renseignemens précieux pour les voyageurs, et me fournit l'occasion d'exprimer ma reconnaissance tant à lui qu'à M. Allard. Ces officiers ne nous déguisèrent pas les craintes multipliées qu'ils concevaient pour notre sûreté; mais nous n'étions pas venus à Lahor pour discuter nos chances de succès, c'était uniquement pour continuer notre voyage.

Dans la soirée du 10 février, nous prîmes congé du Maharadjah à la parade, où il nous montra de nouveau, avec une fierté évidente, les progrès que ses soldats avaient faits dans l'art de lancer les bombes. Il me demanda ensuite mon opinion sur l'ouverture de l'Indus, et observa que ce fleuve et ses cinq grands affluens traversant son territoire, il devait en dériver des avantages plus considérables pour lui que pour le gouvernement britannique. Il parla de ce projet comme on pouvait l'attendre d'un homme à grandes vues : mais il dit qu'il ne goûtait pas l'idée de voir des vaisseaux naviguer dans toutes les parties de ses états. Il redoute des collisions avec notre gouvernement. Après cela il dicta des lettres par lesquelles il nous recommandait aux chefs de Peichaver et du Caboul, ainsi qu'à d'autres grands personnages d'au delà de l'Indus. Il expédia aussi des ordres à tous ses capitaines et agens, depuis la capitale jusqu'à la frontière ; enfin, étendant sa main du haut de son éléphant, il nous serra cordialement les nôtres et nous dit adieu. Il m'engagea particulièrement à lui écrire fréquemment et à lui rendre compte des pays où je voyagerais, de leurs usages et de leur politique, et de ne jamais l'oublier, en quelque lieu que je pusse être. Nous fûmes fidèles à cette recommandation, même à une grande distance des états de Rendjit Sing ; nous reçûmes de lui des lettres dans les déserts du Turkestan et à Boukhara. Jamais, en quittant un Asiatique, je n'éprouvai une impression pareille à celle que je ressentis en me séparant de ce prince. Sans éducation, sans guide, il conduit toutes les affaires de son royaume avec une énergie et une vigueur extraordinaires, et néanmoins il exerce son autorité avec une modération absolument sans exemple chez un monarque d'Orient.

INSTRUCTION DE M. COURT.

A monsieur Burnes, par son ami M. Court.

Le proverbe français dit : Si tu veux vivre en paix en voyageant, fais en sorte de hurler comme les loups avec qui tu te trouves : c'est-à-dire, conforme-toi en tout aux mœurs et coutumes des habitans des contrées que tu parcours. C'est la base de vos instructions.

Commencez d'abord par vous dépouiller de tout ce qui pourrait faire connaître que vous êtes Européens ; car si l'on vient à savoir que vous êtes tels, on va se figurer que vous emportez avec vous toutes les mines du Pérou. Par là, vous vous attirez sur les bras une nuée d'ennemis, vu que les peuplades barbares que vous allez traverser n'en veulent qu'à l'argent et non à la personne. Evitez donc de produire le moindre objet qui puisse tenter leur cupidité. Songez que souvent je les ai entendus se glorifier, comme d'un acte héroïque, d'avoir fait assassiner telle et telle personne, pour lui enlever un objet qu'ils avaient convoté.

Évitez autant que possible les occasions qui pourraient donner atteinte à votre honneur. Si des cas imprévus surviennent, n'y répondez jamais avec emportement ; car, répondre à l'insolence asiatique, c'est ajouter de la matière combustible à un feu qui brûle déjà. Si vous vous voyez forcé d'y répondre, il faut alors leur présenter des raisons solides, accompagnées d'expressions obligeantes et courageuses.

Ayez pour maxime qu'il ne faut pas faire d'amitié particulière avec les Orientaux, vu qu'ils sont incapables d'attachement sincère. Vivez bien avec tous, mais ne vous attachez à aucun ; par ce moyen il vous en coûtera moins. Sachez qu'ils n'ont ni la bonne foi, ni la franchise, ni la loyauté, qui nous caractérisent. Ils sont doux, flatteurs, caressans, il est vrai ; mais sous ces formes séduisantes, ils cachent presque toujours de sinistres desseins. La perfidie, la trahison, le parjure, n'ont rien qui leur paraisse répréhensible. A leurs yeux le droit n'est rien, la force fait tout. N'allez pas vous imaginer que ce que vous appelez bonté, douceur, complaisance, puisse vous être utile ; ils ne savent nullement apprécier de telles qualités. Comme Européen, ne craignez pas de faire usage de la flatterie. Etant d'usage parmi eux, vous ne sauriez trop l'employer ; elle peut même vous être avantageuse.

En quittant Lahor, dites adieu à Bacchus, pour ne le revoir que dans la belle Europe. C'est un sacrifice essentiel à faire ; il vous évitera bien des querelles que pourraient vous susciter les mahométans. Soyez modeste dans vos dépenses : moins vous en ferez, moins vous tenterez la cupidité des Orientaux. Évitez surtout de donner le moindre cadeau ; car si vous faites tant que de régaler quelqu'un, vous vous trouverez bientôt assiégé par une infinité d'autres qui ne désempareront que quand vous les aurez satisfaits. Paraissez en public le moins qu'il vous sera possible. Évitez toute sorte de conversations, surtout celles qui traitent de théologie, point sur lequel les mahométans aiment à tomber avec un Européen. Donnez-leur toujours raison lorsque vous vous verrez forcé de donner votre avis. Que vos mémoires soient écrits en secret, autrement vous donneriez lieu à des soupçons qui pourraient vous être préjudiciables.

En prenant des renseignemens, faites-le avec adresse et prudence; n'ayez jamais l'air d'insister à les avoir. Si le pays offre des curiosités, visitez-les comme pour passer le temps : si elles sont écartées, n'y allez jamais qu'en bonne compagnie.

Ne vous mettez en route qu'avec des caravanes sûres, et ayez surtout l'attention de ne jamais vous en écarter. Ayez de petites attentions pour le caravanseraskier, car c'est toujours de lui que dépend l'heureux succès des voyageurs. En vous attirant son amitié, il pourra vous donner les renseignemens que vous pourrez désirer; et par-là, vous éviterez de vous adresser à des personnes étrangères. Que votre campement soit toujours à ses côtés; mais, nonobstant cela, que l'un de vous ait sans cesse l'œil au guet.

Soyez toujours armé jusqu'aux dents pour imposer. Évitez les gens qui font les empressés pour vous servir, car ce sont là ordinairement des marauds qui en veulent à votre bourse. Avant votre départ, tâchez de faire connaître que vous partez sans argent, et que ce qu'il vous en faut, vous l'avez pris en lettres de change. Faites en sorte d'avoir toujours la moitié de votre argent sur vous et bien caché. Dans les endroits où vous craindrez d'être visité, cachez-le d'avance pour qu'il ne soit pas vu. Songez que j'ai été plus d'une fois visité, et que cela pourrait fort bien vous arriver ; trouvez donc de bonnes cachettes pour votre argent.

Lorsqu'il s'agira de payer la traite foraine, soldez-la sans difficulté, à moins que les exigences du douanier ne soient trop fortes. Sachez que ce sont là des coquins qui peuvent vous susciter plus d'une querelle. Quoique voyageant dans des contrées livrées au plus affreux despotisme, vous ne pourrez vous empêcher d'admirer la grande familiarité qui existe du petit au grand; ainsi ne soyez nullement étonné si vous vous voyez parfois accosté par des vauriens qui vous arracheront des mains le kalion pour en tirer de la fumée. N'ayez donc aucun air hautain avec qui que ce soit; l'air de fakhir est celui qui vous convient le plus.

Le Nevab Dgiabar Khan peut vous aplanir toutes les difficultés que vous pourrez rencontrer de Caboul à Bokhara; tâchez donc de lui plaire : c'est d'ailleurs le plus parfait honnête homme que j'ai rencontré en Asie. Quant à votre projet de traverser la Khiva pour vous rendre sur les bords de la mer Caspienne, je le trouve impraticable : je désire cependant que vous puissiez le surmonter. Dans le cas contraire, repliez-vous sur Hérat ou Méched ; mais, alors, ne vous mettez en route qu'avec une nombreuse caravane bien armée, car le pays que vous devez traverser est infesté de Turcomans, qui ravagent impunément toutes ces contrées. D'ailleurs, l'expérience que vous acquerrez en traversant ces contrées vous fournira des lumières propres à vous guider mieux que ne le feraient mes instructions.

Que Dieu vous fasse arriver à bon port !

CHAPITRE II.

VOYAGE DANS LE PENDJAB JUSQU'A L'INDUS.

Départ de Lahor. — Réduction de notre bagage. — Vue de l'Himalaya. — Le Tchénab. — Le Djalem. — Pend Dadan Khau. Ses antiquités. — Monts salans. — Manière d'extraire le sel. Villages des rives du Djalem. — Théâtre de la bataille de Porus. — Iles flottantes. — Fort de Rotas. — Tope de Manikiala. — Médailles et antiquités. — Ce lieu est Taxila. — Ravil Pendi. — Indices qui annoncent la fin du territoire indien. — Défilé de Margalla. — Vue de l'Indus. — On passe ce fleuve à gué. — Attok.

Après avoir dit un adieu amical à M. Allard et à M. Court, nous partîmes de Lahor le 11 février, et nous fîmes halte au tombeau de Djihan Ghir, magnifique monument sur le bord du Ravi. Sans avoir l'esprit abattu ou sans m'apercevoir que mon zèle se ralentît, j'éprouvais un grand vide en me voyant séparé des deux amis dont nous avions reçu un accueil si hospitalier; maintenant je me rappelle le petit nombre de semaines que j'ai passées à Lahor, comme appartenant aux plus heureux jours de ma vie. Il n'y avait pas non plus dans notre premier gîte beaucoup de choses de nature à nous égayer; c'était le reste d'un mausolée que la cendre d'un roi avait rendu sacré, et que récemment le séjour d'une brigade d'infanterie, à laquelle il avait été assigné pour caserne, avait encore contribué à dégrader davantage. Nous passâmes la nuit dans un des pavillons qui entourent le monument, et nous écoutâmes les contes puérils des gens assis autour de nous. Ils nous assuraient que le corps de l'empereur Djihan Ghir était, de même que celui de Mahomet, suspendu en l'air par une pierre d'aimant; cependant on n'a qu'à regarder dans le caveau où il repose pour voir qu'il est placé à terre.

Il devenait maintenant nécessaire de nous défaire presque entièrement de tous les objets qui nous appartenaient, et de renoncer à beaucoup d'usages et d'habitudes qui étaient devenus pour nous une seconde nature; le succès de notre entreprise dépendait de ces sacrifices. Nous jetâmes tous nos habits européens, et nous adoptâmes sans réserve le costume asiatique. Nous échangeâmes nos vêtements serrés contre la robe flottante des Afghans. Nous prîmes le ceinturon propre au sabre, et l'écharpe (*kammar band*). Nos têtes rasées furent coiffées d'un vaste turban, et nous marchâmes en pantoufles. Il fallut, par un contraste absolu, avoir les pieds nus et la tête couverte. Nous donnâmes nos tentes, nos lits, nos malles; nous brisâmes nos tables et nos chaises. Nous savions qu'à l'avenir une cabane ou la voûte du ciel devait être notre abri, et un tapis grossier ou une natte notre lit. Une couverture (*kam-*

mal) nous servit à couvrir la selle du pays, et à nous protéger le visage pendant notre sommeil. La plus grande partie de ma mince garde-robe trouva place dans les *kourdjin*, ou poches de cuir placées en travers de la croupe du cheval. Un seul mulet pour chacun de nous portait la totalité de notre bagage, avec mes livres et mes instrumens. Mohammed Ali et le jeune Cachemirien montaient chacun un bidet. Ces arrangemens exigèrent du temps et de la réflexion. Nous donnâmes, nous détruisîmes, nous brûlâmes des masses entières de toutes sortes de choses, qui auraient pu fournir la charge de plusieurs mulets ; sacrifice propitiatoire, comme je l'appelai, à ces démons immortels, les Khiberi, qui de temps immémorial ont pillé les voyageurs au passage de l'Indus. Chacun parut persuadé de la nécessité impérieuse du sacrifice, puisque nous estimions plus notre vie que tous nos biens. De quelle utilité nous aurait été d'adopter les usages et le costume du pays, et de rester embarrassés de tout l'attirail superflu de la civilisation? C'est néanmoins une singulière sensation que celle qu'on éprouve, quand assis les jambes croisées, on écrit son journal sur ses genoux! L'usage nous eut bientôt familiarisés avec ces changemens, et nous n'en mangeâmes pas moins de bon appétit, quoique nous privant de vin et de liqueurs spiritueuses sous une forme quelconque, et nous servant de nos doigts pour prendre les mets sur des plats de cuivre, sans faire usage de couteaux ni de fourchettes.

A mi-chemin du Tchénab, nous fîmes halte à Kote, dans la maison de campagne d'un colonel des troupes de Rendjit Sing. C'était un gîte agréable; bien que le jardin n'eût pas trois cents pieds carrés, il était bien garni d'arbres fruitiers et de fleurs. Les premiers étaient pour la plupart en fleur, et leur nomenclature donnera une idée favorable du climat de ce lieu : c'étaient des pêchers, des abricotiers, des pruniers de reine-claude, des figuiers, des grenadiers, des coignassiers, des orangers à fruits doux et amers, des citronniers, des limonniers, des gouyaviers, des vignes, des manguiers, des jambosiers, des bairs, des dattiers, des amandiers et des pommiers, et sept ou huit espèces que je ne puis désigner que par les noms que leur donnent les indigènes, et qui sont, gouler, sohaoudjna, goultchin, oamltass, bell, bassoura. Les allées de ce jardin étaient bordées de cyprès et de saules pleureurs magnifiques; les plate-bandes offraient des narcisses et des rosiers à cent feuilles. Presque tous les arbres et les fleurs sont indigènes, mais il y en a beaucoup qui viennent du Cachemir : un habitant de ce pays était jardinier de ce beau lieu, dont le propriétaire se trouvait absent; sa maison était en désordre et très-négligée, parce qu'il est peu payé par son avare souverain. Son fils, garçon spirituel, âgé de neuf ans, nous fit une visite, et nous répéta des vers d'un poëte persan, qu'il lisait à son école. Cet enfant est destiné à être témoin de scènes sanglantes, ou au moins de grands changemens dans ce pays!

A une distance d'environ 20 milles du Tchénab, nous revîmes les cimes gigantesques de l'Himalaya dans toute leur magnificence. C'étaient les monts sur la route de Cachemir, au-dessus de Bember, où Bernier se plaignait de la chaleur qui le faisait tant souffrir; ils étaient maintenant coiffés de neige. Il est impossible de contempler ces montagnes sans un sentiment de plaisir, car elles soulagent l'œil fatigué de la monotonie des plaines immenses du Pendjab. A en juger par la hauteur de celles qui ont été mesurées plus à l'est, celles-ci ne doivent pas avoir moins de 16,000 pieds. Il est difficile d'estimer leur distance, puisque la carte ne donne pas une idée exacte de la chaîne. En faisant toutes les déductions possibles, les plus élevées ne pouvaient être à moins de 160 milles, et se présentaient sous un angle de 51 degrés. Il y avait à peine dans toute la rangée un pic ou un point qui se fît remarquer. Cette régularité de la ligne de faîte n'indique-t-elle pas une formation trapéenne ou calcaire?

Nous atteignîmes les rives du Tchénab à Ramnagar, petite ville, que Rendjit Sing visite volontiers, et où il a souvent passé ses troupes en revue quand il partait pour ses expéditions au delà de l'Indus. Elle est dans une vaste plaine propre à faire exercer une armée. Son nom était autrefois Ressoulgar; il a été changé depuis le renversement de la domination musulmane; il signifiait la ville du prophète, tandis que celui de Ramnagar, qui lui a été substitué, veut dire la ville d'un dieu.

Le Douab, ou le pays entre le Ravi et le Tchénab, est un peu mieux cultivé et plus fertile que celui que nous avions traversé auparavant; le sol en est sablonneux. Dans sa partie centrale les puits n'ont que vingt-cinq pieds de profondeur. Leur température moyenne était de 70° (16° 87). Le matin il s'en exhalait des nuages de vapeur qui restaient visibles jusqu'à ce que l'atmosphère fût assez échauffée pour les cacher. Dans cette saison, le climat est froid et glacial, fréquemment pluvieux et toujours nuageux. Le vent souffle généralement du nord. La canne à sucre croît ici; on était occupé à en extraire le suc; on la place à cet effet entre deux cylindres de bois disposés horizontalement l'un au-dessus de l'autre, et mis en mouvement par des bœufs. Ils font tourner une roue qui en fait mouvoir deux plus petites, placées verticalement à sa surface, et communiquant avec les cylindres de bois. Pendant que j'examinais une de ces machines, le chef du village m'en expliqua le mécanisme, puis il me fit présent de *gour*, ou sucre brut, prémice de la récolte actuelle. C'était un Djat fort ignorant; son fils l'accompagnait. M'étant enquis de ce que savait le fils, je conseillai au père de l'envoyer à l'école; il me répondit que l'instruction était inutile aux gens qui cultivent la terre. Je suis fâché de dire que la même opinion règne dans des classes plus élevées; car Rendjit Sing et son fils sont également illettrés; et ils ne veulent pas que l'on instruise le fils de celui-ci, quoiqu'il promette beaucoup.

A Ramnagar nous reçûmes la visite d'un vénérable

chef seïk, âgé de quatre-vingt-deux ans, qui avait fait la guerre sous le grand-père de Rendjit Sing. Sa barbe était blanchie par l'âge; du reste c'était un vieillard vigoureux; son habillement, complétement blanc, annonçait un homme attaché aux anciens usages, tout comme le feraient en Angleterre une queue et un spencer. La loquacité de la vieillesse l'avait gagné; il décrivit cependant d'une manière animée ses premières années et les progrès de la puissance des Seïks. « Il a été prédit, nous dit-il, dans notre *Grinth*, que partout où il y a un cheval et une lance, il y aurait des chefs et des soldats dans le pays. Chaque jour contribue à vérifier cette prédiction, puisque le nombre des sectateurs de la croyance des Seïks augmente de cinq mille annuellement, terme moyen. » Quand l'agrandissement politique suit les progrès de suprématie religieuse d'une secte, il ne faut pas beaucoup de prévoyance pour pronostiquer que cette secte prendra de l'accroissement. A la suite de l'invasion des Patans, l'Hindou devint musulman, et avec la puissance des Seïks le musulman et le brahmaniste se sont faits Seïks ou Sings. Le véritable Sing ou Khalsa ne connaît d'autre occupation que la guerre et l'agriculture; et il aime mieux l'une que l'autre. Le sectateur de Baba Nanek est marchand. Les Seïks sont indubitablement le peuple de l'Inde moderne qui grandit le plus. Notre vieillard parla beaucoup de la dégénération du pays; mais la vigueur du gouvernement et le ton de la nation n'étayent pas son opinion.

L'aspect du peuple seïk et la ressemblance générale des hommes qui le composent offrent un sujet curieux à la spéculation. Il y a quatre cents ans, le Seïk était inconnu, même comme tribu; et aujourd'hui les traits de toute la nation sont aussi distincts que ceux de leurs voisins les Hindous et les Chinois. La régularité extrême de la physionomie et le visage alongé des Seïks les font aisément distinguer des autres tribus. On comprend facilement qu'une nation qui a des coutumes particulières offre des mœurs et un caractère communs à tous; mais que dans une période aussi courte, plusieurs centaines de milliers d'individus montrent une ressemblance nationale aussi fortement marquée que celle que l'on observe parmi les enfans d'Israël, c'est un fait au moins très-remarquable.

Nous traversâmes le Tchénab à l'endroit où on le passe ordinairement en bac, à trois lieues du village. Il avait 900 pieds de largeur et 9 pieds de profondeur dans les deux tiers de son canal. Ses rives sont basses de chaque côté et promptement inondées dans les saisons chaudes et pluvieuses. Les historiens racontent qu'Alexandre le Grand dut s'éloigner précipitamment de l'*Acesines*, dont Arrien parle comme d'une rivière rapide. Elle l'est effectivement dans la saison des pluies; mais en ce moment sa vitesse n'était que d'un mille et demi à l'heure, et on la passe à un gué. La température de ses eaux était de 53° (9° 32) plus basse par conséquent que celle des autres rivières du Pendjab, que nous avions déjà traversées, et qui sont le Setledje, le Béyah et le Ravi.

Nous fîmes halte sur la rive droite à une mosquée. Ces édifices n'offrent ici que des murs en terre ; des solives formant un toit en terrasse sont couvertes de la même matière. Les croyans aiment assez leurs aises pour avoir dans l'intérieur un foyer où ils font chauffer l'eau pour leurs ablutions. Si nous violâmes la sainteté du lieu en y prenant notre gîte, il y eut compensation par notre libéralité à distribuer des médicamens. Les habitans disaient qu'un mauvais air avait récemment soufflé sur ce pays, ce qui, joint à l'arrivée d'un personnage tel qu'un médecin firinghi (européen), rendait tout le monde malade. Comme partout ailleurs, les femmes se plaignaient du plus grand nombre de maux ; et si le docteur Gérard ne guérissait pas actuellement, je crois que du moins il agissait sur leur imagination, ce qui n'est pas d'une petite conséquence. Les habitans souffraient beaucoup d'une maladie appelée *nouzla*, littéralement fluxion ; je crois que cela signifie rhume ; ils disent que c'est un écoulement par les narines, lequel endommage le cerveau et les ressorts du corps, et a une terminaison funeste. On l'attribue au sel dont on fait usage dans ce pays, et qui est tiré des montagnes. Les ophthalmies sont fréquentes dans le Pendjab, et peut-être occasionées par les particules nitreuses du bord de ses différentes rivières. Si l'on demande à un indigène la cause de cette maladie ou de toute autre, il répondra qu'elles sont la punition des offenses que nous avons commises dans notre état actuel ou sous nos formes antérieures. Ils ont trouvé dans la doctrine de la métempsycose un état futur de punition pour tous les cas, et aussi de récompense, du moins je l'espère.

Une course de 45 milles nous fit arriver sur les rives du Djalem, le célèbre *Hydaspes* des Grecs. Il coule en serpentant dans une plaine d'alluvion, au pied de coteaux rocailleux et bas. Nous étant embarqués sur cette belle rivière, nous la descendîmes pendant 5 milles; notre navigation dérangea des crocodiles qui se reposaient sur des îles plus nombreuses dans le Djalem que dans les autres rivières du Pendjab. Ce même fait est rapporté par Arrien, qui parle de l'*Hydaspes* comme d'une rivière bourbeuse, rapide, et ayant une vitesse de 3 ou 4 milles à l'heure, ce qui est exact. Il avait plu la veille, l'eau était trouble et formait des remous en divers endroits. Le Djalem est moins considérable que le Tchénab, mais dans cette saison leur largeur est à peu près égale. Après avoir débarqué nous trouvâmes une belle plaine verdoyante et fertile jusqu'à Pend Dadan Khan, ville où nous fîmes halte. Les souvenirs historiques et la beauté naturelle du pays se réunissaient pour nous charmer quand nous suivions les routes d'Hephestion et de Craterus, et que nous voguions sur la rivière qui avait porté la flotte d'Alexandre. En venant du Tchénab nous avions traversé les états que ce conquérant avait ajoutés au royaume de Porus après la bataille de l'Hydaspes.

La description d'Arrien me fait voir la population actuelle : « Les habitans sont vigoureusement con-
» stitués, robustes, et plus grands de stature que les
» autres Asiatiques. » Mais rien ne peut être plus misérable que le pays entre le Tchénab et le Djalem, plaine stérile couverte de broussailles, demeure de pasteurs, et chétivement pourvue d'eau qui ne se trouve qu'à soixante-cinq pieds de la surface du sol. Nous fîmes halte à l'un des villages peu nombreux de cette contrée, près du puits d'une femme non mariée, qui, par un motif de charité, l'avait fait creuser et avait fondé une mosquée. On appelle ces femmes *pak daman*, ce qui veut dire littéralement vêtemens purs. Elles se marient au Coran. Les musulmans de notre troupe allèrent rendre visite à cette dame : nous réparâmes le puits en y fixant de nouveaux poteaux pour tirer l'eau.

Les autorités de Pend Dadan Khan vinrent au-devant de nous jusques au bord de la rivière pour nous complimenter; et nous présentèrent une bourse de 500 roupies ainsi que des pots de confitures. Pend Dadan Khan est le chef lieu d'un petit district dont la population est de 5,000 âmes; ce lieu est composé de trois petites villes rapprochées l'une de l'autre et éloignées de 4 milles du Djalem. Les maisons ressemblent à toutes celles du Pendjab; mais la charpente est en cèdre (*deodar*); à l'époque du débordement de la rivière, ce bois arrive de l'Himalaya en flottant. Sa nature durable et sa bonne odeur le rendent précieux pour les constructions de tous les genres; nous vîmes sur les rives du Djalem un cèdre de 13 pieds de circonférence. C'est sur les bords de cette rivière que les Macédoniens construisirent la flotte sur laquelle ils descendirent l'Indus. Un fait remarquable, c'est qu'on ne fait flotter de ces arbres sur aucune des autres rivières du Pendjab, et que nulle part il n'existe d'emplacement aussi commode pour bâtir des navires.

Pend Dadan Khan est à 5 milles des coteaux salans, qui s'étendent de l'Indus au Djalem, et dans lesquels on a construit des puits nombreux pour l'extraction de ce minéral. Nous nous arrêtâmes pendant un jour pour examiner ces excavations curieuses. Nous vîmes une centaine d'ouvriers qui travaillaient dans une de ces mines, ils furent aussi surpris de notre venue, que nous le fûmes de la vue des magnifiques et brillans cristaux de sel rouge qui formaient les parois du souterrain. Notre visite fut un sujet de réjouissance pour ces gens, à qui nous distribuâmes libéralement une partie de l'argent qu'on nous prodiguait partout, et nous ne pouvions mieux l'employer, car ces pauvres créatures nous présentaient le spectacle de la misère; les mères et leurs petits enfans, les petits garçons et les vieillards étaient également employés à apporter le sel à la surface du sol; leur air cadavereux et leur respiration gênée excitaient la compassion. Nous leur donnâmes une roupie à chacun; ils surent en apprécier la valeur, puisqu'il ne gagnent autant qu'après avoir extrait 20 quintaux de sel.

Dans le pays haut du Caboul, entre la ville de ce nom et Peichaver, une chaîne de coteaux se détachant des racines des montagnes blanches (*sefid koh*), traverse l'Indus à Karabagh et vient se terminer à la rive droite du Djalem. Cette chaîne figurait autrefois sur nos cartes sous le nom de *Djoud*, après avoir coupé l'Indus ; mais on lui a récemmment appliqué celui de *coteaux salans* qui lui convient mieux, à cause des vastes dépôts de sel gemme qu'elle contient. On trouve dans la *Relation du Caboul*, par M. Elphinstone, une description de la partie de cette chaîne voisine de Karabagh, lieu où l'Indus la coupe en coulant au sud, et expose à la vue les trésors minéraux qu'elle recèle dans ses flancs. Les mines de sel qui approvisionnent de cette denrée de première nécessité les provinces septentrionales de l'Inde, sont creusées dans cette même chaîne, près de Pend Dadan Khan, ville éloignée de 100 milles au nord-ouest de Lahor. Voici les renseignemens que j'ai recueillis en visitant cette partie du Pendjab si peu fréquentée.

Les coteaux salans forment la limite méridionale d'un plateau situé entre l'Indus et le Djalem, et dont l'élévation est de 800 pieds au-dessus des plaines du Pendjab. Les coteaux atteignent à une hauteur de 1,200 pieds au-dessus de la vallée du Djalem, ce qui leur en donne une de 2,000 pieds au-dessus du niveau de la mer. Leur largeur est de plus de 5 milles. Ils sont composés de grès disposés en couches verticales avec des galets incrustés çà et là. La végétation y est chétive, et les précipices nus et escarpés, dont quelques-uns s'élèvent de la surface de la plaine, présentent un aspect affreux de stérilité. Des sources chaudes y jaillissent dans divers endroits; on y trouve de l'alun, de l'antimoine et du soufre; une argile rouge qu'on rencontre principalement dans les vallées, est un indice certain d'un dépôt salin; on la voit par intervalles dans cette chaîne. L'approvisionnement de sel se tire maintenant de Pend Dadan Khan, d'où il est expédié facilement soit en remontant soit en descendant une rivière navigable.

Au village de Kéora, éloigné de 5 milles de Pend Dadan Khan, nous examinâmes une des mines principales; elle était située près de la lisière de la chaîne, dans une vallée coupée par un ruisseau d'eau salée. Son ouverture à travers l'argile dont j'ai parlé précédemment était à 200 pieds de la base du coteau. Nous fûmes conduits par une galerie étroite où l'on pouvait marcher deux de front, et longue de 1,050 pieds, dont 300 allaient en descendant; nous entrâmes là dans une caverne de dimensions irrégulières, haute d'une centaine de pieds, et entièrement creusée dans le sel. Ce minéral est déposé en strates d'une régularité extrême et se présentant comme la roche extérieure, en couches verticales. Toutefois, quelques-unes soutenaient un angle de 20 à 30 degrés, et offraient la même apparence que des briques placées les unes au-dessus des autres. Aucune des couches n'a plus d'un pied et demi d'épaisseur, et chacune est distinctement séparée de sa voisine par un dépôt de terre argileuse épais d'un pouce, et posé comme du mortier entre les lits. Quelquefois le sel est en cristaux hexagones, mais plus souvent en masses; l'ensemble est d'une teinte rouge qui varie depuis la nuance la plus légère, jusqu'à la couleur la plus foncée, le sel brisé est blanc. La température de la caverne était plus haute de 20 degrés que celle de l'air libre, où le thermomètre marquait 64° (14°,21). Les indigènes disent que la mine est beaucoup plus froide dans la saison chaude, ce qui prouve seulement qu'elle ne subit que très-peu de changement ou même aucun, tandis que la chaleur à l'extérieur varie suivant la saison. Il n'existait pas de sensation d'humidité à laquelle on aurait pu s'attendre dans une mine de sel.

J'ai déjà dit qu'une centaine d'individus de tout sexe et de tout âge travaillaient dans la mine; leurs petites lampes attachées aux parois de la caverne ne donnaient qu'une faible clarté, qui était refléchie avec un vif éclat par les cristaux incarnats de la roche. La cavité a été creusée de haut en bas. Le sel est dur et fragile, de sorte qu'il se fend en éclats quand on le frappe avec le marteau et la pioche. On ne fait jamais sauter la roche avec la poudre à canon, de crainte que la voûte ne s'écroule; accident qui arrive quelquefois malgré la méthode actuelle d'excavation qui est si simple. On ne travaille pas non plus aux mines pendant deux mois de la saison des pluies, par la même raison. Les mineurs vivent dans des villages au milieu des montagnes. Malgré leur aspect valétudinaire, il paraît qu'ils ne sont sujets à aucune maladie particulière. J'ai déjà dit qu'ils reçoivent une roupie par chaque vingt màns de sel qu'ils apportent à la surface de la terre, tâche qu'un homme, sa femme et un enfant, peuvent effectuer en deux jours. Dans ces mines, où le minéral est voisin de la superficie du sol, on le casse en blocs de quatre màns, dont deux font la charge d'un chameau; mais on le casse ordinairement en petits morceaux. Ce sel jouit d'une grande réputation dans l'Inde, chez les médecins indigènes, à cause de ses vertus médicales. Il n'est pas pur, car il contient un mélange considérable de quelque substance, probablement de magnésie, ce qui est cause qu'il ne vaut rien pour la salaison de la viande.

Comme les monts salans renferment un approvisionnement inépuisable, les mines peuvent fournir telle quantité de sel qu'on est dans le cas de désirer. On extrait journellement 2,500 màns, ce qui fait 800,000 par an. Il y a quelques années, le màn de sel coûtait à la mine une demi-roupie ou même un quart de roupie; maintenant son prix y est de deux roupies, indépendamment des droits. Cette denrée est devenue un monopole du gouvernement du Pendjab, et Rendjit Sing espère en retirer un revenu annuel de seize lacs de roupies, et deux lacs et demi de plus pour les droits. La dépense de l'exploitation se monte à un lac et demi. Le bénéfice s'élève à onze cents pour cent, quoique le prix du sel ne soit que le tiers de celui qu'on paye au Bengale, et qui est de cinq roupies par màn de quatre-vingts livres. Le sel du Pendjab est expédié par le Djalem à Moultan et à Bhaoualpour, où il rencontre celui du lac de Sambré; il pénètre jusqu'aux rives du Djemnah et au Cachemir, mais il n'est pas exploité à l'ouest de l'Indus. Rendjit Sing a prohibé la fabrication du sel dans toute l'étendue de ses états; mais il est douteux qu'il tire constamment un aussi grand revenu de cette denrée que celui qu'elle lui rapporte aujourd'hui. Le fermier du monopole, homme cruel et tyrannique, opprime impitoyablement le peuple pour l'extraction de ce minéral. Les indigènes ignorent à quelle époque ces mines ont commencé à être exploitées; mais elle doit remonter très-loin, puisque le sel est mis à nu par les eaux de l'Indus. Les empereurs de l'Hindoustan en faisaient usage, et néanmoins Baber, si curieux de s'instruire, n'en fait pas mention dans ses mémoires.

Nous suivîmes la rive droite du Djalem jusqu'à Djelalpour pendant 3o milles dans un pays gras et fertile. Les cultivateurs fauchaient le froment vert pour leur bétail. Les coteaux salans courent parallèlement à la rivière, et offrent une aridité qui forme un contraste complet avec la fertilité de la vallée, car on n'y aperçoit pas de végétation. Toutefois, beaucoup de villages sont perchés sur les collines extérieures, et s'élèvent les uns au-dessus des autres d'une manière très-pittoresque. Ils ne sont pas plus remarquables par cette position romantique, que par leur état de prospérité. Nous fîmes halte à l'un d'eux qui était propre et bien tenu ; on nous logea dans un appartement long de seize pieds et large de huit. On y voyait des buffets et des tablettes ; les serres où l'on garde le blé, et qui sont en terre, servaient de tables. Toutes les maisons, en dedans et en dehors, sont revêtues d'une terre de couleur cendrée qui leur donne un air de propreté ; et la situation de ces villages sur le penchant des montagnes fait que les pluies en enlèvent les immondices. En retour de l'hospitalité que nous reçûmes dans cette maison, M. Gérard eut le bonheur de sauver la vie d'une pauvre femme qui se mourait d'une inflammation et qu'il saigna copieusement.

On a conjecturé que Djelalpour est sur le lieu de la bataille livrée par Alexandre à Porus, quand il passa l'Hydaspes par un stratagème, et défit ce prince. Beaucoup de circonstances favorisent cette opinion, car Quinte-Curce parle d'îles dans la rivière, de rives saillantes, « d'eaux troubles ». Cependant les mots de « rochers sous l'eau » semblent indiquer un endroit de la rivière situé plus haut, près du village de Djalem. Les grands chemins venant de l'Indus traversent cette rivière à Djelalpour et à Djalem ; mais ce dernier point est sur la route du Turkestan ; il paraît que c'est celle que suivit Alexandre. La nature rocailleuse des bords et du lit de la rivière dans ce lieu nous aident à reconnaître les localités de ce chemin, puisque le cours du Djalem n'est pas sujet à y varier. Il est également, au village de ce nom, partagé en cinq ou six canaux, et guéable, excepté durant la mousson.

A peu près à 15 milles au-dessous de ce village et à 3 milles pieds du Djalem, près du village de Darapour, nous rencontrâmes de vastes ruines qu'on nomme *Oudinagar;* elles semblent être celles d'une ville qui avait 3 à 4 milles d'étendue. Les traditions des habitans sont vagues et peu satisfaisantes, car ils nous entretinrent du déluge et du temps de Noé. On y trouve des médailles de cuivre, mais celle qu'on nous apporta avait des inscriptions arabes. On nous montra aussi une dalle de pierre qui avait été récemment déterrée, et qui avait de même une inscription dans cette langue. M. Court m'a raconté qu'il avait découvert, près de cet endroit, une colonne cannelée, avec un chapiteau corinthien, mais il soutenait une statue brahmanique. Maintenant aucun édifice n'est debout; néanmoins le terrain est jonché de fragmens de briques cuites et de poterie d'une très-belle qualité. Sur la rive du Djalem, opposée à Darapour, on voit un tertre qui passe pour être contemporain d'Oudinagar; le village de Moung y est bâti : je m'y procurai deux médailles sanscrites. Il y a également des ruines très-étendues au delà de Moung, près de Haria Badchapour. Il ne me semble pas improbable qu'Oudinagar puisse correspondre à la position de *Nicæa*, et que les tertres et les ruines de la rive occidentale marquent celle de *Bucephalia*. Les historiens nous apprennent que ces deux villes furent bâties si près de l'Hydaspes qu'Alexandre fut obligé de les séparer au retour de sa campagne du Pendjab, parce qu'elles étaient soumises à l'action du débordement de cette rivière. On doit observer que les villes situées avantageusement sont rarement abandonnées ; mais que, dans ce dernier cas, il s'en élève dans leur voisinage d'autres, ce qui explique comment des médailles arabes ont été trouvées dans ce canton. Suivant les historiens, Alexandre dressa son camp à une distance de 150 stades de l'Hydaspes. Il y a dans ce même emplacement une vaste plaine.

Cette recherche des restes des villes bâties par Alexandre nous induisent à faire des réflexions sur l'état du pays au temps de ce conquérant, et il est curieux de le comparer à ce qu'il est de nos jours. Nous apprenons que Porus, contre lequel Alexandre combattit, avait une armée de 30,000 fantassins et 4,000 cavaliers, avec 200 éléphans et 300 chariots de guerre, et qu'il avait subjugué tous ses voisins. Maintenant changeons les chariots de guerre en canons, et nous aurons précisément le nombre de l'armée régulière de Rendjit Sing, le moderne Porus qui a également dompté tous ses voisins. Le même pays fournira ordinairement la même quantité de soldats, si le cours des événemens n'a pas réduit sa population.

Quittant les rives du Djalem, nous entrâmes dans le pays de Poteouar, habité par les Gakers, tribu renommée par sa beauté, et prétendant descendre des Radjpouts. La crédulité de ces gens est aussi grande que celle des autres habitans de l'Inde. Un homme grave et respectable m'assura qu'il avait vu, dans le district montueux de Mandi, sur le Setledje, un lac appelé *Ravasir* où il y avait trois petites îles. C'est un lieu de pèlerinage pour les Hindous, et mon homme affirma qu'elles s'approchent des fidèles pour qu'ils puissent s'y embarquer, et qu'ils y voguent ainsi avec leurs offrandes. Il est évident qu'il y a là quelque illusion ou quelque supercherie conduite avec beaucoup de dextérité, puisque ce lieu conserve toujours sa réputation. Un indigène me dit que, suivant ce qu'on lui avait raconté, ces îles étaient des tas de terre posés sur un fond de roseaux ; mais il n'avait pas visité ce lieu, et eut l'air de ne donner ces renseignemens que parce qu'il m'entendit exprimer mes doutes aussi fortement que je les concevais. Dans la vallée de Cachemir, il y a des couches mobiles de melons que l'on peut jusqu'à un certain point regarder comme des îles flottantes. Les ingénieux habitans de cette vallée étendent une natte épaisse sur la surface de leur lac, et la couvrent de terre, qui bientôt prend de la consistance par l'herbe qui y pousse. L'année suivante, ils y sèment des melons et des concombres, se placent dans des bateaux pour faire la récolte de ces fruits, et tirent ainsi partie de la superficie même du lac dans leur pays si fertile. Ces îles aux melons de Cachemir ont peut-être suggéré aux brahmanes de Mandi l'idée qu'ils ont exécutée.

Chaque jour il devenait évident que nous nous approchions d'un pays musulman ; ce qui l'indiquait surtout était de rencontrer beaucoup de femmes voilées. Une fille que nous vîmes à cheval sur le grand chemin, avait au-dessus de sa tête un tendelet en toile rouge d'un aspect singulier. Il semblait que c'était un échafaudage en bois; mais comme la toile cachait tout, ainsi que le visage de la belle, je ne pus découvrir la nature de l'invention. La partie non voilée du costume des femmes avait également subi un changement; elles avaient de larges pantalons blancs, serrés à la cheville où ils se terminent en pointe, ce qui a beaucoup de grâce. Une pièce de toile longue de 180 pieds est quelquefois employée à un de ces pantalons, parce qu'un pli tombe sur l'autre.

Le 1er. mars, nous arrivâmes à Rotas, fort fameux qui est regardé comme un des principaux boulevarts entre le Turkestan et l'Inde. Nous suivions une route tortueuse à travers d'affreux défilés, pensant peut-être aux différentes expéditions qui avaient passé par ce même chemin, quand tout à coup le fort se montra à nos yeux, comme par un effet de lanterne magique. La hauteur des précipices nous l'avait caché jusqu'alors; nous nous avançâmes vers ses remparts épais, par un sentier sinueux que le temps avait creusé dans les rochers, et bientôt nous arrivâmes à sa porte qui est très-haute. La couleur noire, l'air antique du fort, l'aridité et la stérilité des rocs qui l'entourent, nous inspiraient des idées peu favorables du voisinage qui avait été le repaire de tant de bandes de brigands. Quoique nous eussions omis de nous munir d'un ordre du Maharadjah pour être admis dans cette forteresse, nous nous présentâmes sans cérémonie à la porte; après quelques pourparlers, elle nous fut ouverte. Le lendemain la permission officielle arriva de Lahor.

Bientôt nous nous trouvâmes au milieu d'amis, et nous écoutâmes les récits des vieux militaires, sans crainte d'être témoins des scènes qu'avaient vues leurs ancêtres. Les officiers afghans de l'empire mogol, sous le règne de Houmaïoun, ayant détrôné ce monarque en 1531, se fortifièrent à Rotas. Chir Châh, leur chef, en fut le fondateur. On dit que douze années furent employées, et quelques millions de roupies dépensés à construire cette forteresse; néanmoins elle fut livrée et tomba. Houmaïoun revint de son exil avec les Persans, ses auxiliaires, et reconquit le royaume de ses ancêtres. Il ordonna qu'on rasât le fort de Rotas; mais ses murs sont si massifs et tout l'édifice est si solide, que ses émirs et ses omrahs se hasardèrent à lui demander s'il revenait pour remonter sur son trône ou pour détruire une citadelle, puisque l'une de ces tentatives exigerait autant d'énergie que l'autre. Houmaïoun se contenta de renverser un palais et un portail, comme monument de sa conquête, et eut la sagesse de marcher sur Delhi. Nous examinâmes en détail les fortifications et les ouvrages extérieurs de Rotas : on nous fit remarquer les orifices pratiqués pour verser de l'huile bouillante sur les assiégeans. Nous regardâmes avec admiration les meurtrières ouvertes avec soin pour les mousquets, les puits profonds creusés dans le roc vif, et les magasins voûtés à l'épreuve de la bombe. Du haut d'une des tours, nos yeux dominèrent sur la plaine où nous distinguâmes un vaste caravanseraï, construit par le généreux et tolérant Akbar. Il éclipsa son père ici, comme dans tous les actes de son long règne. Le fils éleva un édifice pour mettre à l'abri le voyageur fatigué durant son pèlerinage; le père, aveuglé par le courroux, prodigua une somme plus considérable à détruire un palais. Ces caravanseraïs ont été érigés à chaque station jusqu'à l'Indus; le voyageur ne passe pas sans éprouver un sentiment agréable, en songeant aux projets éclairés de leur fondateur. L'empereur Akbar était un vrai philanthrope.

Au delà de Rotas, nous entrâmes dans un pays montagneux, scabreux et très-fort; nous voyagions dans des ravines. L'entassement des rochers, leurs couches verticales, terminées en aiguilles par la décomposition de leur substance, les galets incrustés dans le grès, et l'aspect sauvage de cet ensemble, répandaient un grand intérêt sur ce paysage. M. de Humboldt dit, quelque part, que les dépôts de sel et les sources minérales dénotent quelque connexion avec les volcans; or dans ces montagnes nous retrouvions les uns et les autres. On peut, en examinant les rochers, se convaincre des soulèvemens opérés par la nature. Bien que la roche soit généralement verticale, on peut observer dans quelques endroits qu'elle descend dans les enfoncemens, comme si une moitié de la montagne eût été soulevée brusquement, ou l'autre aussi soudainement abaissée. L'eau est abondante dans les ravines, et se trouve aussi dans les puits à une profondeur de 35 pieds. A notre droite, nous pouvions distinguer le lieu où le Djalem sort des montagnes, on le nomme *Damgalli*. La route n'arrive pas dans la vallée de Cachemir par cette rivière; la plus fréquentée passe par Mirpour et Pountch, à 12 milles plus à l'est. Près de l'endroit où le Djalem entre dans la plaine, le Raôka, rocher isolé, s'élève à une soixantaine de pieds; on peut y monter par des marches; un santon musulman y séjourne. Ce fut en cherchant l'obélisque de Râdji dont M. Elphinstone fait mention dans sa *Relation du Caboul*, que nous entendîmes parler du Raôka; mais comme il parut que ce n'était qu'une portion détachée de la masse des rochers, nous n'allâmes pas la visiter.

Le 6 mars, nous arrivâmes au village de Manikiala, où il y a un singulier *tope* ou tertre en maçonnerie. Il a été décrit par M. Elphinstone qui en donne un dessin fidèle, et dit : « Il ressemble autant à l'ar-
» chitecture grecque qu'aucun des édifices que les Eu-
» ropéens pourraient faire construire aujourd'hui dans
» ces coins reculés du pays, par les mains d'ouvriers in-
» digènes inexpérimentées. » M. Ventura, général au service de Rendjit Sing, l'a fait ouvrir récemment; et nous lui avons de grandes obligations pour ce travail qui lui a occasioné beaucoup d'embarras et de dépenses. Grâce à la complaisance de mon ami, M. Allard, j'ai eu l'occasion d'examiner les objets trouvés par M. Ventura. Ils consistent en trois boîtes cylindriques, l'une en or, l'autre en étain ou mé-

tal mélangé, et la troisième en fer, qui étaient renfermées l'une dans l'autre et placées dans une niche taillée dans un grand bloc de pierre posé dans les fondations. Le cylindre d'or a trois pouces de long et six lignes de diamètre, il était rempli d'une substance noire, sale, semblable à de la vase, à moitié liquide et mêlée de petits morceaux de verre ou de succin; ce qui donnerait lieu de supposer qu'elle fut jadis renfermée dans un vase de verre qui avait été cassé et brisé. On rencontra dans cette substance deux pièces de monnaie ou médailles, une petite, de la grandeur d'une pièce de six pences était en or, offrait une tête d'homme et l'instrument à quatre pointes empreint sur toutes les médailles de Manikiala; l'autre pièce a d'un côté deux lignes en caractères grossièrement tracés et probablement hindous, et de l'autre elle est unie, sans aucun caractère ni symbole. Pendant qu'on ouvrait le tope, on trouva beaucoup d'autres médailles et de restes d'antiquité; les habitans du lieu me racontèrent qu'on avait déterré plusieurs ossemens humains. A mon arrivée à Manikiala, j'eus occasion, en examinant le tope que les travaux persévérans de M. Ventura avaient ouvert, d'apprécier l'importance du service que cet officier avait rendu. Il avait d'abord essayé d'entrer dans l'édifice par le bas, mais la grande solidité de la structure lui avait présenté un obstacle insurmontable. Des observations subséquentes lui indiquèrent qu'un tuyau ou un puits, si je puis employer cette expression, descendait du sommet dans l'intérieur de l'édifice;

ce fut par-là que M. Ventura fouilla avec succès, il débarrassa d'abord le puits qui pénètre en bas jusqu'à la moitié du monument, et est pavé au fond en grands blocs de pierre. Alors il compléta son ouvrage en rompant ces masses, jusqu'à ce qu'il atteignît aux fondations, où il fut récompensé par la découverte des cylindres que je viens de décrire, ainsi que par une diversité de médailles qui ont été envoyées à Paris, mais ne sont pas encore décrites.

Je ne m'attendais pas à voir mes recherches de médailles et d'antiques, récompensées au delà de mes plus vives espérances dans un lieu si célèbre, puisque la *Relation du Caboul* ne nous apprend pas que les personnes qui composaient la légation en eussent vu aucunes. Je me procurai deux antiquités et soixante-dix médailles de cuivre. La valeur de ces dernières s'accroît beaucoup de leur analogie avec celles que M. Ventura a trouvées dans l'intérieur du tope. Une des antiques est un rubis ou cristal rouge, taillé en forme de tête, à visage hideux et à très-longues oreilles, l'autre est une cornaline ovale avec un figure de femme, vêtue avec grâce d'un manteau et tenant une fleur : l'exécution en est parfaite. J'ai un regret extrême de ce que ces objets ont été perdus; mais j'en ai conservé les empreintes. Quant aux médailles, j'en parlerai à la fin de ma relation.

La position de Manikiala me frappa beaucoup; puisque ce village est dans une vaste plaine, et qu'on peut apercevoir le tope d'une distance de 16 milles. On a formé diverses conjectures sur ce lieu; quant, à moi je n'hésite pas à le regarder comme étant *Taxila*, puisqu'Arrien dit expressément que c'était la ville la plus peuplée entre l'Indus et l'Hydaspes; or c'est exactement la position de Manikiala. M. Ventura pense que c'est *Bucephalia* d'après une étymologie qui interprète le nom de *Manikiala* par ville du cheval; mais cette présomption n'est pas fondée sur l'histoire, puisque *Bucephalia* était sur les rives de l'Hydaspes, et je crois que je lui ai précédemment assigné sa véritable position.

Le 7, nous arrivâmes à Ravil Pendi, et nous fîmes halte à la maison que l'ex-roi de Caboul a bâtie dans son exil; c'était une misérable baraque. Ravil Pendi est une ville agréable; nous éprouvâmes du plaisir à voir les montagnes couvertes de neige, éloignées seulement de 12 milles. On m'apporta des échantillons de cristaux de soufre natif, trouvé dans ces monts; on y rencontre aussi la ville de Poréouala, dont le nom me semble avoir quelque rapport avec celui du célèbre roi Porus.

Tout annonçait que nous laissions rapidement derrière nous l'Hindoustan et ses usages. Le pissenlit était devenu une plante commune. A Manikiala nous nous étions arrêtés à la porte d'une boulangerie où tout le pain du village est cuit. Combien cette coutume n'est-elle pas plus sensée que celle de l'Inde, où chaque famille le fait cuire chez soi et vit dans des transes perpétuelles d'être souillée par le contact d'une autre! Nous fûmes très-satisfaits d'être regardés comme des pratiques du four banal. En route nous rencontrâmes une troupe nombreuse d'Afghans, et des bandes de pèlerins hindous venant d'au delà de l'Indus et allant a la grande foire religieuse de Herdouar ; ils ressemblaient plus à des musulmans qu'à des sectateurs de Brahma. La fête revient tous les douze ans, et la distance contribue à accroître la dévotion du pèlerin. La vue de ces hommes d'au delà de l'Indus fit naître chez nous des sensations singulières. Nous portions leur costume, et ils ne nous connaissaient pas; nous recevions leurs salutations comme des compatriotes, mais nous ne pouvions partager leurs sentimens. Quelques-uns nous demandèrent en passant si nous allions à Caboul ou à Candahar; leurs regards et leurs questions me faisaient éprouver des émotions secrètes et extraordinaires. Je reconnus que cela provenait de la nouveauté de notre position; car bientôt il n'en fut plus de même quand nous nous fûmes mêlés familièrement à ces gens; et à la longue je donnai et je rendis le salut avec toute l'indifférence d'un voyageur expérimenté.

A Ravil Pendi nous reçûmes la visite des officiers du gouvernement, parmi lesquels était un bedi, ou prêtre seïk, qui avait fait le vœu singulier de ne jamais articuler trois ou quatre mots sans prononcer celui de Vichenou, l'un des dieux de la trinité brahmanique. Il en résultait une bizarrerie remarquable dans sa conversation, car à tout propos, et dans toutes ses réponses, il intercalait les mots de

Vichenou, Vichenou, de telle manière que je ne pus me défendre d'un sourire. Ce personnage nous présenta une bourse de 200 roupies; mais elle avait l'air de venir de Vichenou, et non du Maharadjah Rendjit Sing.

A 15 milles de Ravil Pendi nous franchîmes le défilé de Margalla, et à notre grande joie nous aperçûmes les monts d'au delà de l'Indus. Ce col est un passage étroit qui franchit des montagnes basses; il est pavé en blocs de pierre sur une longueur de 450 pieds. Une inscription persane, taillée dans le roc, célèbre la gloire de l'empereur civilisé qui a ouvert cette route. Le défilé se prolonge sur une étendue d'un mille; là, un pont construit sur un ruisseau conduit le voyageur au caravanseraï prochain. Un pont, un caravanseraï et une route coupée à travers une montagne annoncent un ordre de choses différent de celui du Pendjab dans les temps modernes. Nous poursuivîmes notre marche vers Osman, éloigné d'une vingtaine de milles de Ravil Pendi. Ce village est dans une plaine au débouché d'une vallée, tout près de la base des montagnes extérieures. Ses prairies sont arrosées par de beaux ruisseaux limpides qui descendent des hauteurs. Quelques-uns sont conduits par des aquéducs à travers le village, et font tourner de petits moulins à blé. Dans la vallée on trouve le fort de Khanpour, avec de beaux jardins, et au-dessus s'élèvent des montagnes coiffées de neige. Les champs de cette vallée fertile sont négligés, à cause des demandes exorbitantes de l'homme qui a pris ces terres à ferme. Les paysans n'ont d'autre espoir de soulagement que dans cet expédient de ne pas labourer; cette suspension totale du travail des cultivateurs fera peut-être ouvrir les yeux à un gouvernement qui suit une fausse route.

Nous allâmes visiter Osman, qui est à 4 milles du grand chemin, au pied de l'Himalaya inférieur; c'était pour examiner un tope semblable à celui de Manikiala; il est sur le penchant d'une chaîne de coteaux voisins de Belour, village ruiné, à 1 mille au delà d'Osman. La construction de ce tope fait conjecturer qu'il est de la même époque que l'autre. Aucun de ces deux édifices n'est entier, et celui de Belour diffère du premier par la plus grande longueur de son puits; du reste, sa hauteur totale n'est que de 50 pieds, ou les deux tiers de celle du tope de Manikiala. Il a été également ouvert, et l'ouverture carrée, faite dans la pierre de taille, descend dans l'intérieur. Les petits pilastres peuvent de même se reconnaître, mais les moulures sont plus nombreuses, et le dessin général du monument est un peu différent. Le tope de Belour est, par sa position, un objet remarquable de loin; mais je ne pus recueillir de la bouche de la population considérable de ce lieu aucune tradition qui le concernât. De même qu'un homme qui est à la recherche de la pierre philosophale, on m'indiquait un lieu, puis un autre, et j'appris qu'au delà de l'Indus, entre Peichaver et Caboul, on voyait deux édifices semblables à ces topes. Nous découvrimes aussi les ruines d'un autre à 3 milles à l'est de Ravil Pendi. Le peu de médailles que je trouvai au tope de Belour portaient le même type que celles dont j'ai déjà parlé. Le puits qui descend dans l'intérieur des topes de Manikiala et de Belour me fit naître la pensée que ces monumens sont les tombeaux d'une race de princes qui jadis régnèrent dans l'Inde supérieure, et que ce ne sont ni les sépultures des rois bactriens ni celles des rois indo-scythes, leurs successeurs, dont il est fait mention dans le Périple d'Arrien.

Des bords des jolis ruisseaux d'Osman nous descendîmes dans la vallée, et après une marche de sept heures, nous nous trouvâmes dans le jardin de Housn Abdall, lieu qui eut des attraits pour les magnifiques empereurs de l'Hindoustan. Il est situé entre deux coteaux nus et élevés, dont les sommets dégarnis ne contribuent pas beaucoup à sa beauté. Néanmoins ce doit être un séjour enchanteur dans les mois d'été. Les pavillons du jardin sont dans un état complet de dépérissement, et les mauvaises herbes cachent les fleurs et les rosiers : néanmoins les pêchers et les abricotiers étaient resplendissans de fleurs, les vignes se roulaient autour de leurs branches, et l'eau limpide s'élançait en torrens des flancs du rocher. Des centaines de sources jaillissent dans l'enceinte de ce petit jardin, et après avoir arrosé ses plates-bandes, portent leur tribut à un ruisseau qui va se joindre à l'Indus. Elles forment des étangs qui sont remplis de poissons, que la transparence des eaux permet d'apercevoir. Le printemps avait commencé quand nous visitâmes cet endroit délicieux. Lorsque nous l'eûmes quitté, nos regards pénétrèrent dans la vallée de Dramtour qui conduit à Cachemir, et nous pûmes voir la chaîne des monts de Pakli couverts de neige, et se joignant à des montagnes plus hautes qui sont plus éloignées. La fertile plaine de Tchatch et de Hezaré se déployait également devant nous.

Nous arrivâmes en vue de l'Indus : il était à 15 milles de distance. On pouvait reconnaître son cours depuis sa sortie des montagnes inférieures jusqu'au fort d'Attok, à la vapeur qui, semblable à de la fumée, était suspendue au-dessus de ses eaux. Comme elles sont beaucoup plus froides que l'atmosphère, cette cause peut servir à expliquer ce phénomène. Nous coupâmes à Hazrou, qui est un marché entre Peichaver et Lahor. La population était entièrement changée ; elle était afghane et parlait le pechtou. Je fus frappé de l'air mâle de ce peuple, et je m'assis avec plaisir sur un tapis de feutre avec un Afghan, qui m'invita civilement à converser avec lui. J'étais loin de regretter la servilité rampante des Indiens, qui était remplacée par les manières plus libres et plus familières de l'Afghanistan. Un orfèvre ambulant, qui avait entendu parler de notre projet de voyage à Boukhara, vint causer avec nous. Il était allé dans cette ville et même en Russie, et nous montra un copec de cuivre qu'il avait rapporté en revenant. Il nous parla de la justice et de l'équité des peuples parmi lesquels nous allions passer; notre entretien avec cet homme nous plut beaucoup; il était Hindou.

Le 14 mars, dans la matinée, nous eûmes le plaisir de camper sur les bords de l'Indus, avec les troupes de Rendjit Sing, qui étaient là sur la frontière, sous le serdar Hari Sing. Ce chef vint au devant de nous avec toute la cérémonie de la pompe orientale, et nous conduisit à des tentes très-commodes qu'il avait fait préparer pour nous. En nous avançant vers le fleuve, nous passâmes devant le champ de bataille où les Afghans soutinrent le dernier combat, livré il y a une vingtaine d'années, sur la rive orientale de l'Indus. Ils étaient commandés par le visir Feth Khan qui, frappé d'une terreur panique et non défait, prit la fuite. Une armée aussi nombreuse que celle de Xerxès ou de Timour, peut camper dans cette vaste plaine, qui présente partout une surface en culture. Elle était couverte de galets, dont beaucoup étaient de granit, preuve incontestable de l'action des eaux. Nous rendîmes visite au commandant Hari Sing, qui nous reçut à la tête de ses troupes et de ses officiers rangés en bataille, et nous fit un accueil cordial comme à des amis. Notre conversation roula sur les exploits belliqueux de Rendjit Sing, et sur son passage de l'Indus à gué et à la nage. Ce sujet nous inspira le plus vif intérêt, et bientôt nous conçûmes le projet d'essayer au moins de traverser ce grand fleuve à gué.

Ayant monté sur un des éléphans du serdar qui nous accompagna suivi de 200 hommes, nous descendîmes le long de l'Indus pendant quelques milles, jusqu'à Khirakhouel, village situé à 5 milles au-dessus d'Attok. Là le fleuve se partageait en trois bras, et coulait, dans les deux premiers, avec une impétuosité prodigieuse; cette apparence ne me plut nullement, et quoique je gardasse le silence, je fusse volontiers retourné sur mes pas : mais était-ce possible, puisque j'avais été le premier à proposer une tentative? Le serdar rallia son monde autour de lui, jeta une pièce de monnaie dans le fleuve, conformément à l'usage, et s'y lança. Nous le suivîmes, et toute notre troupe arriva saine et sauve à l'île. Tandis que nous y faisions nos préparatifs pour traverser le bras principal, un accident déplorable arriva à des voyageurs qui essayèrent de passer après nous. Ils étaient au nombre de sept, et au lieu de prendre le point précis où nous avions effectué notre passage, ils en choisirent un à quelques toises au-dessous; ils n'avaient de l'eau que jusqu'aux genoux, mais elle était très-rapide. Dans un moment, ils furent jetés à bas de leurs chevaux, et emportés par le courant. Les bateliers du bac se dépêchèrent d'aller à leurs secours, et les tirèrent de peine, à l'exception d'un pauvre diable et de deux chevaux que nous vîmes se débattre, et à la fin aller à fond. Les autres furent sauvés avec beaucoup de difficulté, et deux étaient presque morts. Cette catastrophe nous rebuta tellement, que nous parlâmes de nous en retourner, mais le serdar ne voulut pas entendre cette proposition : « Que savez-vous, dit-il en « riant, ces gens (nous supposions qu'ils avaient tous

» péri) sont peut-être des rois dans un autre monde;
» et à quoi un Seïk peut-il être bon, s'il ne peut pas
» passer l'Attok (l'Indus)? » Toutefois nous avions encore devant nous le bras principal; je ne consentis à le traverser que si les cavaliers étaient laissés en arrière. « Laisser ma garde, s'écria le chef, c'est im-
» possible. » Cependant nous finîmes par-là, et nous traversâmes le gué sans accident. Le fond était glissant, et le courant frappait avec une grande rapidité; l'eau était d'une couleur bleue et extrêmement froide, ce qui rend son contact déplaisant pour les hommes et pour les animaux. Les éléphans marchèrent contre le courant, ils mugissaient à mesure que nous avancions. Une telle entreprise cause une vive satisfaction; elle nous aurait même réjouis si la calamité dont nous avions été témoins n'eût pas amorti notre contentement. Les Seïks se sont souvent servis de ce gué; mais ce passage a entraîné beaucoup d'accidens sérieux [1].

[1] On me raconta ici l'histoire d'un soldat réduit au désespoir; elle avait eu lieu à Lahor. Il était natif de l'Hindoustan, et servait dans l'armée de Rendjit Sing; ayant tué l'adjudant de son régiment, on demanda sa punition pour le maintien de la discipline; mais le Maharadjah, qui n'a jamais répandu de sang depuis qu'il est monté sûr le trône, refusa qu'il fût mis à mort, malgré tout ce que lui dirent les officiers français. Le coupable fut condamné à avoir les mains coupées à la parade, devant les troupes; elles le furent avec une hache; on arrêta l'hémorrhagie en trempant à l'instant les moignons dans l'huile bouillante. Les mains furent clouées sur une planche, comme un avertissement pour les autres soldats, et le malheureux fut renvoyé avec ignominie. Un de ses camarades le conduisit à une mosquée en ruines, où il passa la nuit; mais le courage de survivre à son déshonneur lui manqua, et il résolut de se détruire. Le lendemain il se jeta

Nous nous mîmes en marche pour Attok, forteresse bâtie sur une crête de schiste noir sur le bord de l'Indus, ce fleuve qu'il est défendu aux brahmanistes de franchir. Il fut effectivement un fleuve défendu pour nous, car la garnison s'était mutinée, avait renvoyé ses officiers et saisi un des bacs. Leur solde étant très-arriérée et n'arrivant pas, ils avaient pris ce parti d'instruire le Maharadjha de leurs griefs. Ce fut en vain que nous montrâmes les ordres les plus péremptoires de nous recevoir dans l'intérieur de la place, et de nous en faire voir toutes les curiosités; ils répondirent que nos plaintes seraient entendues, puisque le Maharadjha apprendrait le mauvais traitement qu'ils nous faisaient éprouver. Comme ils ne manisfestaient pas plus de méchante volonté, nous nous logeâmes en dehors des murs, et nous n'y fûmes pas inquiétés. Il était inutile de parlementer avec des hommes irrités; et je nous regardais comme très-heureux, quand, au bout de deux jours de retard, nous les décidâmes à nous donner un bateau dans lequel nous traversâmes, le 17 mars après midi, la grande limite de l'Inde. L'eau du fleuve était d'un bleu d'azur, et sa vitesse de plus de 6 milles par heure. Le trajet fut effectué en quatre minutes. A 600 pieds au-dessus d'Attok, et au-dessus du confluent de la rivière de Caboul, l'Indus se précipite par dessus un rapide avec

dans le Ravi, où il paraît que la fraîcheur de l'eau ébranla sa détermination; car au lieu de se noyer il traversa la rivière en nageant avec ses deux moignons.

une impétuosité prodigieuse : là sa largeur n'excède pas 360 pieds ; son eau est très-agitée et aussi clapoteuse que celle de l'Océan ; elle se soulève et roule avec un fracas terrible, sa vitesse est de plus de 10 milles par heure. Un bateau ne peut résister à la fougue de ce torrent ; mais après le confluent de la rivière de Caboul, l'Indus coule paisiblement sous les remparts d'Attok, où sa largeur est de 780 pieds, et sa profondeur de trente-cinq. Cette place n'est nullement forte, on estime sa population à 2,000 âmes.

Avant de traverser l'Indus, nous observâmes un singulier phénomène au confluent même de l'Indus et de la rivière de Caboul ; c'est un feu follet qui s'y montre tous les soirs. On aperçoit à la fois deux, trois et même quatre lumières brillantes qui continuent à luire toute la nuit à quelques pieds de distance les unes des autres. Les indigènes ne purent nous en expliquer la cause, et dans leur opinion, leur continuité durant la saison des pluies est la circonstance la plus surprenante de ce phénomène. Ils racontent que le vaillant radjpout Man Sing, qui pour se venger des musulmans alla leur faire la guerre au delà de l'Indus, livra une bataille en ce lieu, et que les feux qu'on voit aujourd'hui sont les âmes des soldats tués. Je n'aurais pas ajouté foi à la constance de cette apparition si je ne l'avais pas vue. Elle provient peut-être de la réflexion de l'eau sur le rocher poli par l'action du courant ; mais elle ne se manifeste que dans un seul endroit, et toute la rive est polie. C'est peut-être l'exhalaison d'un gaz qui s'échappe par une fissure du rocher, mais sa position nous empêcha de l'examiner.

Nous vîmes les pêcheurs de l'Indus et de la rivière de Caboul occupés à laver le sable pour y chercher de l'or. C'est après le débordement que cette opération est le plus profitable. On fait passer le sable par un crible, les particules les plus grosses qui restent sont pétries avec du mercure auquel le métal s'attache. Des rivières peu considérables, telles que le Souan et le Harrou, donnent plus d'or que l'Indus; comme leurs sources sont peu éloignées, on en peut induire que le minerai se trouve dans le flanc méridional de l'Himalaya.

CHAPITRE III.

PEICHAVER.

Entrée dans l'Afghanistan. — Arrangemens de précaution. — Lettre d'adieu à Rendjit Sing. — Champs de bataille. — Peichaver. — Caractère du chef. — Manière dont les Afghans passent le vendredi. — Le chef et sa cour. — Promenades dans Peichaver. — Chasse aux cailles. — Le Mollah Nadjib. — Antiquités. — Opinion sur les topes. — Préparatifs de départ.

Il fallut prendre quelques arrangemens pour commencer notre voyage dans l'Afghanistan, puisque l'animosité la plus invétérée règne entre ses habitans et les Seïks. A Attok, nous reçûmes une lettre très-amicale de Sultan Mohammed Khan, chef de Peichaver, qui exprimait sa bienveillance. En conséquence, je lui écrivis pour l'informer de nos projets et solliciter sa protection. J'envoyai également une lettre de recommandation de Rendjit Sing au chef d'Acora; mais dans ces contrées le pouvoir est si précaire, que ce personnage avait été dépossédé pendant le peu de semaines qui s'étaient écoulées depuis notre départ de Lahor; néanmoins l'usurpateur qui ouvrit ma lettre, envoya un détachement au devant de nous. Les sujets de Rendjit Sing nous escortèrent jusqu'à leur frontière, qui est à 3 milles au delà d'Attok ; là nous rencontrâmes les Afghans. Aucune des deux troupes ne voulut avancer ; alors nous marchâmes à une distance d'à peu près 900 pieds entre l'une et l'autre. Les Seïks nous saluèrent de leur *ouagroudji feth*, qui équivaut à notre cri de *hourra*, répété trois fois ; et nous étant approchés des musulmans, nous nous remîmes entre leurs mains. Ils nous accueillirent par un *ouas salam aleïkom* (la paix soit avec vous)! Nous voilà en chemin pour Acora avec un peuple nouveau pour nous, les Khattaks, race perverse. Nous fîmes halte à ce village, qui est presque abandonné à cause des incursions continuelles des Seïks. Le chef vint aussitôt nous rendre visite, et témoigna un certain mécontentement de ce que nous avions acheté divers objets au bazar, puisque par-là nous avions l'air de douter de son hospitalité. Je le priai de nous excuser, et je rejetai la méprise sur mon ignorance des usages des Afghans, ajoutant que je n'oublierais pas, à mesure que j'avancerais, l'accueil hospitalier des Khattaks à Acora. Le chef nous dit adieu en nous invitant à nous regarder comme étant aussi en sûreté que les œufs sous la poule, comparaison assez peu recherchée, et dont nous n'avions aucun motif de suspecter la vérité. Néanmoins ce fut dans ce lieu même que le pauvre Moorcroft et ses compagnons rencontrèrent des difficultés si sérieuses, qu'ils furent obligés de combattre pour passer outre. Nous

reçûmes ici une seconde lettre du chef de Peichaver:
elle me fit très-grand plaisir, puisqu'elle contenait
une réponse amicale, quoiqu'il n'eût reçu aucune
des lettres de recommandation que nous avions
pour lui. Il nous annonçait que quelqu'un était envoyé au devant de nous pour nous conduire.

Nous étions maintenant hors de l'Hindoustan, et
nous nous trouvions dans un pays où la convoitise
du bien du prochain est la passion dominante. En
conséquence, nous marchâmes avec notre bagage.
Le petit nombre de nos gens fut partagé de manière
à faire régulièrement la garde pendant la nuit. Nous
avions deux Afghans, deux Hindous et deux Cachemiriens. Un de ceux-ci fut mis avec un Hindou; et
celui sur lequel on pouvait compter, avec le plus
paresseux; nous nous chargions de surveiller nous-
mêmes la pose des sentinelles. Nos gens rirent de bon
cœur de nos dispositions militaires; mais ensuite on
s'y conforma constamment dans tous nos voyages.
Nous vivions comme les naturels du pays; nous
n'étions plus rebutés ni par la dureté de la terre, ni
par les misérables cabanes où nous prenions quelquefois notre gîte. J'avais placé tous les objets de
prix que je possédais, d'une manière qui me parut
excellente. Une lettre de crédit de 5,000 roupies
fut attachée à mon bras gauche, comme si c'eût été
une de ces amulettes que portent les Asiatiques. Mon
passe-port en plusieurs langues fut fixé à mon bras
droit, et un sac de ducats fut lié autour de mon corps.
Je distribuai une partie de mon argent comptant

à chacun des domestiques; le contrôle que nous avions établi sur eux était si parfait, que dans tout notre voyage nous ne perdîmes pas un seul ducat, et que nous eûmes des serviteurs très-fidèles dans des hommes qui auraient pu nous ruiner et nous trahir. Nous nous fiâmes à eux, et ils nous récompensèrent de notre confiance. L'un d'eux, Ghoulam Housn, natif de Surate, me suivit jusqu'à la fin, et fit cuire nos alimens, sans jamais se plaindre de cette obligation qui était étrangère à son engagement. Il est présentement avec moi en Angleterre.

Tchouni Lal, le conducteur que nous avait donné Rendjit Sing, nous quitta à Acora. C'était un brahmane très-inoffensif qui semblait être bien mal à son aise au delà de l'Indus. Je lui remis une lettre d'adieu pour son maître, et comme ce prince m'avait demandé par écrit mon opinion sur les mines de sel du Pendjab et sur la meilleure manière d'en tirer parti, je lui donnai un long détail des monopoles du sel, et je lui dis qu'il valait mieux lever un droit considérable sur le sel que sur le blé. Je lui dis également que les coteaux salans étaient une portion de ses états aussi précieuse que la vallée de Cachemir; mais je ne pense pas que le Maharadjah eût besoin de longues instructions d'après ce que nous avions vu mettre en pratique aux mines de sel.

En allant à Acora nous avions passé au petit village de Saïdou, sur le champ de bataille où 8,000 Seïks se défendirent contre une population de 150,000 musulmans exaspérés. Boud Sing, chef des premiers, fit élever un petit retranchement en pierres, et se tira de sa position embarrassante, de manière à obtenir le suffrage même de ses ennemis. Nous étions sur le lieu même, et nous vîmes les ossemens blanchis des chevaux tués dans cette occasion. Au delà d'Acora nous vîmes le champ de bataille de Nouchero, bien plus célèbre, et sur lequel Rendjit Sing lui-même avait dirigé notre attention. Il y combattit les Afghans pour la dernière fois; mais leur chef, Azim Khan de Caboul, était séparé du gros de son armée par la rivière de Caboul. Les Seïks défirent la division qui était de l'autre côté; la victoire fut due principalement à la bravoure personnelle de Rendjit Sing, qui enleva avec sa garde un mamelon d'où ses autres troupes avaient été repoussées par trois fois. Azim Khan, prit la fuite sans combattre l'armée triomphante dont une partie avait traversé la rivière pour lui livrer bataille. On croit qu'il craignait pour son trésor, qui serait tombé au pouvoir du Maharadjah s'il se fût avancé. Mais on dit également qu'il fut effrayé par les cris de joie des Seïks, le soir de ce succès signalé. Il les attribua à l'arrivée de troupes fraîches, parce que c'est leur usage dans ces occasions. Nous avons déjà comparé ce potentat à Porus, et nous allons aussi rappeler que le stratagème employé par Alexandre pour défaire ce prince ressemble à celui de Rendjit Sing; car de même que les Grecs avaient effrayé son prédécesseur sur les rives de l'Hidaspes, de même les Seïks, répandirent la terreur dans l'âme des

Afghans par leurs cris sur les bords de la rivière de Caboul.

Pendant que nous traversions la plaine de Peichaver, j'éprouvais un sentiment de bien-être et de bonheur. Le thym et la violette parfumaient l'air; la pelouse verdoyante et le trèfle nous rappelèrent notre patrie dont nous étions si éloignés. On nomme ici la violette *goul i païg hambar* (la rose du prophète), par distinction probablement, à cause de son odeur suave. A Pirpaï, qui est à une marche de Peichaver, nous fûmes rejoints par six cavaliers que le chef envoyait pour nous escorter. Nous montâmes à cheval, quoiqu'il plût à torrens, et nous nous mîmes en marche avec les cavaliers dont nous éprouvâmes rudement la patience, en refusant de faire halte à mi-chemin, afin qu'ils eussent le temps d'aller annoncer notre approche. Nous avançâmes jusqu'à un endroit très-près de la ville : alors il ne fut plus possible de résister à leur proposition. « Le chef, dit le commandant, » nous a chargés seulement d'aller au devant de vous, » et a ordonné à son fils de venir à votre rencontre » en dehors de la ville ; maintenant nous ne sommes » plus qu'à quelques centaines de pas de sa maison. » Nous fîmes donc halte, et au bout de quelques minutes le fils aîné du chef parut, accompagné d'un éléphant et d'un détachement de cavaliers. C'était un beau garçon, âgé d'une douzaine d'années, vêtu d'une tunique bleue, et coiffé d'un châle de cachemir en guise de turban. Ayant mis respectivement pied à terre, nous nous embrassâmes; le jeune homme nous conduisit immédiatement en présence de son père. Jamais personne ne fut accueillie d'une manière plus effectueuse; le chef vint lui-même nous recevoir à la porte, et nous mena dans un appartement revêtu de miroirs et barbouillé de peintures du plus mauvais goût. Sa maison, son pays, ses biens, nous dit-il, tout était à nous; il était l'allié du gouvernement britannique, et il l'avait prouvé par ses bons procédés pour M. Moorcroft, ce qu'il regardait comme un traité d'amitié. Certes, nous n'étions pas gens à vouloir l'enfreindre. Le sultan Mohammed Khan est âgé d'environ trente-cinq ans, de grande taille et brun. Il était vêtu d'une pelisse doublée de fourrure et ornée aux épaulettes de duvet de paon, ce qui avait un air plus riche que la garniture qui l'entourait. Nous nous retirâmes avec plaisir pour aller ôter nos habits mouillés; on nous logea dans le harem qu'il avait fait préparer pour nous recevoir, et qui, je n'ai pas besoin de le dire, était vide. C'était un accueil auquel certainement nous ne nous étions pas attendus.

Une heure ne s'était pas écoulée quand nous reçûmes la visite de Pir Mohammed Khan, frère puîné du chef, homme gai et aimable. Le chef vint aussi dans la soirée; et un dîner somptueux, auquel tout le monde prit part, fut servi. Les mets étaient délicieux et très-bien apprêtés. Il est superflu que j'ajoute que nous mangions avec nos mains; mais nous cessâmes bientôt de nous étonner de voir un personnage comme il faut déchirer un agneau en morceaux, et en choisir les meilleurs pour nous les offrir. Un long rouleau de pain levé fut étalé devant chacun de nous pour tenir lieu d'assiette; il diminuait de dimension à mesure que la viande disparaissait; ainsi il remplissait bien son objet. Des pilaus et des étuvées, des sauces douces et aigres, couvraient les plateaux; le mets le plus délicat fut un agneau qui n'avait été nourri que de lait. Le jus d'une orange amère qu'on avait exprimé sur la chair de l'animal lui donnait un goût exquis. Ensuite vinrent quatre plateaux de confitures et de fruits, et le repas fut terminé par des sorbets mêlés de neige; leur vue nous fit autant de plaisir qu'à nos nouveaux amis. Nous ne nous séparâmes qu'assez avant dans la nuit; le chef, après nous avoir répété à l'oreille l'assurance de son dévouement à notre nation et de sa sollicitude pour notre bien-être, nous souhaita une bonne nuit. La position incommode et gênée dans laquelle j'étais assis m'avait fait presque perdre l'usage de mes jambes. Nous étions déjà disposés à aimer les manières de ces gens, et cette soirée nous confirma dans ce sentiment.

Le lendemain nous fûmes introduits auprès des autres membres de la famille. Le chef a deux frères et une légion de fils et de parens. Le personnage le plus remarquable était un garçon de quatorze ans, fils unique de Feth Kan, qui avait été visir de Chah Mahmond, et qu'on avait si bassement et si cruellement assassiné. Il y avait aussi les fils de Mir Ouaïz et de Mokhtar o-Daoula qui avaient détrôné Châh Choudja. La journée se passa très-agréablement; tous ces hommes étaient de bonne société et instruits, exempts de préjugés religieux, et quelques-uns très-versés dans l'histoire de l'Asie. Leur gaieté constante devenait parfois bruyante. Pendant la conversation, plusieurs se levèrent et récitèrent leurs prières dans l'appartement quand l'heure fixée arriva. A mesure, que nous connûmes davantage Peichaver, le cercle des personnes qui se lièrent avec nous augmenta, et des visites entraient chez nous à toute heure, surtout si nous étions seuls. Les Afghans n'aiment pas la solitude; ils nous adressaient toujours des excuses, si au moment où ils venaient ils ne voyaient personne avec l'un de nous, quoique parfois il nous eût été agréable de rester solitaires.

L'après-midi, le chef nous invita à aller avec lui et ses frères visiter les environs de Peichaver. M. Gérard ne fut pas de la partie. Je montai à cheval et j'accompagnai le chef: c'était le 21 mars, jour du *Nourouz* ou de la nouvelle année, par conséquent très-favorable pour une promenade. La plus grande partie des habitans de Peichaver était réunie dans des jardins, où ils se promenaient avec des bouquets et des branches de pêchers en fleur à la main. Nous entrâmes dans le jardin d'Ali Merdan Khan, et nous étant assis sur le toit en terrasse du pavillon, nous contemplâmes la multitude rassemblée. Les arbres étaient couverts de fleurs, et rien ne pouvait surpasser la beauté du tableau qui nous entourait. Le chef et ses frères prirent la peine de me donner des détails sur les montagnes des environs, m'expliquant par quelles gens elles étaient habitées, et m'entretenant de toutes les particularités qu'ils regardaient comme propres à m'intéresser. Ils me racontèrent aussi que le noble personnage qui avait fait arranger ce jardin possédait la pierre philosophale (*seng i fars*), puisqu'on ne pouvait concevoir par quel autre moyen il aurait acquis ses grandes richesses. Ils ajoutèrent qu'il jeta le *seng i fars* dans l'Indus, ce qui au moins les met à l'aise relativement à l'héritier de ce talisman inappréciable.

Nous nous fûmes bientôt accoutumés à notre nouvelle manière de vivre ; comme nous nous étions fait une règle de ne jamais écrire le jour en public, nous avions le loisir de recevoir toutes les personnes qui venaient nous voir. En peu de temps nous eûmes fait connaissance avec toute la société de Peichaver, et durant notre séjour, qui fut de trente jours, ce fut une suite non interrompue de visites et de fêtes. Mais rien ne contribua plus à notre satisfaction et à notre bonheur que la bonté de notre hôte, sultan Mohammed Khan. Ce chef n'est pas un Afghan illettré, tel que je le supposais ; c'est un homme de bonne compagnie, bien élevé et instruit, dont les manières ouvertes et affables ont produit une impression durable sur mon esprit. Souvent, pendant que nous dînions, il arrivait sans suite et passait la soirée avec nous. Quelquefois il était accompagné de bassins remplis de différens mets qu'il avait fait préparer dans son harem, et qu'il supposait être de notre goût. Il est plus remarquable par son urbanité que par sa sagesse ;

mais il fait lui-même toutes ses affaires. C'est un brave soldat. Son harem est peuplé d'une trentaine de femmes, et il a déjà eu soixante enfans. Il ne put me dire le nombre exact de ceux qui vivaient encore quand je le questionnai sur ce point.

Le vendredi qui suivit notre arrivée, nous suivîmes le chef et sa famille à des jardins où nous passâmes la plus grande partie du jour en conversation. Il s'assit sous un arbre et nous nous plaçâmes sous un autre. Des sorbets et des confitures nous furent apportés; et Mollah Nedjib, vieillard qui avait accompagné M. Elphinstone à Calcutta, nous parla beaucoup de la munificence de cet ambassadeur. L'après-midi nous allâmes au jardin du roi, qui est très-grand, et nous nous assîmes à terre avec le chef et sa famille; nous mangeâmes de la canne à sucre coupée en petits morceaux. Quatre de ses enfans étaient venus avec nous; c'était un spectacle touchant de voir l'intérêt affectueux qu'il prenait à eux; le plus âgé n'avait pas cinq ans. Chacun d'eux était à cheval en avant des personnes de sa suite, et tenait les rênes à merveille, parce que les Douranis apprennent dès l'enfance à monter à cheval. Nous suivîmes après cela le chef à la sépulture de sa famille : Atta et Yar Mohammed Khan, ses deux frères aînés, morts sur le champ de bataille, y sont enterrés. Toute la famille était présente, et fit sa prière de l'après-midi dans une mosquée voisine du tombeau. La scène faisait d'autant plus d'impression que les fils des deux défunts étaient présens. La journée se termina par une visite à Cheikh Iouaz, saint personnage. Telle est la manière dont les Douranis de distinction, qui demeurent à Peichaver, passent la journée du vendredi. La suite du chef était composée de sa parenté et de ses domestiques; il n'avait pas de gardes, et au moment du départ n'était accompagné que de nous et de deux cavaliers. Il y a chez ces gens une simplicité et une liberté que l'on ne saurait assez admirer, et, quelle que puisse être la règle ordinaire, je puis garantir qu'au moins les requêtes des hommes qui se plaignent sont écoutées. Chacun paraît être sur le pied de l'égalité avec le chef, et le plus mince domestique lui adresse la parole sans cérémonie. Il semble lui-même être complétement exempt de toute espèce de fierté ou d'affectation, et on ne le distingue dans la foule que par la richesse et les ornemens de son costume.

Dans une de nos promenades à cheval, avec le chef, dans les environs de Peichaver, nous vîmes un exemple de la justice et des châtimens chez les musulmans. En passant par le faubourg nous aperçûmes une grande foule, et quand nous en fûmes près, nous découvrîmes les corps mutilés d'un homme et d'une femme étendus sur un tas de fumier; le premier n'était pas tout-à-fait mort. La foule entoura aussitôt le chef et notre troupe; un homme s'avança et exposa, dans une attitude tremblante, à Sultan Mohammed Khan, qu'il avait surpris sa femme se rendant coupable d'infidélité, et qu'il l'avait à l'instant tuée, ainsi que son complice; il tenait à la main le sabre encore sanglant, et raconta comment il avait commis le meurtre. Sa femme était enceinte et déjà mère de trois enfans. Mohammed Khan lui adressa quelques questions, qui ne lui prirent pas trois minutes, puis il dit à haute voix : « Tu t'es conduit comme un bon musul-» man, et as commis une action excusable. » Ensuite il continua sa marche, et la foule s'écria : *Aftin !* (bravo). L'homme fut tout de suite mis en liberté. Nous nous tînmes auprès du chef pendant l'interrogatoire, et quand il fut terminé, il se tourna vers moi et m'expliqua la loi en détail. « Un crime commis le » vendredi, ajouta-t-il, est certainement découvert.» C'était effectivement ce jour-là que l'événement avait eu lieu. Ces faits ne présentent rien de nouveau ; mais comme Européen, je sentis mon sang se figer dans mes veines, à la vue des cadavres mutilés, et à la voix du mari qui se justifiait du meurtre de la femme dont il avait eu trois enfans. La justice sommaire du chef, qui vint à passer par hasard, n'était pas l'épisode la moins remarquable de cette scène lugubre. Il paraît que l'exposition des corps sur un tas de fumier est regardée comme expiant jusqu'à un certain point le péché du coupable, en servant d'exemple à toute la communauté ; les deux corps furent ensuite enterrés dans le même endroit.

Peu de jours après notre arrivée nous fûmes invités à passer une journée avec Pir Mohammed Khan, frère du chef; il nous reçut dans un jardin, sous un berceau d'arbres fruitiers chargés de fleurs. Les arbres furent secoués sur des tapis étalés exprès; ce qui les couvrit des pétales de l'abricotier et du

pêcher, aux teintes variées et au parfum balsamique. Ensuite nous nous assîmes. Nous étions quinze; la fête fut magnifique. Des chanteurs firent entendre des odes en pechtou et en persan. La conversation fut générale, et roula principalement sur les expéditions du chef et de sa famille. Les enfans furent présens comme à l'ordinaire; ils se disputèrent pour les confitures, et quatre d'entre eux se livrèrent un combat en règle avec les fleurs des arbres qu'ils se jetaient comme des boules de neige; je ne me souviens pas d'avoir vu un lieu plus délicieux que Peichaver dans cette saison; le climat, les jardins, le paysage, concourent à charmer les sens, et à tout cela nous avions été assez fortunés que d'ajouter l'accueil hospitalier des habitans. Je n'avais pas apporté de présens pour me concilier leur bienveillance, c'est pourquoi je n'en voulus recevoir aucun de leur part; mais dans l'occasion actuelle notre hôte me fit voir un petit cheval d'une race des montagnes, et insista pour que je l'acceptasse. « M. Moorcroft, me dit-il, accepta
» un de ces mêmes chevaux, qui lui fut très-utile dans
» des circonstances difficiles; je ne puis donc agréer
» ton refus puisque tu vas aller dans des pays si
» dangereux. » Le cheval fut forcément envoyé à mon logis. La suite montrera quelle singulière providence se manifeste quelquefois dans les actions de l'homme.

Cependant notre séjour dans la maison de Mohammed Khan n'était pas exempt d'inconvénient, et il fut nécessaire de réfléchir mûrement pour inventer un expédient afin de nous tirer d'embarras avec honneur. Ce chef, qui était brouillé avec son frère de Caboul, essaya de nous persuader de passer par cette ville en cachette et sans le voir. Il offrit même de nous faire accompagner par un Persan de distinction qui nous conduirait au delà de l'Afghanistan; si j'avais cru que cet arrangement pût s'exécuter, je m'en serais réjoui; mais il était évidemment difficile de traverser la ville de Caboul et les états de son chef sans qu'il le sût; or, la découverte d'une tentative semblable nous exposait au courroux d'un homme dont nous n'avions rien à craindre en nous donnant ouvertement comme officiers anglais. J'étais donc décidé à me fier au chef de Caboul, de même que je m'étais fié à celui de Peichaver, dès que je pourrais convaincre celui-ci que nos rapports avec son frère ne pourraient jamais diminuer les sentimens d'estime que nous avions pour lui-même. Quelques jours après, il consentit à ce que nous écrivissions à Caboul pour annoncer notre venue à Nabab Djabbar Khan, frère du gouverneur. J'apposai à ma lettre un nouveau sceau, gravé à la manière du pays, et portant le nom de *Sekander Burnes*. Alors Mohammed Khan s'en tint aux avis et aux bons offices pour nous faire voyager sûrement au delà de son territoire. Il nous invita à changer encore de costume; nous suivîmes ce conseil, et nous prîmes un habit qui annonçait notre pauvreté. Le vêtement extérieur que je portais m'avait coûté tout fait, au bazar, une roupie et demie. Nous convînmes aussi de cacher aux gens du com-

mun notre caractère d'Européens, mais d'avouer franchement la vérité à tous les chefs et même à tout homme avec qui nous aurions des rapports intimes. Toutefois, notre déférence à cet avis nous attira des importunités extraordinaires, pour que nous évitassions le Turkestan, et prissions la route de Candahar pour aller en Perse. « Rien, nous disait-on, ne pour-
» rait vous sauver de la férocité des barbares Ouzbeks,
» vendeurs d'hommes; le pays, le peuple, tout y est
» mauvais. » Nos hôtes en jugeaient ainsi d'après les calamités de Moorcroft et de ses compagnons; j'écoutais silencieusement ces discours. Le sultan s'imagina si bien m'avoir décidé à changer de plan, qu'il prépara des lettres pour Candahar, et entre autres une par laquelle il me recommandait à son frère, chef de cette ville.

Peu de temps après notre arrivée à Peichaver, Mohammed Khan illumina son palais, et nous invita à une fête donnée, nous dit-il, en notre honneur. Sa demeure n'était séparée de la nôtre que par un mur; il vint l'après-midi en personne pour nous conduire. Les dames avaient passé la journée dans les appartemens où nous restâmes; mais le signal d'en sortir leur avait été donné avant notre venue, et il ne restait qu'un seul eunuque, qui ressemblait prodigieusement à une vieille femme. Le soir la compagnie se réunit; elle était composée de quinze personnes les plus distinguées de Peichaver. Nous étions assis dans la salle, qui était brillamment illuminée; par derrière une grande fontaine coulait dans l'intérieur de la maison, sous une coupole haute de cinquante pieds; plusieurs appartemens sur les côtés avaient la vue de l'eau. L'aspect du dôme, dont la voûte était peinte, produisait un effet ravissant. Vers huit heures on servit le dîner, qui commença par des confitures et des conserves préparées dans le harem. Elles étaient bien meilleures que celles que j'avais goûtées dans l'Inde; le dîner vint ensuite, et le temps passa très-agréablement. Le chef et ses courtisans parlèrent de leurs guerres et de leurs révolutions; je répondis à leurs nombreuses questions concernant notre patrie. Chacun était toujours prêt à établir des comparaisons entre les faits que nous racontions et les événemens de l'histoire de l'Asie; citant familièrement à ce sujet Timour, Baber et Aureng Zeb, et montrant en même temps un grand fonds de connaissance générale. J'entretins ces Afghans des machines à vapeur, des batteries galvaniques, des ballons aérostatiques, des machines électriques; ces détails parurent causer un plaisir infini à tous mes auditeurs. S'ils n'y ajoutèrent pas foi, ils n'énoncèrent pas leurs doutes tout haut. Plusieurs courtisans flattèrent naturellement le chef, en donnant un certain développement à ses remarques; mais il n'y avait dans leur style rien de rampant, et la douce affabilité de Mohammed Khan me charma complétement. Il parla sans ménagement de Rendjit Sing, et exprima le vœu que quelque changement pût le délivrer de la honte d'avoir son fils en otage à Lahor. Il fut ensuite question des Russes, et un Persan, qui se trouvait dans la société, déclara que son pays était absolument indépendant de la Russie. Le chef remarqua très-gaiement que cette indépendance ressemblait un peu à la sienne relativement aux Seïks, auxquels il était incapable de résister, et avec lesquels il était bien aise de s'accommoder.

Parmi les personnes qui nous rendaient visite, celles qui venaient le plus fréquemment étaient les fils et les frères du chef; et leur venue nous était toujours extrêmement agréable, parce qu'ils montraient une intelligence et un esprit qui me surprenaient. Presque tous souffraient de fièvres intermittentes; elles furent bientôt guéries par quelques doses de quinine dont nous avions une bonne provision. Les connaissances dont ces petits garçons faisaient preuve m'inspira un jour l'idée d'écrire leur conversation. Ils étaient là au nombre de quatre, et aucun n'avait douze ans. Ils étaient assis autour de moi; je les interrogai sur les avantages de Caboul, et j'invitai chacun à faire deux réponses; les voici : 1°. la salubrité du climat; 2°. le goût exquis des fruits; 3°. la beauté de la population; 4°. le beau bazar; 5°. la citadelle de Bala Hissar; 6°. l'équité du chef; 7°. les grenades sans pepin; 8°. l'incomparable *rouach* ou rhubarbe. Leur ayant ensuite demandé quels étaient les désavantages de cette ville, ils firent les quatres réponses suivantes : 1°. la vie y est chère; 2°. on ne peut entretenir les maisons en bon état qu'en enlevant constamment la neige de dessus les toits; 3°. les débordemens de la rivière salissent les rues; 4°. l'immoralité des femmes qui est passée en proverbe; on a fait un couplet de ce dicton. Il me semble qu'en Europe les jeunes garçons ne montrent pas une intelligence si précoce; ici cet effet doit sans doute s'attribuer à l'usage de les introduire de bonne heure dans la société des hommes faits. Dès qu'un jeune garçon est parvenu à sa douzième année, il a sa maison particulière, et long-temps avant cette époque il lui est interdit de fréquenter l'appartement de sa mère, excepté dans certaines occasions. Khodja Mohammed, dont j'ai déjà parlé, et qui est le fils aîné du sultan, vint un jour m'inviter à dîner; ayant exprimé ma surprise de ce qu'il avait déjà sa maison: « Quoi, répliqua-t-il, voudrais-tu qu'étant fils d'un » Dourani, je prisse le caractère d'une femme? » J'accompagnais quelquefois ces jeunes gens dans les jardins de Peichaver, et je trouvai qu'ils étaient de bonne société, car personne ne songeait jamais à les déranger. Je me souviens que l'un d'eux raconta les guerres de son père, et sa mort prématurée dans un combat deux ans auparavant: il dit qu'il avait tenu la tête sanglante de son père dans ses bras, quand on l'apporta du champ de bataille sans son corps.

Ces promenades dans Peichaver ne se faisaient pas toujours avec une compagnie semblable; car dans les derniers temps j'allais sans être même accompagné d'un *capchi* (huissier du sultan), dans les premiers temps il nous suivait toujours. Je visitai Bala Hissar, où Châh Soudja avait reçu si splendidement l'ambassade au Caboul en 1809. C'est maintenant un monceau de ruines; les Seïks l'ont brûlé dans une de leurs expéditions en ce pays. Je visitai aussi le grand bazar, où se passa l'aventure de l'avide mollah, qui voulait dérober les habits de Forster, aventure que ce voyageur amusant et instruit raconte si gaiement. Les circonstances avaient changé étrangement depuis cette époque, qui remonte à l'anné 1782. Il regardait ses soucis et ses dangers comme finis en arrivant à Caboul; nous calculions qu'ils y commenceraient. En passant par une porte de Peichaver je remarquai qu'elle était revêtue de fers à cheval; c'est un emblème de superstition dans cette contrée tout comme en Écosse. Un maréchal ferrant n'avait pas de pratiques; un saint auquel il s'adressa lui recommanda de clouer une paire de fers à cheval à une des portes de la ville; depuis que le maréchal eut suivi ce conseil, ses affaires prospérèrent. A son exemple, ses confrères de Peichaver se sont rendus le saint propice par le même expédient, dans lequel ils ont une confiance implicite.

Un des hommes dont les visites nous plaisaient le plus, était un graveur de cachets, natif de Peichaver; il avait voyagé dans la plus grande partie de l'Asie et de l'Europe orientale, et cependant il n'avait pas encore trente ans. Ayant conçu dès sa tendre jeunesse un désir ardent de parcourir les pays étrangers, avec le motif avoué, mais non le seul, de faire le pèlerinage de la Mecque, il quitta sa patrie, sans rien dire à sa famille, descendit l'Indus et s'embarqua pour l'Arabie. Quand il eut achevé ses dévotions, il visita l'Egypte, la Syrie, Constantinople, la Grèce et les îles de l'Archipel; il vivait de ce qu'il gagnait en gravant les noms des musulmans sur leurs cachets, ce qui paraît être un métier lucratif. Avec le produit de ses profits il vit tout ce que le Levant lui offrait de nouveau, et se réunit à d'autres voyageurs; il eut le bonheur d'échapper à la perfidie de l'un d'eux, qui voulut l'empoisonner. Après une absence de cinq ou six ans il revint dans sa famille, qui le croyait perdu. Son père saisit la première occasion de le marier, afin d'arrêter son penchant pour la vie errante; de sorte que maintenant il restait tranquille dans sa patrie. Il paraissait ravi de venir nous voir, et de nous parler du Nil et des Pyramides, de Stamboul et de son port magnifique : peu de ses compatriotes ajoutaient foi à ses récits. Il se rappelait ses courses avec délices, et soupirait de ce qu'étant père de famille il ne pouvait se joindre à nous. L'inclination à voyager est un trait curieux du caractère des Afghans, car ils aiment beaucoup leur pays. Toutefois, un musulman est chez lui partout où sa religion est professée, parce qu'il existe parmi les sectateurs du Coran une sorte de lien qui, comme celui de la franc-maçonnerie, les unit entre eux. Il n'existe parmi eux aucune de ces distinctions de grade ou de ces rangs qui partagent si étrangement la société des autres croyances et des autres pays.

Nous étions arrivés dans la saison des cailles; quiconque pouvait échapper à ses occupations, ne songeait qu'à prendre ces courageux petits oiseaux par le moyen des faucons ou des filets, ou à les faire battre. Tous les mardis matin, le sultan tenait une assemblée dans sa cour pour encourager ce divertissement. Il nous envoyait chercher pour en être témoins; il n'est nullement dénuée d'amusement soit relativement aux hommes ou aux oiseaux; car chef, domestique et sujet, tous étaient égaux; les cailles et non les hommes étant les héros. On les apporte dans des sacs, et on les excite à se battre les unes contre les autres pour du grain qu'on place entre elles. Une fois qu'une caille a couru on n'en fait plus de cas, et on la tue à l'instant. Rien n'égale la passion des Afghans pour ce passe-temps; il n'y a presque pas de petit garçon dans la rue qu'on ne voie avec une caille à la main, et la foule se rassemble en groupe, dans toutes les parties de la ville, pour regarder les combats de leurs oiseaux.

Le sultan, remarquant l'intérêt que nous prenions à ces scènes, nous invita à l'accompagner à une chasse au faucon qui devait avoir lieu à 5 milles de Peichaver; mais nous n'eûmes pas de bonheur, et nous ne tuâmes rien. Alors nous allâmes à la recherche des oiseaux aquatiques, une troupe qui nous précédait avait dérangé des canards. Toutefois, nous eûmes un pique-nique afghan, et nous vîmes ainsi un échantillon des mœurs nationales. Nous nous assîmes sous une banne légère, et les domestiques apportèrent une dizaine d'agneaux qui avaient été tués pour cette occasion. Le chef demanda un couteau, dépeça un de ces animaux, prit la baguette du mousquet d'un des hommes de sa suite, y enfila les morceaux de viande, et les donna pour qu'on les fît rôtir. Il nous dit que la chair cuite de cette manière avait bien meilleur goût que lorsqu'elle l'était par les domestiques ordinaires; et que si nous étions réellement en campagne, il tiendrait volontiers un bout de la baguette, et remettrait l'autre à quelqu'un jusqu'à ce que la viande fût prête, ce qui rendrait le régal entièrement dourani. J'aimais cette simplicité sans affectation. Nous étions à peu près une trentaine qui prîmes part au déjeuner; il n'en resta pas un seul morceau, tant nous avions bon appétit, et tant la chair était de notre goût; mais les Afghans sont de très-grands mangeurs.

Comme le temps de notre départ approchait, nous eûmes une suite continue de fêtes. Nous dînâmes avec tous les chefs et avec plusieurs de leurs fils, avec des prêtres et avec des mirzas. Une des plus agréables de ces parties fut donnée par Mollah Nedjib, homme de mérite, qui, à la suggestion de M. Elphinstone, avait fait un voyage aventureux dans le pays des Kaffirs, entreprise qui lui a valu une pension bien gagnée. Il nous donna de bons conseils; j'en citerai un pour sa singularité. Il nous dit que nous devions manger des ognons dans tous les pays que nous visiterions, parce que, suivant une croyance populaire, un étranger s'acclimate bien plus tôt en faisant usage de cette plante potagère. Il nous témoigna beaucoup d'intérêt; il nous dissuada fortement de jamais prendre un saint personnage pour guide; c'est ce que j'avais déjà résolu. On représente les Ouzbeks comme très-soumis à l'influence de leurs prêtres et de leurs seïds; et je pensais que la compagnie d'un de ces hommes pourrait nous être avantageuse dans les occasions difficiles, puisque Moorcroft s'était fié entièrement à l'un d'eux, qui est maintenant à Peichaver. D'un autre côté, Mollah Nedjib m'assura qu'un tel personnage ne pourrait jamais nous tirer d'un cas difficile, et publierait partout notre venue prochaine, enfin il nous fit entendre que plusieurs des malheurs arrivés à Moorcroft devaient être attribués à un de ces hommes. Un avis semblable, donné par quelqu'un qui lui-même était prêtre, méritait une attention sérieuse; j'ai par la suite reconnu la justesse du sentiment de ce mollah.

Il était cependant nécessaire de se concilier le saint homme dont j'ai parlé, et je lui rendis visite. Il se nommait Fazil Haq; il se vantait d'avoir, dans les environs de Boukhara, une foule de disciples presque aussi nombreux que les habitans. La manière dont je fus introduit près de lui est singulière; M. Court avait dit à son secrétaire d'écrire à un autre saint personnage de Peichaver, dont il avait oublié le nom. Dans son embarras, s'étant adressé à moi, comme je connaissais le grand crédit de Fazil Haq, je le nommai au hasard; la lettre fut donc écrite; je la remis, et le saint fut extrêmement flatté de la recevoir, puisqu'elle venait d'un lieu où il ne connaissait personne. Il m'accueillit avec bonté, et m'offrit très-obligeamment ses services, en me proposant des lettres de recommandation pour tous les grands personnages du Turkestan. Il avait entendu dire que j'étais originaire d'Arménie, quoique je fusse au service britannique ; je ne pensai pas qu'il fût indispensable de rectifier ses idées à ce sujet. Je le remerciai de sa bienveillance, avec toute la modestie et l'humilité d'un pauvre voyageur, et il commença à me donner ses conseils avec beaucoup d'affabilité. « Ta sécurité, me dit-il, dépendra de » tes soins à mettre de côté le nom d'Européen, et » à tout événement d'Anglais, parce que les habi- » tans de ces pays regardent les Anglais comme des » intrigans en politique, et comme possédant des » richesses immenses. » Le sens commun et la réflexion prescrivaient une telle conduite ; mais il était plus difficile de la tenir. Le saint homme prépara ses lettres ; elles étaient adressées au roi de Boukharie, et aux cinq potentats qui ont des territoires baignés par l'Oxus : tous le reconnaissent pour leur guide spirituel. Fazil Haq parlait de nous comme de pauvres voyageurs aveugles qui ont droit à la protection de tous les vrais croyans. Ces missives étaient remplies de passages du Coran, et d'autres aphorismes moraux cités en notre faveur. Cependant le saint homme nous pria de ne montrer ces lettres que dans un cas de nécessité absolue ; mais je les regardai comme des pièces très-précieuses. Je ne sortis pas de sa demeure sans envier l'influence qu'il exerce sur les tribus dont il vient d'être question, ce qu'il doit à sa descendance d'un père respectable, qui lui laissa aussi en héritage un patrimoine considérable. Je n'étais pas sans idées fâcheuses sur son compte ; car il est soupçonné d'avoir augmenté les peines de Moorcroft, et il est certain que la famille d'un de ses disciples a été enrichie de ce que possédait ce voyageur infortuné! Toutefois, Fazil Haq est maître de documens qui me persuadent de le déclarer innocent de tout ce dont on l'accuse; néanmoins je voudrais l'éviter plutôt que le rechercher, et plutôt lui plaire que lui déplaire.

Parmi les autres avis qu'on nous donna, on nous recommanda fortement de cesser de distribuer des médicamens aux gens, parce que cet usage avait déjà rassemblé autour de M. Gérard des centaines de malades, et annoncerait d'avance notre venue à mesure que nous avancerions. J'avais pensé que le caractère de médecin aurait été notre passe-port, et je ne doute pas de ses avantages pour les aventuriers; mais notre unique objet étant de traverser le pays avec sécurité, il devenait très-problématique que nous dussions persister à prendre la qualité de docteurs; indépendamment des demandes continuelles qui ne nous laissaient pas la libre disposition de notre temps, on formait beaucoup de suppositions sur nos richesses et nos trésors, qui nous permettaient de distribuer aussi des remèdes gratuitement. Nous décidâmes en conséquence de nous abstenir de l'exercice de l'art à la première occasion, et un plan, que j'avais regardé dans le principe comme devant probablement nous aider beaucoup dans notre entreprise, fut abandonné entièrement. La pratique de la saignée aurait suffi seule pour occuper un homme de l'art, parce que les Afghans se font régulièrement tirer du sang à chaque équinoxe du printemps, jusqu'à ce qu'ils soient parvenus à leur quarantième année. Les habitans de Peichaver souffraient aussi d'une fièvre tierce qui augmentait le nombre de nos cliens.

La seule antiquité que nous découvrîmes ici fut un tope, situé à 5 milles de distance, sur la route de Caboul, et évidemment de la même époque que ceux de Manikiala et de Bélour. Il est très-délabré, et ses débris ne donneraient aucune idée de l'objet d'un tel monument, si nous n'avions pas vu ceux du Pendjab. Il avait près de 100 pieds de haut; mais les pierres qui l'avaient revêtu étaient tombées ou avaient été enlevées. Nous ne pûmes nous procurer des médailles sur le lieu, et les habitans ne purent nous dire autre chose, sinon que c'était un tope. Nous entendîmes aussi parler d'un édifice du même genre, dans le col de Khiber, à 18 milles de distance; l'état de trouble du pays où il se trouve nous empêcha de le visiter. Il est très-bien conservé, plus haut et plus grand que celui de Manikiala. Enfin on fit mention d'une dizaine de tours semblables qui sont à Sonat et à Bonnéri, du côté du pays des Kaffirs; il paraît très-probable que ces monumens sont les sépultures des rois, puisque tous ont une chambre au centre de leur masse. Ce sont peut-être aussi des édifices bouddhiques.

Un mois s'était écoulé depuis notre arrivée à Peichaver, et l'approche rapide de la saison chaude nous avertissait que nous n'avions plus beaucoup à craindre les neiges du Caboul et de l'Hindou Kouch. Le thermomètre, qui à l'époque de notre venue se tenait à midi à 60° (12° 13), montait maintenant à 87° (24° 42). Les mûres avaient mûri, et la neige était entièrement disparue des montagnes voisines; cependant l'hiver avait été très-rigoureux, et durant notre séjour il était tombé de la grêle aussi grosse que des balles de fusil. Nous nous occupâmes donc de notre départ, et le moment en fut accéléré par une lettre arrivée de Caboul, laquelle nous priait de nous mettre en marche sans retard. Cependant ce ne fut pas chose aisée que de décider Mohammed Khan à le permettre; enfin, après bien des délais, il fut fixé au 19 d'avril.

Parmi les habitans de la maison de ce chef, il serait impardonnable d'oublier de mentionner son maître-d'hôtel, Setar Khan, natif de Cachemir, grand gaillard de belle humeur, qui nous régala si longtemps de ses pilaux et d'autres mets savoureux. Pendant tout notre séjour nous vécûmes aux frais du sultan, et ce Setar Khan, brave homme, d'un caractère enjoué, auquel il unissait toute la politesse de ses compatriotes, cherchait à nous satisfaire de toutes les façons. Quoiqu'il n'occupât point un poste très-éminent, sa sœur était mariée au chef, et son crédit était considérable. C'était un homme de haute stature et de bonne mine, avec de grands yeux noirs, que je n'oublierai jamais, parce qu'ils suivaient avec délice chaque morceau qu'il nous voyait manger. Son air montrait qu'il aimait les bonnes choses de ce bas-monde, et son caractère lui faisait désirer de les partager avec d'autres. Il nous pressa de lui donner quelques recettes propres à perfectionner l'art qu'il professait, mais nous n'avions pas de cuisinier qui pût l'instruire.

Je n'ai rien dit de Peichaver, parce qu'il est impossible de rien ajouter à la description que M. Elphinstone en a donnée. Les renseignemens contenus dans son excellent ouvrage sont si complets, que j'éviterai toujours de me placer sur le terrain où il a marché; et, pour ce qui concerne l'Afghanistan, je me bornerai aux incidens et aux aventures qui me sont personnels : je dis ceci pour ma défense.

CHAPITRE IV.

VOYAGE DE PEICHAVER A CABOUL.

Les Khiberis.—Passage de la rivière de Caboul.—Caravane.— Aventure. — Montagnes. — Entrevue avec un chef Momand. —Vent pestilentiel.—Antiquités.—Djalalabad. — Montagnes neigeuses. — Le Balabagh. — Gondamak. — Pays froid. — Nimla. — Manière de soigner les chevaux. — Djagdalok. — Ghildjis nomades. — Scènes pastorales. — Col de Lata Bend Caboul.—Mohammed Cherif, notre conducteur.

Le 19 avril, ayant pris congé de Mohammed Khan, nous sortîmes de Peichaver. Rien ne pouvait surpasser la bienveillance de ce chef; au moment où nous nous séparions de lui, il nous confia à un Persan, qui était un de ses officiers, et qu'il envoyait à Caboul exprès pour nous; il nous remit la lettre adressée à son frère à Candahar, et d'autres pour des habitans de Caboul; enfin six feuilles de papier blanc et munies de son sceau, nous invitant à les remplir pour telle personne de sa connaissance que nous croirions pouvoir nous être utile. Une telle conduite, on peut bien l'imaginer, appelait un témoignage de notre reconnaissance; mais ce ne fut qu'avec difficulté que je le décidai à accepter une paire de pistolets de peu de valeur; je lui donnai aussi une tabatière à musique, et il regrettait que je lui fisse ce cadeau. Quand nous quittâmes sa maison, il nous regarda monter à cheval et nous souhaita succès en tout et prospérité; il aurait voulu nous accompagner à une certaine distance, mais nous nous y opposâmes. Plusieurs des braves gens qui l'entouraient, et avec lesquels nous avions vécu familièrement, vinrent avec nous jusqu'à la première station; parmi eux étaient Gholam Kadir et Mir Alem, tous deux fils d'un cazi de Lodiana, aux bons offices duquel nous avons dû beaucoup en plusieurs occasions durant notre séjour à Peichaver.

Cinq routes différentes mènent de cette ville à Caboul; nous préférâmes celle qui longe le cours de la rivière, parce que le col de Khiber n'est pas sûr à cause du caractère pervers des Khiberis; nous traversâmes donc la belle plaine qui s'étend de Peichaver à Matchni. Nous avions fait la connaissance intime d'un chef des montagnes, qui nous avait engagés instamment de prendre le chemin du Khiber; cependant personne ne se fie à un Khiberi, et il fut jugé de la prudence de ne pas s'y hasarder. Nadir Chah paya une somme d'argent pour s'assurer le passage à travers le défilé de ce pays; il a 18 milles de long et est très-fort. J'aurais bien souhaité de voir ces hommes dans le canton qu'ils habitent, mais nous ne pouvions pas compter sur notre liaison avec le chef. C'était un homme de grande taille, très-maigre, et comme tous ses compatriotes, très-adonné aux liqueurs fortes; quand il parlait de son pays, il l'appelait l'*Yaghistan* (pays des rebelles). J'accompagnai ce personnage à un verger près de Peichaver; il nous invita à nous joindre à une société réunie pour boire; mais nous le regardions lui et ses compagnons comme déjà assez farouches, même n'étant pas ivres.

Nous traversâmes la rivière de Caboul au-dessus de Matchni, sur un radeau soutenu par des peaux gonflées; genre d'embarcation frêle et peu sûre. La rivière n'a que 750 pieds de large, néanmoins elle est tellement rapide, que nous fûmes emportés à plus d'un mille avant de pouvoir gagner la rive opposée. Les chevaux de selle et de bagage passèrent à la nage. Matchni est un village à maisons éparses, à l'issue de la vallée où la rivière de Caboul entre dans la plaine. Il se partage plus bas en trois bras et coule vers l'Indus. On navigue ordinairement en bateau sur cette rivière, quelquefois on se sert aussi de bateaux, et les pèlerins qui vont à la Mecque s'y embarquent, et descendent ainsi l'Indus jusqu'à la mer. Jamais les marchandises ne sont expédiées par cette route; toutefois, il importe de connaître quelle communication existe par eau depuis les environs de Caboul jusqu'à l'Océan.

Le 23 nous eûmes ajusté tout ce qui concernait notre marche, en gagnant les Momands, tribu de brigands un peu moins féroces que leurs voisins les Khiberis, et dont nous devions traverser le pays. Ils demandèrent une roupie pour chaque musulman, et le double de cette somme pour un Hindou; mais ils se contentèrent de beaucoup moins, et querellèrent pour la répartition. Nous nous mîmes en mouvement, et commençâmes par grimper sur des coteaux et des rochers; bientôt nous eûmes une preuve de l'influence des gens avec qui nous venions de traiter, en rencontrant des voyageurs isolés que des enfans accompagnaient; la tribu de ceux-ci annonçait ainsi qu'elle les protégeait, ce qui était suffisant. Après une route fatigante à travers les montagnes, nous revîmes la rivière de Caboul, que nous devions traverser une seconde fois. Nous nous fîmes maintenant une idée complète de notre manière de voyager, et du traitement que nous avions à attendre. Nous ne marchions jamais qu'en corps; quand nous fûmes arrivés aux bords de la rivière, par un soleil brûlant, nous n'avions aucun moyen de la passer, qu'après avoir gagné nos amis les Momands. Nous nous assîmes à l'ombre de rochers tombés du haut des précipices, qui s'élevaient majestueusement au-dessus de nous à une hauteur de 2,000 pieds; devant nous la rivière coulait avec une rapidité extrême; sa largeur n'excédait pas 360 pieds. Vers l'après-midi, nos montagnards apportèrent une dizaine de peaux, et nous commençâmes le trajet; la nuit arriva avant que nous fussions tous de l'autre côté; alors nous mîmes le feu à l'herbe des montagnes, afin d'éclairer le voisinage et d'assurer le passage du frêle radeau. Le trajet fut ennuyeux et difficile; dans quelques endroits la rapidité du courant formait des remous, nous faisait tournoyer, et nous avions la satisfaction d'apprendre que si nous descendions un peu nous rencontrerions un tourbillon, et que si une fois nous nous trouvions dans le cercle de son action, nous pourrions y rester un jour entier à tourner, souffrant de la faim et d'étourdissement; nous échappâmes tous à cet inconvénient; mais quelques voyageurs furent emportés très-loin, et nous-mêmes nous éprouvâmes diverses contrariétés dans de petits remous. Sur aucun des bords de la rivière il n'y avait ni village ni habitant; il fallut donc étendre nos tapis à terre et dormir à la belle étoile, par une nuit froide, après une journée fatigante. Cependant le bruit du torrent nous eut bientôt endormis pour la plupart, et vers minuit on n'entendait plus rien que la voix des montagnards qui, perchés sur un rocher s'avançant au-dessus de notre camp, veillèrent jusqu'au jour. Ils avaient l'air de véritables bandits, et il était amusant d'observer le respect étudié que tous nous montraient. Leur chef, vaurien déguenillé, qui n'avait pas même de turban, était à cheval; on chanta ses louanges, on lui donna des présens; mais nous ne fûmes pas plutôt sortis du pays, que chacun accabla d'injures ceux que nous venions de caresser. L'esprit qui animait notre troupe est exprimé par les propos d'un vieillard qui poussa son cheval dans un champ de froment, sur les confins du pays des Momands, en lui disant : « Mange, mon » bon animal, les coquins de Momands m'ont dans » leur temps dévoré beaucoup de ma fortune. »

Après avoir été exposés le lendemain à l'ardeur du soleil pendant huit heures, nous arrivâmes à Daka par un chemin rocailleux et malaisé, et l'après-midi nous allâmes jusqu'à Hazarnô; la journée fut de 20 milles. A Daka nous avions franchi la plus grande partie des difficultés de la route jusqu'à Caboul. La vue du haut d'un col avant de descendre dans la vallée de la rivière de Caboul était magnifique. Nous pouvions apercevoir la ville de Djelalabad à 40 milles de distance, ainsi que la rivière poursuivant son cours extrêmement sinueux dans la plaine, et la partageant en un nombre infini d'îles fertiles. Le Safaëd Koh ou Mont-Blanc élevait sa cime d'un côté, et le mont Sourcilleux de Nourghil ou Kouner d'un autre; les Afghans croient que c'est là que s'arrêta l'arche de Noé; et certainement cet Ararat de l'Afghanistan est, par sa hauteur considérable, digne de cette distinction; il est couvert de neiges perpétuelles. A peu de distance s'élève le Naoghi, en Badjour, rocher isolé qui, dans mon opinion, répond à la description que fait Arrien du célèbre rocher d'*Aornus*, indubitablement situé dans ce canton. On dit qu'il est inaccessible, excepté d'un seul côté; on ajoute qu'il est fort, très-haut, et a un sommet assez large pour produire du grain suffisant à une garnison; enfin, qu'il est abondamment pourvu d'eau, ce qui est littéralement conforme à la description de l'Aornus. Il est également à 20 milles de Badjour, et Arrien nous apprend que les habitans de *Bazaria*, que l'on suppose être Badjour, se refugièrent sur l'Aornus pendant la nuit. Je n'ai pas vu le mont de Naoghi.

A Matchni, les montagnes sont de grès; au sommet des cols, on voit des veines de quartz. Les rochers du lit de la rivière de Caboul sont granitiques, et au-dessous du village de Daka la roche est du mica, qui se montre en couches verticales. Les herbes et les plantes exhalaient une odeur douce et aromatique, un arbrisseau ressemblait beaucoup au genêt, un autre à l'iris. Il fournit aux habitans des nattes pour construire leurs demeures, ainsi que des sandales pour leurs pieds ; ils les y fixent par un cordon de la même matière. Notre soif et nos fatigues furent beaucoup soulagées par une espèce d'oseille qui nous parut très-agréable, et que nous cueillîmes et mangeâmes en escaladant les rochers. Les pâturages sont ici excellens pour le bétail ; le mouton que l'on consomme à Peichaver lui doit son bon goût.

Avant notre départ de Daka, nous reçûmes la visite de Sadat Khan de Lalpour, chef des Momands, bel homme, d'une trentaine d'années et d'une physionomie enjouée. Nous restâmes assis ensemble pendant une demi-heure sur un tapis ou lit, à l'ombre d'un mûrier. Il nous pressa beaucoup de traverser la rivière et de passer quelques jours chez lui, promettant de bien nous divertir et nous amuser par une chasse aux faucons ; quelques-uns des gens de sa suite en avaient avec eux. Nous nous excusâmes sur notre voyage, de ne pas pouvoir accepter ses civilités. Nous apprîmes plus tard que ce Momand si riant était devenu chef de sa horde, par le meurtre de ses deux jeunes neveux et de leur mère.

A Hazarnô nous rencontrâmes un Khiberi, que

nous avions un peu connu au Pendjab, où il était *herkarou* ou messager de Rendjit Sing. Dès qu'il eut appris notre arrivée, il vint nous voir, et me prenant par les pieds, puis par la barbe, il m'annonça, en parlant le peu de persan qu'il savait, que nous étions ses hôtes et que nous devions loger dans sa maison; nous y consentîmes volontiers. C'était un homme ayant l'air grossier, les sourcils abaissés et les yeux enfoncés. Il avait deux fils qu'il n'avait pas vus depuis quatorze ans, sauf quelques jours avant notre venue. Néanmoins il avait précédemment été envoyé deux fois à Caboul, et quoiqu'il eût traversé son village natal, où étaient ses foyers, il ne s'était pas arrêté pour s'enquérir de sa famille. Maintenant il était tout de bon de retour dans son pays.

Après une marche fatigante de douze heures, dont trois avaient été employées à attendre les traîneurs, nous arrivâmes à Djelalabad, le 26 au matin. En passant à Sourkhdéouar où, les caravanes sont pillées quelquefois, le Persan notre conducteur, soit pour montrer son courage, soit dans un accès de démence, se supposa attaqué par des voleurs. Il tira sa carabine, et, avant que les hommes de l'arrière-garde eussent rejoint, il avait achevé une longue histoire de sa bravoure audacieuse; il raconta comment il avait puni un des brigands seulement avec le bout de son arme, et comment il avait couru des dangers par la balle de son antagoniste laquelle avait passé près de son oreille en sifflant. Les gens de sa suite applaudirent sa vaillance, et j'ajoutai ma part de louanges. Du reste, il parut assez singulier que le Persan seul eût vu les bandits; mais un homme de la caravane expliqua la difficulté en remarquant tranquillement que ce personnage avait voulu donner une preuve de son courage, maintenant que le péril était passé.

La route de Hazarnô à Djelalabad traverse un grand désert pierreux dont une partie est connue sous le nom de *Decht*, ou plaine de Batticote, et fameuse par le sémoum ou vent pestilentiel qui y règne dans la saison chaude, quoique les montagnes des deux côtés soient couvertes de neiges perpétuelles. Les habitans parlent du sémoum comme étant généralement fatal. Les voyageurs qui ont échappé à son atteinte disent qu'il les attaque ainsi que ferait un vent froid et leur ôte le sentiment. L'eau introduite violemment dans la bouche sauve quelquefois, et du feu allumé près du patient produit un bon effet. On emploie aussi avec succès les pruneaux de Boukhara et le sucre. Les chevaux et les autres animaux souffrent, ainsi que l'homme, des effets du sémoum; on dit que la chair de ceux qui en meurent victimes devient si molle et si putride, que les membres se séparent les uns des autres, et qu'on peut arracher les cheveux sans employer la moindre force. Le vent pestilentiel est inconnu dans les terres hautes du Caboul, et principalement confiné dans cette plaine du Batticote. Ses effets sont aussi pernicieux la nuit que le jour : et en été personne ne songe à voyager pendant que le soleil est au-dessus de l'horizon. Quelquefois une seule personne est attaquée dans une troupe de trente ou quarante ; celles qui échappent ne s'aperçoivent d'aucun changement dans l'atmosphère. Ce n'est peut-être que le simple effet de la chaleur sur un certain état du corps.

Nous ne voyagions pas dans la saison des vents chauds et pestilentiels ; mais dans cette marche nous fûmes surpris par un de ces orages de vent et de poussière qui sont communs dans les contrées voisines des tropiques. Dans la circonstance actuelle, il fut accompagné d'un phénomène singulier : des nuages de poussière partis des points opposés de l'horizon s'approchèrent l'un de l'autre, et quand ils se furent rencontrés, prirent une direction absolument différente. Peut-être l'expliquerait-on par le mouvement de l'air repoussé en sens contraire dans une plaine basse, large d'une quinzaine de milles et bordée de chaque côté de hautes montagnes. Nous apprîmes que Djelalabad avait été inondé par la pluie, tandis que nous n'en avions pas une goutte.

Une montagne au nord de la rivière de Caboul et du village de Bassaoul nous offrit de vastes excavations dans le roc ; on les attribue aux temps des Kaffirs ou infidèles ; elles sont disposées en groupes : l'entrée de chacune est séparée et à peu près de la grandeur d'une porte ordinaire. Elles ont peut-être formé autant de villages, puisqu'il paraît que ce fut l'usage en Asie de loger dans des cavernes semblables, ainsi que nous l'apprennent divers historiens qui parlent des Troglodytes. Je ne suppose pas que l'on pût tirer aucune induction relativement à tel ou tel peuple, de l'existence de cette coutume dans des pays différens, puisque la plupart des nations non civilisées devaient regarder une cavité dans un rocher comme une demeure bien plus sûre au milieu d'une société en désordre, qu'une cabane dans une plaine. On voit près de Djelalabad sept tours rondes, mais par leur construction elles diffèrent des topes. On dit qu'elles sont très-anciennes, et l'on a trouvé, dans leur voisinage des médailles très-grandes. Dans le pays de Laghman entre Djelalabad et les montagnes, les habitans montrent le tombeau de Métar Lam ou Lamech père de Noé. Quelques personnes rapportent ce lieu au siècle des Kaffirs; mais les bons Musulmans sont satisfaits de croire que c'est le tombeau d'un prophète, et que sur la surface de la terre, il n'y en a que trois autres.

Nous nous arrêtâmes un couple de jours à Djelalabad, qui est une des villes les plus sales que j'aie vues dans l'Orient. Elle est petite, a un bazar de cinquante boutiques et une population de 2,000 âmes: mais ce nombre devient dix fois plus considérable dans la saison froide, parce que les habitans des montagnes voisines viennent s'y réfugier. Djelalabad est la résidence d'un chef de la famille Barakzie, qui a un revenu annuel d'environ sept lacs de roupies. La rivière de Caboul passe à un quart de mille au nord de la ville. Elle a 450 pieds de large et n'est pas guéable. Au nord et au sud de Djelalabad, des montagnes neigeuses courent parallèlement l'une à l'autre. La chaîne du sud est appelée *Safaed Koh*, mais plus ordinairement *Radjgal*; elle diminue de hauteur en se prolongeant à l'est, et n'a plus de cimes neigeuses avant de parvenir à Daka. La neige ne fond jamais dans les parties supérieures, ce qui, sous cette latitude, suppose une élévation de 15,000 pieds au-dessus du niveau de la mer. Le fameux Nourghil, dont j'ai parlé précédemment, est à une trentaine de milles au nord de Djelalabad, et les pics sourcilleux de l'Hindou Kouch commencent à se montrer au nord-ouest.

Nous éloignant de la rivière de Caboul, nous entrâmes dans la vallée de Bala-Bagh : nous pouvions maintenant distinguer les jardins féconds situés au bas des montagnes neigeuses, et produisant les fameuses grenades sans pepins, qui sont expédiées dans l'Inde. Nous fîmes halte dans un enclos planté de vignes; on ne les taille ni ne les émonde dans ce pays; on les laisse grimper jusqu'au haut des plus grands arbres; il y en avait à Bala-Bagh qui s'entortillaient autour de houx jusqu'à une élévation de 80 pieds : mais les raisins ne valent pas ceux d'une treille. Il pleuvait à Bala-Bagh. Notre demeure était plus romantique que commode, ce qui nous engagea, à la brune, à chercher un abri dans une mosquée. Les habitans semblaient être trop occupés de leurs affaires civiles ou religieuses pour songer à nous; et jusqu'alors nous n'avions pas éprouvé la moindre incivilité de personne, quoique nous portassions nos pas partout. Ces gens ne paraissent pas avoir la moindre prévention contre les chrétiens ; jamais je n'ai entendu sortir de leur bouche le mot de chien ou d'infidèle, qui figure si éminemment dans les relations de beaucoup de voyageurs. « Chaque » pays a ses usages », est un proverbe usité parmi eux ; et les Afghans musulmans semblent avoir pour les chrétiens des égards qu'ils refusent à leurs concitoyens brahamanistes. Ils nous appellent le *peuple du livre*, tandis qu'ils regardent les autres comme plongés dans les ténèbres et dénués de prophète.

A Gandamak, nous atteignîmes la ligne de séparation entre les pays chauds et les pays froids. On dit qu'il neige d'un côté de la petite rivière, et qu'il pleut de l'autre. La vie végétale y prend une nouvelle forme ; le froment, que l'on était sur le point de couper à Djelalabad, n'avait que 3 pouces de haut à Gandamak, et cependant la distance d'un lieu à l'autre n'est que de 25 milles. Nous découvrîmes dans les champs la marguerite blanche au milieu du trèfle ; les montagnes, éloignées seulement de 10 milles, étaient couvertes de forêts de pins qui commençaient à 1,000 pieds au-dessous de la limite inférieure des neiges : il fallait se vêtir davantage à cause de l'air plus piquant. Les voyageurs sont sujets à une diversité de petites contrariétés qui amusent ou éprouvent le caractère, suivant la disposition de l'esprit dans le moment. Ce soir, un chat s'empara de mon dîner, quand j'étais sur le point de le manger ; alors je me résignai à satisfaire un appétit dévorant avec du pain et de l'eau, et je dois ajouter, dans une étable malpropre : mais nous étions heureux de trouver un tel gîte. Je dois du reste faire l'éloge du pain de ce pays, car il est levé, bien cuit et savoureux.

A 3 milles de Gandamak nous vîmes le jardin de Nimla, célèbre par le champ de bataille où Choudja-el-Moulk perdit sa couronne en 1809. Ce jardin est situé dans une vallée très-bien cultivée et entourée de montagnes nues. C'est un lieu charmant; les arbres ont tous été taillés ou bien ont atteint à la même hauteur, et abritent de leurs branches une diversité de fleurs parmi lesquelles le narcisse se distingue par sa beauté. Quoique orné par l'art, cet emplacement est mal choisi pour s'y battre, et le destin de la guerre y fut étrangement capricieux. Choudja fut défait par une armée dix fois moins nombreuse que la sienne, et perdit son trône et son visir. Bien éloigné de redouter un tel résultat, il avait amené avec lui ses joyaux et ses richesses : il se trouva trop heureux de les abandonner pour sauver sa vie. Feth Khan, visir de Mahmoud, ayant remporté la victoire pour son maître, l'assit sur un des éléphans de parade qui avaient été préparés pour le roi, et proclama ainsi son triomphe. Quant à Choudja, il s'enfuit dans le pays des Khiberis, et depuis a échoué dans toutes les tentatives qu'il a faites pour regagner son royaume.

Rien ne frappe plus un étranger dans ce pays que la manière de soigner les chevaux, car elle diffère beaucoup de celle de l'Inde. Jamais on ne leur ôte la selle pendant le jour, croyant que le cheval en dort mieux la nuit. On ne promène jamais un cheval en le faisant aller et revenir ; mais ou bien on le monte, ou bien on le fait tourner en cercle jusqu'à ce qu'il n'ait plus chaud. Dans cette saison on ne lui donne pas de grain, on le nourrit avec de l'orge verte qui n'est pas encore en épi. On attache huit à dix chevaux à deux cordes qu'on fixe parallèlement l'une à l'autre par des piquets. On fait toujours un nœud à la queue du cheval ; on tient en tout temps sa croupe couverte d'un feutre très-propre, bordé de soie et retenu par la croupière. On se sert de la selle ouzbeke, qui ressemble à celle de nos hussards ; je la trouvai assez agréable et je n'en employai pas d'autre. Le cavalier noue le fouet à son poignet. Les Afghans prennent le plus grand soin de leurs chevaux, mais ne les régalent pas d'épiceries comme on fait dans l'Inde, et les ont toujours en très-bon état.

Nous continuâmes notre marche vers Djagdalak, et nous passâmes le Sourk roud (rivière rouge) sur un pont, ainsi que plusieurs autres torrens que produit la fonte des neiges du Safaed Koh, et qui vont grossir ce ruisseau ; leurs eaux sont toutes d'une teinte rougeâtre ; c'est de là que dérive le nom. Le pays est stérile et misérable ; Djagdalak est un lieu chétif avec des caves pour maisons. Un proverbe fait connaître son extrême pauvreté : « Quand le bois de Djagdalak » commence à brûler, vous fondez de l'or. » En effet, on ne voit pas de bois dans les tristes montagnes des environs. Nous fîmes halte sous un bouquet d'arbres qui est mémorable, puisque ce fut là qu'on priva de l'usage de la vue Chah Zéman, roi de Caboul.

En cheminant, nous pouvions reconnaître sur cette route l'ancienne chaussée et les maisons de poste, bâties à une distance de 5 à 6 milles les unes des autres par les empereurs mogols, afin d'entretenir la communication entre Delhi et Caboul. On peut même suivre ces établissemens à travers les montagnes jusqu'à Balkh, parce que Houmaïoun et Aurengzeb furent l'un et l'autre, dans leur jeunesse, gouverneurs de ce territoire. Quelle haute opinion cela ne fait-il pas concevoir de la grandeur de l'empire mogol! Nous avons là, entre les provinces les plus éloignées, un système de communication aussi parfait que les postes des Césars.

Sur la route de Caboul, nous rencontrâmes des milliers de moutons gardés par les Ghildjis, tribu d'Afghans nomades. A présent que la neige ne couvrait plus la terre, ils conduisaient leurs troupeaux sur l'Hindou Kouch où ils passent l'été; rien ne pouvait être plus pastoral; les hommes faits suivaient les moutons qui paissaient sur le bord des montagnes; les petits garçons et les petites filles menant les agneaux, formaient l'arrière-garde à 1 ou 2 milles de distance; une chèvre ou une brebis vieille les encourageait à avancer, et les enfans aidaient ces efforts par des coups légers de brins d'herbes et par des cris. Quelques enfans étaient si jeunes qu'ils pouvaient à peine marcher, mais le plaisir de l'exercice les aiguillonnait. Nous passâmes devant plusieurs camps, sur la berge du chemin, on était en train de les lever, ou bien on empaquetait les ustensiles. Les Afghans ont des tentes basses, de couleur noire, ou plutôt brune. Les femmes faisaient toute la besogne pour leurs maris indolens, chargeaient les chameaux, et les chassaient en avant; elles sont très-brunes et peu remarquables par leur beauté; du reste, tous étaient bien vêtus, et chaussés de sandales à larges clous de fer. Les enfans étaient très-bien portans et joufflus; on dit que chez ces peuplades errantes on ne se marie jamais avant l'âge de vingt ans.

Après avoir traversé le Sourkh roud nous arrivâmes à Ispahan, village connu par un autre défaite de Choudja, mais avant son avénement au trône. On raconte que le visir Feth Khan craignait d'être supplanté sur ce champ de bataille par Mir Alem, noble dourani, qui aspirait à le remplacer dans son emploi. Mir Alem avait, dans une occasion précédente, insulté Feth Khan, et lui avait même fait sauter une de ses dents de devant. L'injure semblait avoir été pardonnée, puisque, depuis, il avait épousé une sœur du visir; mais celui-ci n'avait consenti à ce mariage que pour accomplir plus aisément ses projets infâmes. La nuit d'avant la bataille il tua son beau-frère. Un tas de pierres appelé ici *toda* marque le lieu de l'assassinat. La sœur du visir se jeta à ses pieds, et lui demanda pourquoi il avait égorgé son mari: « Quoi, lui répondit-il, es-tu plus attachée à ton mari » qu'à l'honneur de ton frère ? Regarde ma dent cas- » sée, et apprends que l'insulte est maintenant vengée. » Si tu es affligée de la perte d'un époux, je te ma-

» rierai à un muletier. » Cet événement fait assez bien connaître les mœurs et les sentimens fougueux des Afghans. Suivant un de leurs dictons, on doit craindre d'autant plus quelqu'un qu'on a offensé, qu'une réconciliation apparente a été effectuée par une alliance de famille.

Le 30, à minuit, nous arrivâmes au col de Lata-Bend, du haut duquel on aperçoit pour la première fois la ville de Caboul, à une distance de 25 milles. Le col a une longueur d'à peu près 6 milles. La route passe sur des galets qui roulent. Nous fîmes halte à une source appelée *Koké Tchesma* (fontaine de la Perdrix), et nous dormîmes à la belle étoile, par une nuit rudement froide. La rigueur de la température fit mourir les faucons de notre guide, à son grand chagrin. *Lata* signifie un petit morceau : on a donné ce nom au passage, parce que les voyageurs laissent aux buissons qui le garnissent quelque petite pièce de leur vêtement. En hiver il est bouché par la neige.

Levés avec l'étoile du matin, nous continuâmes notre route vers Caboul, où nous n'arrivâmes que l'après-midi. L'approche de cette cité célèbre n'est nullement imposante; et ce ne fut que lorsque je me trouvai à l'ombre, sous son beau bazar, que je me crus dans la capitale d'un empire. Sur la route, nous avions passé par le village de Boutkhak, où l'on dit que Mahmoud de Ghazna, à son retour de l'Inde, enterra la riche idole brahmanique qu'il avait enlevée du fameux Somnat. Entrés à Caboul nous allâmes directement à la maison du nabab Djebbar Khan, frère du gouverneur; il nous accueillit cordialement, et envoya chercher au bazar un dîner que je mangeai de bon appétit. Il n'en fut pas de même de mon infortuné compagnon, dont la santé avait été altérée aussitôt que nous eûmes passé l'Indus : maintenant sa force l'avait entièrement abandonné. Des doutes s'élevèrent chez les douaniers sur la visite de notre bagage; mais je regardai comme plus prudent de leur représenter notre pauvreté que de leur laisser former des desseins contre notre prétendue richesse. Cependant nous n'étions pas préparés à la visite, et mon sextant et mes livres, ainsi que les flacons et tout l'attirail de M. Gérard, furent exposés en grand apparat aux regards des passans rassemblés. Rien ne fut endommagé; cependant l'aspect de tant de choses dont on ignorait l'usage nous fit probablement passer pour des sorciers.

Mohammed Cherif, notre bon conducteur, nous ayant remis sains et saufs aux mains du nabab, se sépara de nous, pour habiter enfin sa ville natale, qu'il n'avait pas vue depuis huit ans. Il était ce qu'on peut appeler un bon garçon. Il avait fait le commerce, et quoique jeune encore il avait réalisé une grande fortune, dont il jouissait en s'adonnant à la chasse au tir et au faucon, et en buvant du bon. Corpulent et annonçant des dispositions à l'hydropisie, on le voyait néanmoins tous les matins partir avec ses faucons et ses chiens. Quant à son autre divertissement, il ne le prenait qu'en secret.

Jamais je ne vis personne plus heureux que lui quand nous entrâmes à Caboul; eût-ce été l'Elysée, il ne l'aurait pas vanté davantage. Il avait été un excellent compagnon de voyage; il unissait la courtoisie d'un Persan à la vivacité et au bon cœur d'un Afghan. A notre arrivée à Caboul, il survint un incident qui aurait fait plaisir à bien d'autres qu'à lui. Un mendiant, ayant deviné qui il était, commença, quand nous étions encore à un demi-mille de la porte de la ville, à appeler sur sa tête toutes les bénédictions du ciel, le salua par son nom, et le suivit jusqu'à son logis en le comblant de flatteries. « Donnez » quelques pièces de monnaie à ce pauvre homme, » dit Mohammed Cherif à son domestique, » avec un geste de la tête qui annonçait la satisfaction. Il aurait réellement été difficile de décider qui du Persan ou du mendiant était le plus joyeux. Alors notre conducteur nous fit ses adieux, en nous recommandant de ne nous fier qu'aux gens qui nous offriraient volontairement leurs services, parce qu'il n'avait pas une grande opinion de la moralité de ses compatriotes. Il exigea de nous la promesse que nous dinerions avec lui, et nous le remerciâmes de ses conseils et de ses attentions.

CHAPITRE V.

CABOUL.

Le nabab Djebbar Khan. — Présentation au chef de Caboul. — Tombeau de l'empereur Baber. — Caboul. — Traditions. — Arméniens. — Divertissement, jardins, fruits. — Le Bala Hissar. — Différence des usages de l'Europe et de l'Asie. — Tombeau de Timor Chah — Secrets et Alchimie.—Origine des Afghans. — Les Kaffirs.—Marchands de Chikarpour. — Arrangement relatif à nos finances. — Civilisation. — Facilités pour le commerce.

Nous n'étions que depuis quelques heures à Caboul, quand nous apprîmes la mésaventure de M. Wolf, le missionnaire des juifs; il était détenu dans un village voisin; nous nous dépêchâmes d'envoyer à son secours. Le lendemain il vint nous voir, et nous fit un long et singulier récit de la manière dont il avait échappé à la mort et à l'esclavage. Il paraît que, comme un autre Benjamin de Tudèle, il voyageait pour recueillir des renseignemens sur les Israélites; il entra dans le Turkestan comme juif, qui est le meilleur nom qu'on puisse prendre dans un pays musulman. Toutefois, M. Wolf s'est converti au christianisme, et il a publié sa profession de foi, concernant la ruine du peuple hébreu. Il a dit aussi qu'il s'occupait de la recherche des tribus perdues; néanmoins il n'a pas pris beaucoup de renseignemens parmi les Afghans de Caboul, malgré leur prétention de descendre de cette portion des Israélites. Le récit des aventures de M. Wolf excita notre sympathie et notre compassion; et bien que nous ne partageassions pas plusieurs de ses idées sur la fin du monde, nous lui fîmes un très-bon accueil, et il augmenta notre société durant notre séjour à Caboul. Il était allé à Boukhara, mais il n'avait pas osé prêcher dans ce centre de l'islamisme. Les infortunes qui lui était survenues ensuite dérivaient de ce qu'il avait pris la qualité de *hadji*, qui désigne un pèlerin musulman; aussi il avait été pillé et battu.

Nous avions précédemment entendu parler du caractère aimable de Nabab Djebbar Khan, notre hôte. Quand nous eûmes fait sa connaissance, nous reconnûmes que c'était un véritable patriarche. Il apaise tous les différens qui s'élèvent entre ses frères, hommes turbulens. Quoique l'aîné de sa famille, il n'a pas de projets ambitieux; et cependant il a été autrefois gouverneur du Cachemir et d'autres provinces de l'empire dourani. Son frère, qui exerce maintenant l'autorité suprême à Caboul, l'a payé de ses nombreux services en confisquant ses biens; mais Djebbar Khan ne parle pas de cette ingratitude : il dit que Dieu lui a donné abondamment pour ses besoins et pour récompenser ceux qui le servent; qu'il y a peu de plaisirs qui égalent celui de pouvoir donner à ceux dont on est entouré, et de vivre dans ce monde sans être obligé de gouverner. Durant mon séjour à Caboul, nous reconnûmes que le nabab parle sincèrement. Il est impossible de voir un homme plus modeste et plus aimé; les gens s'arrêtent dans les rues pour le bénir; les politiques l'obsèdent dans ses foyers pour le faire entrer dans leurs intrigues; il est respecté de tout le monde; et, dans ce moment, aucun personnage de la famille de Barakzies n'a une plus grande influence morale dans l'Afghanistan. Ses manières sont remarquablement douces et agréables; et à son costume on ne s'imaginerait pas qu'il est un membre influent d'une famille belliqueuse. On éprouve du plaisir à se trouver dans sa société, à être témoin de ses actions, et à écouter sa conversation. Il a une partialité marquée pour les Européens, et accueille chez lui tous ceux qui viennent à Caboul. Tous les officiers français du Pendjab ont été ses hôtes, et entretiennent avec lui des relations amicales. Tel est le patriarche de Caboul, âgé maintenant d'une cinquantaine d'années, et chez lequel nous eûmes le bonheur de loger.

Notre premier objet, après notre arrivée, fut d'être présentés à Sidar Dost Mohammed Khan, chef du Caboul. Le nabab lui ayant communiqué notre désir, nous fûmes très-poliment invités à dîner avec le gouverneur, le 4 mai au soir. La maladie de M. Gérard l'empêcha de venir. M. Wolf et moi nous fûmes, au temps indiqué, conduits au Bala-Hissar, ou palais des rois. Le gouverneur nous fit l'accueil le plus cordial : il se leva quand nous entrâmes, nous salua à la manière persane, puis nous pria de nous asseoir près de lui sur un tapis de velours. Il nous dit que nous étions les bienvenus dans son pays, et que, bien qu'il eût vu peu d'Anglais, il respectait notre nation et notre nom. Je répondis à ce compliment aussi poliment que je pus, louant l'équité de son gouvernement, et la protection qu'il accordait au voyageur et au marchand. La compagnie était composée de six à huit Afghans et de trois fils du chef. Nous étions dans une petite salle très-propre, qui n'avait pour tout meuble qu'un tapis. La conversation fut si variée, et roula sur un si grand nombre de sujets, que je trouve très-difficile de les détailler, tant le chef déploya d'instruction, d'intelligence et de curiosité. Il se montra jaloux de connaître l'état de l'Europe, le nombre de ses potentats, les termes sur lesquels ils vivaient les uns avec les autres ; et puisqu'il paraissait que leurs territoires étaient contigus, comment ils existaient sans se détruire l'un l'autre. Je lui nommai les différentes nations, je dépeignis leur puissance relative, et je lui appris que nos progrès dans la civilisation ne nous exemptaient pas plus que ses compatriotes de querelles et de guerres ; que nous examinions les actions des uns des autres avec vigilance, et que nous nous efforcions de maintenir la balance entre les différens états, afin d'empêcher un roi d'en renverser un autre. J'ajoutai que l'histoire de l'Europe en fournissait plusieurs exemples; le chef avait entendu parler de Napoléon. Il me pria ensuite de l'instruire du système financier de l'Angleterre, de la façon dont les revenus étaient perçus, de la manière dont les lois étaient faites, et des productions naturelles du pays. Une explication succincte lui fit parfaitement comprendre notre constitution : il dit qu'il n'y avait rien de surprenant dans nos succès en tout genre, puisque le seul revenu que nous tirions du peuple servait à payer les dettes et les dépenses de l'état. « Votre » richesse, continua-t-il, doit venir de l'Inde. » Je lui assurai que les revenus de ce pays y étaient dépensés; que le seul avantage qui résultait de la possession de cette contrée était d'offrir un débouché à notre commerce, et que toutes les richesses envoyées à la métropole consistaient en quelques centaines de mille livres sterling et en sommes formant la fortune des employés du gouvernement. Je n'avais pas rencontré un seul Asiatique qui auparavant ajoutât foi à ce fait. « Cette circonstance, me dit Dost » Mohammed Khan, explique d'une manière satis- » faisante l'assujettissement de l'Inde. Vous avez laissé » beaucoup de sa richesse aux princes indigènes; » vous n'avez pas eu à combattre leur désespoir, et » vos cours de justice sont équitables. » Il s'enquit de l'état des principautés musulmanes de l'Hindoustan, et de la puissance réelle de Rendjit Sing, et refusa de croire que notre intention fût d'épargner son pays. Il voulut savoir si nous avions quelques projets sur Caboul. Il avait entendu des marchands russes parler de la méthode de recruter les armées dans leur empire par la conscription, et demanda si elle était généralement adoptée en Europe. Ils l'avaient aussi entretenu de leurs hôpitaux d'enfans trouvés, et nous questionna sur l'utilité et l'avantage de ces établissemens. Il me pria de lui donner des détails sur la Chine; il s'informa si les habitans étaient belliqueux, et si on pouvait, en partant de l'Inde, envahir cette contrée; si le sol y était fécond et le climat salubre; enfin, pourquoi les Chinois différaient tant des autres peuples. La mention des manufactures chinoises conduisit naturellement à une notice de celles de la Grande-Bretagne. Après que j'eus satisfait sa curiosité relativement à nos mécaniques et à nos machines à vapeur, il exprima son étonnement du bon marché de nos marchandises. Il m'interrogea sur les monumens remarquables que j'avais observés, et demanda laquelle des villes de l'Hindoustan j'admirais le plus. Je lui répondis Delhi; ensuite il s'informa si j'avais vu le rhinocéros, et si les animaux de l'Inde différaient de ceux du Caboul. On lui avait parlé de notre musique; il désirait savoir si elle l'emportait sur celle de sa patrie. De ces sujets il passa à ceux qui me concernaient personnellement, s'informa pourquoi j'avais quitté l'Inde, et pourquoi j'avais changé mon costume. Je lui répondis que, dominé par la passion de visiter les pays étrangers, j'allais à Boukhara, pour gagner ensuite l'Europe, et que je n'avais pas conservé mon habillement, afin de n'être pas montré au doigt dans cette contrée;

mais que je n'avais nullement l'intention de me cacher ni de lui, ni des chefs des autres états où je passais; que j'étais un Anglais, et que, par l'adoption complète de l'habit des Orientaux, je me trouvais bien plus à mon aise. Dost Mohammed répliqua très-obligeamment en approuvant le dessein et la convenance de changer notre costume.

Alors le chef se tourna vers M. Wolf pour qu'il lui expliquât son histoire, et comme il connaissait sa profession, il avait réuni parmi les personnes de la compagnie plusieurs docteurs musulmans pour discuter sur des points de religion. Je pourrais exposer en détail les divers argumens qui furent produits de chaque côté; mais je ne veux pas anticiper sur ce que, probablement, le docte voyageur publiera. Comme il arrive ordinairement sur ces sortes de matières, un parti ne réussit pas à convaincre l'autre; et sans le tact admirable du chef, les conséquences auraient pu être désagréables. Les musulmans semblaient croire qu'ils avaient remporté l'avantage, et même ils s'en rapportèrent à ma décision; mais je m'excusai de cette tâche difficile sur le motif que je n'étais pas mollah (prêtre). Néanmoins, comme ces docteurs semblaient fonder leur croyance sur la raison, je pensai que l'occasion était trop favorable pour la laisser échapper, si l'argument que je comptais employer n'avait pas le mérite d'être entièrement neuf. Je les invitai à indiquer les temps auxquels ils faisaient leurs prières; ils nommèrent entre autres le moment avant le lever du soleil, et celui d'après son

coucher. « Telles sont, leur dis-je, les heures rigou-
» reusement enjointes par le Coran? — Oui, répliqua
» le prêtre; et quiconque néglige de s'y conformer
» est un infidèle. » Ces prémisses posées, je priai le docteur de m'apprendre comment on pouvait observer
cette règle sous le cercle arctique, où le soleil ne se
levait ni ne se couchait pendant plusieurs mois de
suite. Le théologien n'avait pas encore entendu cet
argument; il balbutia confusément quelques phrases,
et finit par affirmer que ces prières n'étaient pas exi-
gées dans ces pays-là, où il était suffisant de répéter
le *coloma* ou la profession de foi musulmane. J'invitai aussitôt le docteur à nommer le chapitre du
Coran sur lequel il fondait cette doctrine, parce que
je ne me souvenais pas de l'avoir vue dans ce livre. Il
ne le put, car elle ne s'y trouve pas. Alors une dispute très-vive s'éleva entre les Afghans, et le sujet ne
fut pas repris; on parla de matières plus intelligibles.
Au moment où nous sortîmes, le chef nous offrit
très-amicalement de nous aider dans notre voyage,
et de nous donner des lettres pour les chefs dont
l'Oxus baigne les états, et pour le roi de Boukhara.
Il nous engagea aussi à venir souvent le voir durant
notre séjour à Caboul, parce qu'il aimait beaucoup à
entendre parler des autres pays, et nous recevrait avec
plaisir. Nous le quittâmes à minuit, charmés de notre
réception, ainsi que de l'urbanité et des manières par-
faites de Dost Mohammed Khan.

Je ne perdis pas de temps pour faire des excursions
dans le voisinage de Caboul, et je saisis la première

occasion de visiter le tombeau de l'empereur Baber, qui est à un mille de la ville, dans le lieu le plus délicieux du voisinage. Le bon nabab fut mon conducteur dans ce pèlerinage. J'ai un respect profond pour la mémoire de Baber; il est devenu plus grand depuis que j'ai lu ses intéressans mémoires. Il ordonna que son corps fût enterré dans ce lieu, c'était celui qui lui plaisait le plus dans ses vastes états. Voici comme il s'exprime sur Caboul : « Le climat en est
» ravissant, et il n'y a pas une ville semblable dans le
» monde connu. » — « Buvez le vin dans la citadelle
» de Caboul, et faites circuler la coupe sans disconti-
» nuer; car c'est à la fois une montagne, un lac, une
» ville et un désert. »

Le tombeau de ce monarque est marqué par deux dalles de marbre blanc, et, suivant l'usage, les derniers mots de l'inscription donnent la date de la mort de l'empereur. Le choix des termes employés pour cette sépulture m'a semblé heureux : « Rouzvan
» étant dans le ciel demandait la date de sa mort :
» je lui dis que le ciel est la demeure éternelle de
» Baber Badchâh. » Baber mourut en 1530; près de lui sont enterrés plusieurs de ses femmes et de ses enfans. Le jardin, qui est petit, a été entouré autrefois d'un mur en marbre. Un ruisseau limpide arrose les fleurs odorantes de ce cimetière, qui est le grand rendez-vous des habitans de Caboul aux jours de fêtes. Vis-à-vis du tombeau s'élève une mosquée en marbre, petite, mais très-jolie : une inscription, gravée sur la façade, apprend qu'elle fut construite en

1640, par l'ordre de l'empereur Châh Djihan, après la défaite de Nessir Khan dans le pays de Balkh et de Badakchan, « Afin que les pauvres musulmans pus- » sent réciter ici leurs prières. » On voit avec plaisir la tombe d'un aussi grand homme que Baber honorée pas ses descendans.

De dessus le coteau qui domine le tombeau de Ba- ber, on jouit d'une belle vue, et Châh Zéman y a fait ériger un pavillon, d'où on peut l'admirer. Le nabab et moi nous y montâmes, et nous nous y assîmes. Si le lecteur peut s'imaginer une plaine de 20 milles de circonférence, parsemée de champs et de jardins avec une irrégularité agréable, coupée par trois ruis- seaux dont le cours est sinueux, et qui arrosent des forts et des villages innombrables, il aura l'idée d'une des prairies de Caboul. Au nord s'élèvent les mon- tagnes de Piouman, couvertes de neige jusqu'à la moitié de leur hauteur, et séparées du spectateur par un tapis de la plus belle verdure. De l'autre côté, les monts, qui sont blafards et rocailleux, marquent la réserve pour la chasse des rois; les jardins de cette ville, si célèbre pour ses fruits, sont au-dessous; l'eau y est conduite avec beaucoup d'intelligence. Je ne m'étonne donc pas que le cœur des habitans soit épris de ce paysage, et que Baber l'ait admiré; car, dit ce prince : « Sa verdure et ses fleurs rendent Ca- » boul au printemps un lieu céleste. »

Nos relations avec les habitans étaient sur un bien meilleur pied ici qu'à Peichaver, car nous ne lo- gions plus dans la maison d'un chef, et nous n'étions pas dérangés par un si grand nombre de visites. Le nabab occupait un côté d'une grande maison et nous laissait le reste. Comme il réunissait autour de lui beaucoup de personnes de bonne compagnie, nous fîmes leur connaissance. Il nous les présenta, et toute la journée nous passions alternativement de nos appartemens aux siens, et des siens aux nôtres. L'habillement que nous avions adopté nous était très-avantageux pour nos relations avec tout le monde. Nous étions assis avec eux sur le même tapis, nous mangions avec eux, nous vivions familièrement dans leur société. Les Afghans sont une nation posée, simple, constante; ils m'adressaient toujours des questions précises sur l'Europe qu'ils partageaient en douze *koullahs* ou couronnes, littéralement chapeaux; il y avait du plaisir à voir la curiosité même des hommes les plus âgés. Le plus grand mal de l'islamisme est de retenir ceux qui le professent dans un cercle de civilisation déterminé. Leurs mœurs mêmes paraissent ne pas subir de changement. Ils ont de l'instruction, mais elle est d'un autre siècle, et dans leur manière d'écrire l'histoire, tout ce qui ressemble à la philosophie est inconnu. La langue des Afghans est le persan; mais ce n'est pas l'idiôme doux et élégant de l'iran. Le pechtou est le dialecte des gens du commun; et dans la classe supérieure, quelques personnes ne savent même pas le parler. Les Afghans sont une nation d'enfans; dans leurs disputes ils se battent, et deviennent amis sans aucune formalité. Ils ne savent pas se cacher leurs sentimens les uns aux autres, et avec un peu de perspicacité on peut en tout temps deviner leurs desseins. S'il faut les en croire, leur vice dominant est l'envie qui règne même entre les parens les plus proches et les plus affectionnés. Il n'y a pas d'hommes moins propres à former une intrigue. Je fus singulièrement frappé de leur paresse; ils semblent se plaire à rester assis toute la journée à se regarder l'un l'autre sans penser à rien; il serait difficile de découvrir quels sont leurs moyens d'existence; cependant ils sont bien vêtus, jouissent d'une bonne santé, et sont heureux. Je conçus une opinion très-favorable de leur caractère national.

Caboul est une ville très-peuplée et bruyante, le vacarme y est tel l'après-midi, que dans les rues on ne peut se faire entendre d'une autre personne. Le *Tchaoutchat*, ou grand bazar, est un bâtiment élégant soutenu par des arcades, qui a presque 600 pieds de long et 30 de large. Il est divisé en quatre parties égales; la voûte est peinte, et des gens de la ville demeurent au-dessus des boutiques. Le plan de cet édifice est très-judicieux, mais on ne l'a pas terminé; les fontaines et les citernes qui en formaient une portion restent négligées. Néanmoins peu de bazars de l'Orient l'égalent, et l'on est en admiration des soieries, des toiles et des marchandises qui y sont étalées sous ses portiques. Le soir il offre une perspective très-intéressante : chaque boutique est éclairée par une lampe suspendue par devant, ce qui donne à la ville l'air d'être illuminée. Le nombre des boutiques où l'on vend des fruits secs est remarquable, et leur arrangement plein de goût. En mai, on peut acheter les raisins, les poires, les pommes, les coings et même les melons de la saison précédente, tous cueillis dix mois auparavant. Il y a des boutiques de poulaillers, où on trouve des bécassines, des canards, des perdrix, des pluviers et d'autre gibier; les boutiques des cordonniers et des quincailliers sont également disposées avec une élégance particulière. Chaque commerce a son bazar particulier, et tous sont très-animés. Il y a des libraires et des papetiers; beaucoup de papier vient de Russie, il est d'une teinte bleue. Le mois de mai est la saison du *salodèh,* qui est une gelée blanche extraite du froment; on la boit avec le sorbet et la neige. Les habitans l'aiment beaucoup, et dans toute la ville les gens qui en vendent semblent être constamment occupés à en fournir à leurs chalands. Une pile de neige s'élève d'un côté de ces boutiques, et une fontaine coule tout auprès, ce qui donne à ces lieux un air de fraîcheur et de propreté. On voit autour des boutiques des boulangers une foule de gens qui attendent leur pain. J'ai observé qu'on le fait cuire en l'appliquant contre les parois du four. Caboul est fameux pour ses *kabobs,* ou viandes apprêtées qui sont très-recherchées; peu de personnes font la cuisine chez elles. Le *rhaouach* était à Caboul la friandise de la saison au mois de mai; c'est de la rhubarbe tout simplement blanchie, qu'on a préservée soigneusement de l'action du soleil, et qui croît sauvage au bas des montagnes du voisinage, son goût est délicieux : *chabach rhaouach* (bravo rhaouach) est le cri repété dans les rues, chacun en achète. Dans les quartiers les plus fréquentés de la ville, des faiseurs de contes amusent les oisifs, ou bien des derviches proclament hautement la gloire et les hauts faits des prophètes. Si un boulanger se montre devant un de ces dévots personnages, ils lui demandent une galette au nom de quelque prophète; à en juger par le nombre de ceux qui exercent cette profession, elle doit être lucrative. Il n'y a pas de voitures à roue à Caboul; les rues n'y sont pas très-étroites; elles sont tenues en bon état pendant la saison sèche, et sont coupées par de petits aquéducs remplis d'eau propre, ce qui est une grande commodité pour les habitans. Nous passions à côté d'eux sans qu'ils fissent attention à nous, même sans que personne nous accompagnât. Ils avaient pour moi le mérite de la nouveauté plus que les bazars; ils allaient de côté et d'autre vêtus de manteaux de peau de mouton, et avaient l'air très-gros à cause de la quantité de leurs vêtemens. Tous les enfans ont des joues rosées; je croyais d'abord que c'était une couleur artificielle, enfin je reconnus que c'était la fraîcheur naturelle de la jeunesse; les gens plus âgés semblent la perdre. Caboul est une ville compacte, mais ses maisons ne peuvent avoir des prétentions à l'élégance. Elles sont construites en briques séchées au soleil, très-peu ont un étage au-dessus du rez-de-chaussée. Caboul est très-peuplé, on estime le nombre de ses habitans à 60,000; la rivière de son nom la traverse; suivant la tradition, elle l'a trois fois emportée ou inondée; quand il pleut il n'y a pas de lieu plus sale.

Chacun répète que Caboul est une cité très-ancienne; on lui attribue six mille ans d'existence. Elle était autrefois avec Ghazna une ville tributaire de Bamian. Étrange contraste des circonstances, Ghazna, sous Mahmoud, au 11°. siècle, devint une grande capitale, et Caboul est maintenant la métropole et de cette ville et de Bamian. On dit que Caboul portait autrefois le nom de *Zaboul*, qui était celui d'un roi Kaffir ou infidèle, son fondateur; de là vient la dénomination de *Zaboulistan*. Quelques auteurs ont écrit que les restes du tombeau de Caboul ou Caïn, fils d'Adam, sont montrés dans cette ville; mais ses habitans n'ont aucune tradition semblable. Toutefois, selon la croyance populaire, le diable ayant été jeté hors du ciel, tomba à Caboul. Il n'y existe pas de tradition positive d'Alexandre le Grand, mais Hérat et Lahor passent pour avoir été fondés par des esclaves de ce conquérant, qu'on qualifie prophète. Ils s'appelaient Héri (ancien nom de Hérat) et Lahor. On dit que Candahar est plus ancien que ces villes. Durant mon séjour à Caboul, je fis toutes les tentatives possibles pour me procurer des médailles; elles furent inutiles; je ne pus obtenir qu'une ancienne monnaie cufique de Boukhara; elle avait huit cent quarante-trois ans d'antiquité. Parmi les raretés portées à la monnaie de Caboul, j'entendis parler d'une pièce de monnaie de la grosseur et de la forme d'un œuf de moineau; modèle bizarre. Les monnaies triangulaires et carrées sont communes ; les dernières appartiennent au siècle d'Acbar.

Parmi les personnes qui venaient nous voir, se trouvait Simon Magarditch, Arménien, qu'on avait coutume d'appeler Souliman; il nous fit un triste tableau de la dispersion d'une tribu de sa nation établie à Caboul. Il ne reste plus que vingt-un individus d'une colonie de quelques centaines amenées de de Djulfa et de Meched en Perse, par Nadir Chah et Ahmed Chah. Les inscriptions des tombeaux de leur cimetière prouvent que des marchands arméniens s'étaient fixés à Caboul avant cette époque. Sous la monarchie douranie, ils remplissaient des emplois du gouvernement; ils furent respectés jusqu'à la mort de Timour Chah. Au milieu des disputes qui s'élevèrent pour la succession, ils se sont peu à peu retirés avec leurs familles dans d'autres pays; et le chef actuel de Caboul, avec les meilleures intentions du monde, a porté le coup de grâce à la colonie arménienne, en prohibant rigoureusement le vin et les liqueurs. Il a aussi défendu les dés et toute espèce de débauche; il a également menacé de faire griller dans leurs fours, les boulangers qui ne vendraient pas au poids légal. Après avoir mené une vie qui n'avait pas été signalée par la tempérance, ce chef a renoncé au vin, et ordonne, sous les peines les plus sévères, que ses sujets s'en abstiennent de même. C'est pourquoi les Arméniens et les juifs de Caboul se sont enfuis dans d'autres contrées, parce que leur seul moyen d'existence était la distillation des liqueurs spiritueuses et la fabrication du vin. Il n'y a plus que trois familles juives à Caboul, reste d'une centaine qui y habitait l'an passé. Si Dost Mohammed Khan peut réussir à anéantir l'ivrognerie au prix de l'absence de quelques habitans d'origine étrangère, il n'est pas blâmable, puisqu'on peut y acheter quarante bouteilles de vin ou dix d'eau-de-vie pour une roupie. Comme le chef ne montre pas le bon exemple à son peuple, nous ne critiquerons pas ses motifs, ni ne ferons des remarques sévères sur l'inconséquence d'un ivrogne réformé. Il paraît que Caboul a toujours été fameux pour ses parties de plaisir.

Les Arméniens s'attachèrent à nous comme si nous eussions été une portion de la colonie; nous déjeunions avec Simon Magarditch et sa famille; nous y rencontrions tous les membres de la communauté. Les petits enfans accouraient au devant de nous, nous baisaient les mains, puis les appliquaient sur leur front. C'est une très-belle nation. Nous vîmes leur église, petit bâtiment qui n'a jamais pu contenir cent personnes. Simon nous régala d'un très-bon repas, qui fut servi sur une toile couverte de phrases du Coran. « C'est une toile musulmane, dit-il; mais ces » phrases ne font aucun tort aux chrétiens, qui n'en » mangent pas moins de bon appétit. » Les Arméniens ont adopté les usages et les mœurs des musulmans ; en entrant dans leur église, ils ôtent leur turban et leurs souliers. C'est une nation paisible et inoffensive, mais passionnée pour l'argent.

Depuis notre départ de Lahor, nous avions voyagé au milieu d'un été continuel. Les arbres commençaient à fleurir quand nous sortîmes de cette ville au mois de février ; nous les trouvâmes en pleine fleur à Peichaver en mars. La saison nous offrit le même aspect de gaieté à Caboul, où nous arrivâmes à une époque favorable pour la voir. Cet état du printemps peut donner une idée exacte de la hauteur relative des différentes villes, et de la marche de leurs saisons.

Caboul est à plus de 6,000 pieds au-dessus du niveau de la mer. Je passai des journées délicieuses dans ses magnifiques jardins. Un soir j'en allai voir un très-beau, en compagnie du nabab ; il était à 6 milles de la ville. Tous sont bien arrangés et bien entretenus ; les arbres fruitiers sont plantés à des distances régulières les uns des autres, et presque tous ces jardins s'élèvent sur la pente du terrain, en plateaux ou étages l'un au-dessus de l'autre. Le sol était couvert de fleurs tombées qui avaient été poussées dans les coins comme de la neige. Le nabab et moi nous nous assîmes sous un poirier de Samarcand, qui est l'espèce la plus renommée dans le pays, et nous admirâmes la perspective. La variété et la quantité des arbres fruitiers étaient considérables. Il y avait dans le même verger des pêchers, des pruniers, des abricotiers, des poiriers, des pommiers, des coignassiers, des cerisiers, des noyers, des mûriers, des grenadiers et des vignes. Des rossignols, des merles, des grives et des pigeons faisaient entendre leur ramage, et des pies babillaient presque sur chaque arbre, ce qui n'était pas sans charme, car cela me rappelait l'Angleterre. Je fus surtout ravi du rossignol, et quand nous fûmes revenus, le nabab m'en envoya un en cage, il chantait toute la nuit. On l'appelle le *boulboul i hazar dastan* (le rossignol des milles contes); il semble réellement imiter le chant de chaque oiseau. La cage était enveloppée de toile; l'oiseau devint un compagnon si bruyant, que je fus obligé de le renvoyer afin de pouvoir dormir. Il vient de Badakchan.

Le plus beau jardin des environs de Caboul est celui qu'on nomme le Jardin du Roi; il a été planté par Timour Chah, et est au nord de la ville : sa surface est à peu près d'un mille carré; la route qui y mène, longue de 3 milles, formait le terrain royal des courses. Au centre du jardin s'élève un grand pavillon octogone; des allées, partant de chacun de ses côtés, sont ombragées d'arbres fruitiers, ce qui produit un très-joli effet. Un siége en marbre devant la façade montre l'endroit où les rois de Caboul s'asseyaient au temps de leur prospérité. Les habitans aiment passionnément à venir se promener dans ces jardins; tous les soirs on les voit y aller en troupes nombreuses. Le climat est extrêmement agréable. A midi le soleil y est plus chaud qu'en Angleterre; mais les soirées et les nuits sont fraîches; ce n'est qu'en août que les habitans trouvent nécessaire de dormir sur leurs balcons. On ne connaît pas ici de saison pluvieuse; cependant il y tombe constamment des ondées comme dans ma patrie; en mai, le thermomètre se soutenait à 64° (14° 21); pendant la plus grande chaleur du jour; le vent du nord, qui soufflait généralement, était rafraîchi par les neiges dont les montagnes sont couvertes ; c'est sans doute le plus fréquent, puisque tous les arbres de Caboul sont inclinés au sud.

Cette ville est particulièrement célèbre pour ses fruits, qui sont expédiés en grande quantité dans l'Inde. Le raisin y est si abondant, que pendant trois mois on en donne au bétail. Il y en a dix variétés différentes ; les meilleures croissent sur des treilles ; celles que produisent les vignes, qu'on laisse ramper à terre, sont inférieures. On taille les vignes en mai; le vin de Caboul a un goût assez semblable à celui de Madère, et on ne peut douter qu'avec un peu de soin on n'en fît dans ce pays d'une qualité supérieure. Les habitans de Caboul emploient le raisin à plus d'usages que dans la plupart des autres contrées. Ils se servent du jus en faisant rôtir la viande, et pendant le repas une poudre de raisin leur tient lieu de cornichons. Ils se la procurent en broyant le fruit avant qu'il soit mûr, et après l'avoir fait sécher; cette poudre ressemble au piment pulvérisé, et elle a un goût acide qui est agréable. Ils font aussi beaucoup de sirop de raisin, et une grande quantité de raisins secs. Une livre de raisin coûte un demi-penny (cinq centimes). J'ai déjà parlé de la rhubarbe (*rhaouach*) de Caboul, laquelle croît spontanément au bas des monts neigeux de Piouman; Caboul est très-renommé pour cette production. Les habitans la regardent comme très-saine, et la mangent, soit crue, soit cuite comme une plante potagère. Ils racontent une histoire de médecins de l'Inde, qui n'exercèrent leur art à Caboul que pendant un temps fort court; ils attendaient la saison des fruits, qui probablement engendrerait des maladies. Quand ils eurent vu cette rhubarbe en mai et en juin, ils se dépêchèrent de s'en aller, disant que la population avait là un spécifique. Cela prouve, en tous cas, que cette plante est regardée comme une nourriture saine. Quand elle est apportée au marché, ses tiges ont à peu près un pied de long, et les feuilles sont sur le point de se développer; elles sont rouges, la tige est blanche; quand elle vient de sortir de terre, elle a un goût de douceur comme le lait, et ne supporte pas le transport. A mesure qu'elle grandit, elle se fortifie; on l'entoure de tas de pierres pour la préserver du soleil; la racine n'est pas employée comme médicament. On ne voit pas de dattiers à Caboul, quoiqu'on en trouve à l'est à Peichaver, et à l'ouest à Candahar. Les habitans de ces deux villes ignorent l'art pratiqué dans l'Inde d'en extraire une liqueur enivrante. Peichaver est célèbre pour ses poires, Ghazna pour ses prunes, qui se vendent dans l'Inde sous le nom de prunes de Boukhara; Candahar pour ses figues, et Caboul pour ses mûres; mais presque tous les fruits, surtout les fruits à noyau réussissent à Caboul. Le fruit y est plus commun que le pain, et regardé comme une des nécessités de la vie; on y connaît quatorze manières différentes de conserver les abricots; on les fait sécher avec ou sans leur noyau, auquel on substitue quelquefois une amande; on en fait aussi une pâte aplatie qu'on plie comme du papier. C'est le plus exquis des fruits secs.

Parmi les édifices publics de Caboul, le Bala Hissar ou la citadelle, est le plus important, mais non pas pour sa force. Cette ville est entourée au sud et à l'ouest par de hauts coteaux rocailleux; c'est à l'extrémité de ceux-ci qu'est situé le Bala Hissar qui la commande. Il est sur un mamelon à peu près à 150 pieds au-dessus des prairies du voisinage. Il y a au-dessous un autre fort appelé également Bala Hissar, qui est occupé par le gouverneur et sa garde. Le chef actuel n'habite pas la citadelle; son frère y fit construire un palais nommé le *Koullah i Firinghi* (chapeau de l'Européen), qui est le bâtiment le plus élevé. Dost Mohammed Khan s'empara du Bala Hissar en faisant sauter une des tours; c'est une pauvre fortification irrégulière et délabrée qui ne pourrait jamais soutenir une escalade. Le fort supérieur est petit; l'inférieur peut contenir à peu près cinq mille hommes; il renferme le palais du roi. Le Bala Hissar fut bâti par Baber et différens princes de la maison de Timour, qui lui succédèrent. Aurengzeb y fit disposer de vastes caveaux pour y déposer ses trésors; on peut encore les voir. Pendant que le Bala Hissar fut le palais des rois de Caboul, il servit aussi de prison pour les princes puînés de la famille royale; ils y restaient détenus toute leur vie. On raconte que, s'étant délivrés de leur captivité par le meurtre de leur geôlier, ils regardèrent avec étonnement l'eau couler, tant ils avaient été confinés étroitement entre quatre murailles. Il est difficile de dire si ces infortunés n'étaient pas plus heureux qu'ils ne le sont dans leur état actuel, qui est celui d'une pauvreté abjecte. Plusieurs enfans de Timour Chah, mourant de faim, sont venus nous demander l'aumône. Je leur conseillai d'adresser une requête au chef pour solliciter un secours permanent; mais ils me dirent qu'ils ne pouvaient rien attendre de la compassion de la famille des Barakzies, qui maintenant est au pouvoir, et qui a soif de leur sang.

Près du Bala Hissar, mais dans un quartier séparé de ce fort et de la ville, demeurent les Persans ou Kizilbachs. Ils sont Turcs, principalement de la tribu de Djevanchir, et furent établis dans ce pays par Nadir Chah. Sous les rois de Caboul, ils servaient comme gardes-du-corps, et étaient de puissans instrumens de la politique. Ils conservent encore leur idiome, et sont attachés au chef actuel, dont la mère est de leur tribu. J'eus une occasion de voir ces gens à leur avantage, ayant été invité à une fête donnée par le naïb Mohammed Cherif, qui nous avait conduits de Peichaver ici. Je me trouvai avec les principaux personnages et Chirin Khan, leur chef. La fête était plus à la persane qu'à l'afghane. Je reconnus un peuple nouveau, et une nouvelle façon de penser, car ces hommes ont retenu une partie de l'esprit qui distingue leurs compatriotes. Vers la fin de la soirée, le chef invita un de ceux qui étaient présens à donner une preuve de son talent, en faisant, non un conte, mais le portrait des nations voisines. L'improvisateur commença par les Afghans, et après un exorde assez amusant, dans lequel il excepta les douranis ou chefs, qui, dit-il, ne ressemblaient pas aux autres Afghans, il décrivit l'entrée d'une trentaine de nations dans le paradis. Quand le tour des Afghans arriva, il raconta, en véritable blasphémateur, que leur horrible langage était inintelligible, et que le prophète ayant prononcé que c'était le dialecte de l'enfer, il n'y avait pas de place dans le ciel pour ceux qui le parlaient. Cet homme avait de la gaieté, et prononça plusieurs phrases afghanes, au grand amusement de la compagnie. Il attaqua ensuite les Ouzbeks sur leur façon particulière de faire le thé, et sur leurs manières peu polies. Puis il dirigea ses batteries contre les dolens, trompeurs et fourbes Cachemiriens; et si ce peuple n'est pas calomnié, il l'emporte sur les autres par ses vices. Toutefois, son habileté et ses talens sont généralement reconnus, ce qui est un contre-poids considérable. Les habitans de Hérat, et les particularités de leur dialecte, occupèrent ensuite la verve du babillard Mirza; il imita la friponnerie de leurs douaniers, et jouant le rôle d'un employé en fonction, il se laissa corrompre pour ne pas faire son devoir, en acceptant du vin qui, à ce qu'il prétendait, n'était pas pour lui.

La différence entre les mœurs de l'Orient et celles de l'Europe n'est jamais plus marquée que dans la manière de dire des choses remarquables. Un Européen a du plaisir à raconter une anecdote; mais il serait très-surpris que dans un cercle on l'interpelât pour en faire une, afin d'amuser la compagnie. Dans l'Orient, il y a des conteurs de profession; dans l'Occident, nous nous contentons d'un bon mot qui est dit dans le cours de la conversation. On peut rapporter cette diversité au gouvernement, parce qu'en Orient, quoiqu'il y ait beaucoup de familiarité, il y a peu de relations sociales; en Europe, le bon usage nous enseigne à considérer tous ceux qui sont à la même table comme étant sur le pied de l'égalité.

Durant notre séjour, arriva l'*id*, qui est la fête célébrée par les musulmans en mémoire de l'intention d'Abraham, de sacrifier son fils Isaac. Elle fut observée avec toutes les démonstrations de respect; les boutiques furent fermées, et le chef alla faire la prière, avec un grand concours de monde, à un lieu fixé. L'après-midi la foule se dirigea vers les jardins; je ne pus résister à l'impulsion, et je suivis la multitude. A Caboul, à peine est-on hors du bazar qu'on se trouve sur les bords de la rivière, qui sont agréablement ombragés de mûriers, de saules et de peupliers. Presque tous les chemins autour de la ville longent des aquéducs ou des cours d'eau qui sont traversés par des ponts; la rivière en a deux ou trois; aucun n'est d'une belle architecture. Les plus jolis jardins de Caboul sont au nord de cette ville; mais ils le cèdent, à leur tour, à ceux qui sont plus loin, dans le territoire d'Islatif, au-dessous des premières montagnes neigeuses du côté de l'Hindou Kouch; on peut les apercevoir de Caboul. Je fus conduit au tombeau de Timour Chah, qui est hors de la ville; c'est un édifice octogone en briques, et haut de cinquante pieds, l'intérieur a une surface de quarante pieds carrés; l'architecture ressemble à celle de Delhi; ce monument n'est pas terminé. Autrefois une lampe y était constamment allumée; mais le sentiment des bienfaits de ce roi, de même que de plusieurs autres, s'est dissipé. Timour Chah fit de Caboul sa capitale, et sa tombe y est placée. Son père est enterré à Candahar, qui est le pays natal des Douranis.

Je me promenais toute la journée, et le soir je jouissais fréquemment de la société de notre hôte le nabab; de même que beaucoup de ses compatriotes, il cherche la pierre philosophale. Une occasion telle que celle de notre arrivée, sembla lui promettre une riche récolte. Je ne tardai pas à le détromper, et je me moquai des creusets et des recettes qu'il me montra. Je lui expliquai que la chimie avait succédé à l'alchimie, comme l'astronomie avait remplacé l'astrologie; mais comme j'avais à détailler exactement la nature de ces sciences, mes assertions que je n'étais pas alchimiste ne furent pas d'un grand effet, c'est pourquoi il s'adressa à M. Gérard, à qui il demanda des recettes pour faire le calomel, des emplâtres et des linimens de quinine; ce qu'il n'était pas aisé de lui donner. Il ne voulait pas croire que l'art d'ordonner les médicamens, et celui de les fabriquer, fussent distincts, et nous regarda comme des ignorans ou des gens très-entêtés. Il refusa de recevoir les médicamens préparés, persuadé qu'ils ne seraient d'aucun usage pour lui après que nous l'aurions quitté. Nous trouvâmes que cette opinion prévalait généralement, et malheur au médecin qui, dans ces contrées, donne des médicamens qu'il ne peut pas faire. Nous maintînmes le nabab en bonne humeur, quoique nous ne voulussions pas croire qu'il eût le pouvoir de convertir le fer en argent. Nous apprîmes de lui la situation de beaucoup de mines métalliques de ce pays. Il nous montra entre autres curiosités, de l'amianthe ou *seng i poumba* (pierre de coton), trouvée près de Djelalabad. Ce brave homme nous dit que nous devions lui communiquer quelque chose de notre science en retour de ce qu'il nous avait dit si volontiers; je lui appris que j'appartenais à une secte appelée les *francs-maçons*, et je lui donnai quelques détails sur l'association et ses pratiques; il demanda à y être admis sans délai; mais le nombre des membres devant être égal à celui de pléiades, nous remîmes la chose à une occasion plus convenable. Il était intimement persuadé qu'à la fin il allait avoir une connaissance de la magie dans son état le plus pur; et si c'eût été en mon pouvoir, je l'aurais initié de grand cœur. Il me fit promettre de lui envoyer des graines de fleurs de notre pays, qu'il désirait de voir à Caboul, et je lui ai fidèlement tenu parole. Je détachai les planches de la *Relation du Caboul* de M. Elphinstone, et je les présentai au nabab dans une société nombreuse; non-seulement le costume est exact; mais, à leur grande satisfaction, ces Afghans découvrirent de la ressemblance dans les figures. Les portraits sont défendus chez les musulmans sunnites; néanmoins, dans la circonstance actuelle, ils furent très-bien reçus. Parmi les amis de nabab, nous vîmes un homme de cent quatorze ans qui avait servi sous Nadir Châh. Il demeurait depuis quatre-vingts à Caboul, et avait vu la dynastie des Douranis fondée et passer. Ce vénérable vieillard montait l'escalier jusqu'à nos appartemens.

Comme il venait constamment beaucoup de monde chez notre hôte, je résolus de recueillir des renseignemens sur l'origine des Afghans, que l'on suppose descendre des Juifs; point très-contesté. On m'apporta toutes les histoires de la nation afghane; mais je n'avais pas le temps de les examiner, et je demandai des témoignages oraux. Les Afghans se nomment eux-mêmes *Ben i Israel* (enfans d'Israel); toutefois ils regardent le terme d'*iahoudie* (juif) comme une insulte. Ils disent que Nabuchodonozor, après avoir détruit le temple de Jérusalem, les transporta dans la ville de Ghori près de Bamian, et que leur nom d'Afghans vient de leur chef Aghama, l'un des fils de l'oncle d'Asaf, qui était visir de Salomon et fils de Berkia. On fait remonter la généalogie de ce personnage à une branche collatérale, à cause de l'obscurité de son propre père, ce qui n'est pas rare en Orient. Les Afghans disent qu'ils restèrent juifs jusqu'au temps où Khalid, désigné par le titre de Calife, les appela dans le premier siècle de l'islamisme, pour l'aider à faire la guerre aux infidèles. Kaïsé, leur chef, en récompense des services qu'ils avaient rendus dans cette occasion, reçut le nom d'Abdoulrechïd (serviteur du juste). On lui dit aussi de se regarder comme le *batan* ou le mât de sa tribu, auquel la prospérité de celle-ci serait suspendue, et par lequel le vaisseau de leur état serait dirigé. Depuis ce temps, les Afghans sont quelquefois appelés *Patan*, et c'est sous ce nom qu'ils sont communément connus dans l'Inde. Jamais je n'avais entendu donner cette explication de ce mot. Après la campagne de Khalid, les Afghans retournèrent dans leur pays natal, et furent gouvernés par un roi de la lignée de Kaïani ou Cyrus, jusqu'au onzième siècle, qu'ils furent subjugués par Mahmoud le Ghaznévide. Une race de rois, sortie de Ghori, renversa la maison de Ghazna et conquit l'Inde. On sait qu'à la mort de son fondateur cette dynastie fut partagée en deux branches : l'une à l'est, l'autre à l'ouest de l'Indus; état de choses qui dura jusqu'au moment où un descendant de Timour les soumit toutes deux à un nouveau joug.

Après avoir exposé les traditions et l'histoire des Afghans, je ne vois pas de bonne raison pour n'y pas croire, quoiqu'elles offrent quelques anachronismes, et que les dates ne correspondent pas exactement à celles de l'ancien Testament. Dans les histoires de la Grèce et de Rome, nous trouvons de semblables altérations, de même que dans les derniers ouvrages des écrivains arabes et musulmans. Les Afghans ressemblent aux Juifs; et chez eux le frère cadet épouse la veuve de son frère aîné, conformément à la loi de

Moïse. Les Afghans ont de fortes préventions contre la nation juive, ce qui montrerait au moins qu'ils ne réclameraient pas, sans une juste cause, leur descendance de ce peuple. Puisque quelques-unes des tribus d'Israel furent amenées dans l'Est, pourquoi ne pas admettre la conjecture suivant laquelle les Afghans en sont la postérité convertie à l'islamisme. Je sais que mon sentiment diffère de celui de M. Elphinstone, qui est une autorité imposante [1]; mais je crois que j'ai appuyé le mien sur des motifs raisonnables [2].

---

[1] *Cabool*, p. 156, etc.

[2] Tous les peuples barbares qui ont embrassé l'islamisme, et qui manquaient alors d'annales, parce qu'ils ignoraient l'art de l'écriture, se sont forgé, après leur conversion, des généalogies, lesquelles se rattachent à celles de l'ancien Testament, parce que les Arabes, ainsi que nous, le regardent comme un livre historique sacré, et dont le contenu ne peut être soumis à aucun doute. C'est ainsi que les chroniques musulmanes font descendre les Berbers de la Mauritanie de Goliath, les tribus turques et mongoles d'Ilendjé khan, dont elles font un fils de Japhet, fils de Noé; enfin elles font remonter la généalogie des Afghans jusqu'à *Asif* et *Afghana*, deux fils posthumes du roi Saul, qui furent transplantés avec d'autres israélites dans les territoires montagneux de Ghori, de Ghazna, de Caboul, de Candahar et de Firouz Koh. Cette fable resta assez long-temps inconnue en Europe; elle ne fut révélée au monde savant qu'en 1784, par M. H. Vansittart, qui l'avait extraite d'un livre historique intitulé les *Secrets des Afghans*. Il la communiqua à sir W. Jones, l'illustre président de la société asiatique de Calcutta. Celui-ci la reçut à bras ouverts, et la confirma par l'assertion que l'examen d'un vocabulaire afghan l'avait convaincu que cette langue offrait des ressemblances manifestes avec le chaldéen.

M. Klaproth a été le premier Européen qui a examiné l'idiome des Afghans, sur lequel il a fait imprimer un mémoire à Saint-Pétersbourg, en 1810. (*Über die Sprache und den Ursprung der Aghuan oder Afghanen*.) Il y démontre que cette langue appartient à la grande souche indo-germanique, qu'elle n'a rien de commun avec le chaldéen, et que l'assertion de sir W. Jones

Suivant le désir du chef, je passai une autre soirée avec lui, et M. Gérard, qui était en convalescence, m'accompagna ; M. Wolff avait continué sa marche vers l'Inde. Dost Mohammed Khan fut aussi aimable qu'à son ordinaire ; il nous retint long-temps après minuit, et nous donna une idée complète des affaires politiques de son pays, ainsi que des malheureux différens qui existent entre lui et ses frères. Il exprima son espoir de pouvoir rétablir la monarchie afghane, manifesta une haine cordiale pour Rendjit Sing, et

---

est tout-à-fait gratuite. Dans un second mémoire sur le même objet, inséré dans le troisième volume de ses *Mémoires relatifs à l'Asie* (Paris 1828), le même savant a donné plus de développement à ce sujet. M. Elphinstone, qui a visité le pays des Afghans, a jugé la question comme lui, et les auteurs du *Supplément au Mithridales* d'Adelung ont adopté son opinion, tant pour reconnaître l'origine indo-germanique de l'idiome afghan, que pour rejeter l'opinion qui fait descendre les Afghans des Israélites. Enfin le savant professeur S. Lee de Cambridge dit à ce sujet : « S'il y avait la moindre chose qui pût approcher
» de la vérité dans l'histoire de leur descendance des Juifs, il est
» raisonnable de supposer que leur langue serait ou de l'hébreu
» pur, ou un dialecte qui s'en rapprocherait beaucoup ; mais c'est
» tout le contraire. Cette descendance prétendue est donc une
» pure fable, de même que leur empressement à embrasser l'is-
» lamisme. Quelques personnes ont été assez crédules pour ajou-
» ter foi à l'histoire de cette descendance, et ensuite pour s'ima-
» giner qu'elles avaient découvert chez ce peuple les dix tribus
» d'Israel ; ce qui est beaucoup plus que les Afghans eux-mêmes
» ne supposent. Cette partie de la nation revint de la captivité, à
» l'exception des individus qui avaient embrassé la religion des
» idolâtres ; ce dont le nouveau Testament ne permet pas de
» douter un seul instant. (*Actes des Apôtres*, ch. XXVI, v. 7;
» *Épître de saint Jacques*, ch. I, v. I.) Je ne vois donc pas
» la moindre probabilité de les retrouver, soit dans le Candahar,
» soit ailleurs. (*The Travels of Ibn Batuta translated from
» the abridged arabic manuscript copies vitts notes ; by the
» Rev. Samuel Lee. D. D.* — London, 1829, 4°, p. 99.) E.

marqua un vif désir de savoir si le gouvernement britannique voudrait accepter ses services comme auxiliaire pour le renverser; je lui répondis que ce prince était notre ami. Il me promit alors le commandement de son armée si je voulais rester chez lui; offre qu'il répéta ensuite : « Douze mille hom-
» mes de cavalerie et vingt pièces d'artillerie seront à
» ta disposition. » Quand il vit que je ne voulais pas accepter ces honneurs, il me pria de lui envoyer un de mes amis pour être son généralissime.

Dans cette occasion nous eûmes une conversation extrêmement intéressante sur les Kaffirs, peuple qui habite les montagnes au nord de Peichaver et de Caboul, et qu'on suppose issu d'Alexandre. Une fois le chef m'avait fait voir un jeune Kaffir, qui était un de ses esclaves, pris deux ans auparavant. Nous lui fîmes répéter divers mots de sa langue, dont quelques-uns étaient hindous. Ces Kaffirs diffèrent complétement des autres habitans de ces contrées; mais malheureusement tout ce qui les concerne est enveloppé de la plus profonde obscurité. Plus tard j'en traiterai plus en détail.

Nous avions passé à Caboul près de trois semaines, qui ne nous avaient paru que trois jours. Il était maintenant nécessaire de nous préparer à poursuivre notre voyage, ce qui ne nous semblait pas une chose aisée. Aucune caravane n'était encore prête, et il était même douteux que les routes fussent praticables, parce qu'il avait neigé durant le mois. Alors je pensai que le meilleur parti à prendre était de louer un *kafila bachi*, ou conducteur de grandes caravanes, qui serait entièrement à notre service; ce qui nous procurerait la facilité de partir quand nous voudrions, nous sauverait les retards résultant de la marche en caravane, et m'assurerait la même sécurité. Le nabab n'approuva ni notre plan ni notre départ précipité. Il aurait bien voulu nous garder pendant plusieurs mois. Toutefois nous conclûmes un arrangement avec un nommé Haïat, vieillard brusque, mais vigoureux, qui avait plus d'une fois traversé l'Hindou Kouch. Quand le nabab vit que nous étions déterminés à partir, il pressa son parent l'émir Moulk, noble personnage, qui avait été attaché à Chah Mahmoud ex-roi, et qui fait le commerce avec Boukhara et la Russie, de nous donner un homme de confiance. Il fut en conséquence résolu que Doulet, respectable Afghan, frère de son nézir ou intendant, et également qualifié nézir, nous accompagnerait. Il avait des affaires à Boukhara, et il allait même jusqu'en Russie. Nos mouvemens hâtèrent les siens. Tout présentait un aspect favorable, et grâce aux bontés du nabab, nous fûmes pourvus de lettres pour les Afghans de Boukhara. Le plus considérable de ceux-ci était Beder ed Din. Khodadad, agent de celui-ci à Caboul, qui apporta ses lettres, avait décidé d'être payé de sa peine en jouissant de notre société; c'était un mollah. Il resta à dîner avec nous : il dit que, quelle que fût notre sagesse comme nation, nous n'avions pas une idée exacte de ce que c'est que bien vivre. Il n'aimait pas les mets anglais, parce qu'ils sont cuits à l'eau, ce qui, selon lui n'est bon que pour un malade. Khodadad était un homme très-intelligent, il avait voyagé dans l'Inde et le Turkestan, et était bien versé dans les sciences de l'Asie. Il avait aussi lu Euclide, auquel ses compagnons, disait-il, avaient donné le sobriquet d'*akl douzd* (larron de sagesse), à cause de la confusion qu'il avait causée dans la tête des hommes. Il n'aimait pas les mathématiques, et voulait savoir par quel motif nous les avions étudiées, n'ayant pas entendu dire qu'elles perfectionnassent la faculté de raisonner; et il regardait les personnes qui possédaient bien leur Euclide, seulement comme ayant beaucoup plus lu que les autres.

Dost Mohammed Khan prépara aussi ses lettres; mais il existe peu de relations entre les Afghans et les Ouzbeks, et elles nous furent inutiles : celle qui était destinée au roi de Boukhara fut perdue ou fut volée. Hadji Kaouker, attaché à la cour du chef de Caboul, et gouverneur de Bamian, nous remit des lettres qui nous servirent beaucoup, ainsi qu'on le verra plus tard. Quoique cet homme soit au service de Dost Mohammed Khan, il a moins d'amitié pour lui que pour le chef de Peichaver : celui-ci nous avait recommandés à ce Hadji Kaouker, et je tins secrètes mes relations avec lui. Il nous offrit une escorte de cinquante cavaliers; je jugeai que la prudence m'ordonnait de la refuser.

Avant de quitter Caboul, je fis la conniassance de beaucoup de commerçans brahmanistes de Chikarpour. Tout le négoce de l'Asie centrale est entre

CHAPITRE VI.

VOYAGE A TRAVERS L'INDOU KOUCH OU LES MONTAGNES NEIGEUSES.

Départ de Caboul. — Le cafila bachi. — Djelraïz. — Vallée de la rivière de Caboul. — Col d'Ounna. — Effet de la neige. — Les Hezarés. — Col de Hadjigak et de Kalou. — Bamian et ses idoles. — Sortie de l'Afghanistan. — Col de Dandan Chikan. — Piété des Ouzbeks. — Opinion des Asiatiques sur l'Europe. — Col de Kara Kouttal. — Aventures. — Défilés affreux. — Khouloum. — Plaines du Turkestan.

Nous étions partis de Peichaver avec les souhaits du chef pour notre heureux voyage : ici ce furent ceux de son frère qui nous accompagnèrent. Le 18 mai, qui était un vendredi, nous sortîmes de Caboul, après la prière de midi, conformément à l'usage habituel des voyageurs, afin de ne pas heurter les préjugés du peuple, qui regarde également cette heure comme favorable. Nous pensions que nous nous étions séparés du bon nabab à la porte de sa maison, où il nous donna sa bénédiction; mais avant que nous fussions hors de la ville, il nous rejoignit et vint à cheval avec nous jusqu'à une distance de 2 à 3 milles. Je ne crois pas avoir jamais senti de si vifs regrets en quittant un Asiatique, que j'en éprouvai en disant adieu à ce brave homme. Il semblait vivre pour tout le monde, excepté pour lui-même. Il nous avait traités de la manière la plus hospitalière pendant notre séjour, et chaque jour il nous suppliait de prendre une autre route que celle du Turkestan; il nous pronostiquait toutes sortes d'accidens. Maintenant il prit congé de nous avec beaucoup de sensibilité; nous ne pûmes pas non plus retenir nos larmes en lui disant adieu. Quoique le chef, son frère, ne nous eût pas montré autant d'affection que celui de Peichaver, il nous avait témoigné néanmoins des politesses et des attentions très-grandes, et avant notre départ nous lui exprimâmes combien nous y étions sensibles.

Nous fîmes halte pour la nuit au petit village de Killa i Kazi, et, à cette première station, nous reconnûmes l'heureuse influence et l'utilité de notre cafila bachi. Il fit vider une maison pour nous, en gagnant un mollah par des présens; notre logis nous parut très-commode, car le froid était perçant. Haïat était un homme de bonne humeur; nous avions conclu avec lui un arrangement raisonnable; nous devions le récompenser selon qu'il le mériterait, et c'était à nous qu'il appartenait d'en juger. Nous nous confiâmes à lui comme un ballot de marchandises, et nous lui dîmes de marcher comme il le croirait le plus convenable. Je lui remis mes livres et mes instrumens, qui étaient en petit nombre; il les fit passer pour être la propriété des familles juives qui avaient quitté Caboul l'année précédente. La prudence nous recommandait d'aller très-paisiblement dans cette partie de notre voyage; nous étions maintenant désignés par le nom de *mirza* ou secrétaire, qui est une appellation commune dans ces contrées, et que nous conservâmes depuis. M. Gérard laissa dormir son titre de docteur. Nous reconnûmes bientôt que nous n'aurions pu nous tirer aisément d'affaire sans notre cafila bachi; car le lendemain matin un homme, investi d'un peu d'autorité, saisit la bride de mon cheval et me demanda à visiter mes valises. J'allais me hâter de lui représenter ma pauvreté, quand un mot de notre conducteur mit un terme à la recherche. Personne ne nous reconnut ici pour Européens, ce qui certainement nous laissait une liberté agréable pour nos actions. Parmi les marchandises de contrebande que les employés des douanes du Caboul étaient chargés de chercher, il y en avait une bien singulière : c'étaient les Corans; il paraît que les commerçans en avaient exporté une si grande quantité au delà de l'Hindou Kouch, que les croyans de l'Afghanistan allaient probablement être dépouillés de tous ceux qu'ils avaient. La prohibition de laisser sortir les exemplaires du livre saint avait été très-bien vue de la population, parce que ce sont des ouvrages très chers qui sont copiés avec beaucoup de peine et de travail, et en un mot très-précieux.

Laissant à gauche la route qui mène à Candahar,

nous remontâmes la vallée de la rivière de Caboul jusqu'à sa source à Sirtchachma. Notre première halte fut à Djelraïz, ainsi nommé de deux mots persans signifiant eau courante; près de ce village coulaient deux jolis ruisseaux limpides, dont les bords étaient ombragés d'arbres. Ce sont ces ruisseaux qui rendent ce pays délicieux en dépit de ses tristes rochers. La vallée n'avait pas plus d'un mille de largeur; elle était très-soigneusement cultivée; car dans quelques endroits l'eau était conduite à la hauteur de 100 pieds sur la montagne. Dans la partie inférieure les champs de riz s'élevaient très-pittoresquement en gradins les uns au-dessus des autres, et de chaque côté le sommet des monts était coiffé de neige; le thermomètre se soutenait à 60° (12° 43).

A Sirtchachma, dont le nom signifie littéralement *source de la fontaine*, nous visitâmes deux étangs naturels, où sont les sources de la rivière de Caboul; ce sont des eaux jaillissantes réunies en deux réservoirs qu'on entretient avec grand soin et qui servent de vivier pour le poisson. C'est un lieu de pèlerinage consacré à Ali, qui, dit-on, le visita; mensonge pieux qui n'est appuyé d'aucune autorité, puisque le gendre de Mahomet ne vint jamais à Caboul, quoique les actions qu'on lui attribue dans ce canton ne soient pas moins nombreuses que surprenantes. Nous donnâmes du pain aux poissons, qui, en quantité de plusieurs milliers, le firent disparaître de nos mains : personne ne les inquiète, parce qu'on est persuadé que la malédiction menace la tête de quiconque les troublerait.

Avant d'entrer dans la vallée, nous laissâmes au sud la fameuse ville de Ghazna; elle n'est qu'à 60 milles de Caboul. Cette ancienne capitale du pays dépend maintenant de cette dernière, et n'est plus qu'un lieu peu important. On y voit le tombeau du grand Mahmoud, son fondateur. Un monument plus honorable pour sa mémoire est une digue magnifique, construite à grands frais, et la seule qui reste de sept. Il est digne de remarque que le souverain du Pendjab, dans une négociation qu'il entama récemment avec Choudja Oul Moulk, ex-roi de Caboul, stipula comme une des conditions de son rétablissement sur le trône de ses ancêtres, qu'il restituerait les portes en bois de sandal qui sont au sépulcre de l'empereur Mahmoud, parce que ce sont les mêmes que ce conquérant emporta de Somnat dans l'Inde, quand il frappa l'idole, et que les pierres précieuses tombèrent du corps de cette statue. Près de huit cents ans se sont écoulés depuis cet événement; mais les Hindous n'ont pas oublié cette spoliation, quoique ces portes aient orné si long-temps le tombeau du sultan Mahmoud. Baber exprime son étonnement de ce qu'un si grand monarque ait songé à faire de Ghazna sa capitale; mais les habitans vous diront que le froid rend ce lieu inaccessible pendant six mois de l'année, ce qui donnait au conquérant plus de confiance pendant qu'il désolait l'Hindoustan et le pays des infidèles.

Nous remontâmes par un chemin sinueux la vallée qui se rétrécit graduellement jusqu'au point où nous atteignîmes dans les montagnes un espace aplati, qui est le col d'Ounna; la montée qui y mène est gardée par trois petits forts. Avant de parvenir au sommet, nous avions rencontré la neige; c'était pour la première fois que j'en revoyais depuis une douzaine d'hivers, et j'en éprouvai un certain plaisir. Il neigea pendant que nous traversâmes ce col, qui est à près de 11,000 pieds au-dessus du niveau de la mer. Enfin nous entrâmes, non sans satisfaction, dans un petit village, où nous étions abrités du vent glacial qui avait soufflé toute la journée. Nous nous étions déjà avancés considérablement à travers les montagnes; maintenant les rivières coulaient dans des directions opposées; nous étions arrivés dans l'ancien pays des Hezarés; les paysans y labouraient et y semaient, tandis que nous avions vu la récolte rentrée à Peichaver, et le grain en épi à Caboul.

Nous continuâmes à marcher dans les montagnes en longeant la base des monts Koh i Baba, dont le faîte est couvert de neiges perpétuelles, et remarquable par trois pics qui s'élèvent à peu près à 18,000 pieds de hauteur absolue. Dans la soirée du 21 mai, nous parvînmes au fond du col de Hadjigak, à moitié morts de fatigues, et presque aveuglés par la réverbération de la neige. Pendant près de 10 milles, nous avions voyagé dans le lit d'un ruisseau, de la hauteur de la jambe, qui était formé par la fonte de la neige, et que nous traversâmes plus de vingt fois. Alors nous entrâmes dans la région des neiges qui avaient encore une grande profondeur; à midi, la température devint si douce, que les chevaux enfoncèrent, jetèrent à bas les cavaliers et les fardeaux, et en plusieurs endroits ne furent retirés qu'avec une difficulté excessive. Partout où le sol était libre de neige, il s'était tellement imprégné d'eau fondue, qu'il formait un véritable bourbier, de sorte que nous passions alternativement à travers la boue et à travers la neige. La chaleur était accablante par la réverbération de la neige, à ce que je suppose. J'avais entièrement perdu l'usage de mes yeux, et la peau de mon nez pela, avant que nous fussions arrivés à un petit fort au-dessous du col; nous y fîmes halte le soir chez une famille hezaré.

Nous eûmes là l'occasion de voir les gens de cette nation dans leur état naturel au milieu des montagnes; nous fûmes reçus par une vieille femme, dans une misérable maison à toit plat, creusée en partie sous terre, avec deux ou trois trous au toit, en guise de fenêtres. Cette femme était occupée à prendre soin de son petit-fils; elle nous accueillit en nous donnant la qualité d'*agha* (seigneur). Je la traitai de *mère*; elle nous parla de sa maison et des affaires de sa famille. On nous prenait pour des Persans, et les Hezarés étant de la même croyance que cette nation, nous fûmes des hôtes bien venus. Notre costume de mendians ne permettait pas de découvrir que nous fussions Européens. La bonne femme nous assura que la neige empêchait de sortir pendant six mois de l'année, parce qu'il ne pleut jamais; elle nous dit qu'on semait l'orge en juin, et qu'on la récoltait en septembre. Ces gens n'ont pas de monnaie et ignorent presque entièrement sa valeur. Nous nous procurâmes par échange tout ce dont nous avions besoin; ainsi nous n'eûmes pas l'occasion de leur montrer de l'or, qui fait si aisément reconnaître les Anglais dans les pays étrangers. Quelqu'un qui voyage chez ces montagnards ne peut y acheter les choses de première nécessité, qu'en donnant quelques aunes de grosse toile, un peu de tabac, du poivre ou du sucre, objets qui sont appréciés ici bien au delà de leur valeur. Les Hezarés sont une peuplade, au cœur simple, et diffèrent beaucoup des tribus afghanes. Par les traits de leur visage, qui est carré, et par leurs petits yeux, ils ressemblent davantage aux Chinois. Ils sont d'origine turque, et une de leurs tribus est maintenant appelée Hezaré Tatar. On croit généralement qu'ils cèdent leurs femmes à leurs hôtes; opinion certainement erronée. Les femmes jouissent d'une grande autorité et vont sans voile; elles sont belles et peu renommées par leur chasteté; ce qui a peut-être causé du scandale chez leurs voisins sunnites, par lesquels ils sont détestés comme hérétiques. Si leur pays n'était pas naturellement fort, ils seraient bientôt exterminés, parce que de toutes parts ils ont des ennemis. La bonne femme qui nous avait donné un asile contre la neige et la gelée, me gratifia aussi de ses conseils pour mes yeux, qui, me dit-elle, avaient été brûlés par la neige. Elle me recommanda l'usage de l'antimoine, que j'appliquai au moyen d'un pinceau; ma physionomie y gagna beaucoup, à ce que m'assura cette femme; mais je puis ajouter avec bien plus de certitude, que je me sentis soulagé et bien à mon aise quand je me retrouvai au milieu des neiges.

J'observai que ces montagnards, dont quelques-uns vivent à une élévation de 11,000 pieds au-dessus de la mer, sont absolument exempts de cette désagréable maladie, le goître, que j'avais vue, dans la même chaîne, c'est-à-dire dans l'Himalaya, à l'est de l'Indus, même au-dessous de 4,000 pieds. Peut-être le bronchocéle est-il une infirmité confinée à des hauteurs moindres; opinion professée par de très-habiles médecins. Toutefois, dans un traité sur cette maladie, traité fondé sur une expérience personnelle durant un séjour dans les contrées montagneuses du Nipâl, M. Bramley, médecin de Calcutta, cite des faits qui conduiraient à une conclusion contraire relativement à la localité du goître, puisqu'il expose qu'il est plus général sur la crête d'une haute montagne que dans la vallée du Nipâl.

On serait enclin à imaginer que les habitans de ces régions élevées et tristes s'occupent de tout autre sujet que de points abstraits de théologie. Mais un mollah ou prêtre était récemment arrivé parmi eux, annonçant des doctrines nouvelles, et entre autres qu'Ali était la divinité, et plus grand que Mahomet lui-même. Il avait trouvé quelques centaines de sectateurs; et ce fanatique leur avait inspiré une si grande idée de sa puissance, qu'ils lui croyaient celle de ressusciter les morts, et de traverser le feu sans accident. Un des chefs Hezarés, choqué des blasphèmes de ce faux prophète, avait prêché une expédition contre celui qui induisait ainsi les croyans en erreur, et beaucoup de ses compatriotes l'accompagnèrent pour l'aider à ramener à l'islamisme ceux qui s'en étaient égarés. On nous apprit que ces sectaires étaient appelés *Ali illahi*, et avaient adopté plusieurs usages odieux, notamment celui de la communauté des femmes; ils célébraient aussi, dans l'obscurité, des orgies où ils se livraient à des excès, ce qui les avait fait nommer *tchiragh kouch* (tueurs de lampes), par allusion aux ténèbres qui cachaient leurs iniquités. Je suis sûr qu'une telle secte n'est pas du tout nouvelle, puisque les Mogots de Caboul ont professé depuis long-temps quelques-uns de ses principes, et les pratiquent encore en secret; elle est également connue dans plusieurs parties de la Perse et de la Turquie; mais la marche de l'esprit humain ne l'avait pas encore étendue dans les régions glacées de l'Hindou Kouch.

L'expédition des Hezarés fut une circonstance heureuse pour nous, parce que Yezdan Bakch, chef de douze mille familles et de ces défilés, allait partir pour y prendre part; or, sa soumission au chef de Caboul est très-douteuse. Hadji Khan Kaouker nous avait donné une recommandation pour lui, mais tout ce qu'on nous raconta de son caractère, ne nous faisait pas espérer de sa part plus que les politesses ordinaires, et peut-être moins. Toutefois, nous échappâmes au milieu du tumulte religieux, après que nous eûmes attendu une heure aux portes de sa forteresse, et que chacun de nous eût payé une roupie en guise de taxe à son lieutenant, puisque nous n'étions pas musulmans. Peut-être notre lettre eût engagé les Hezarés à nous laisser passer pour un taux aussi modique; mais il se passa bien du temps avant qu'ils eussent ajusté leurs prétentions avec le cafila bachi, qui pendant la négociation du traité me lança plusieurs coups d'œil significatifs. M. Gérard et moi nous ne cherchâmes pas à étendre nos relations avec ces montagnards jusqu'à l'intimité; nous nous bornâmes à les regarder : et il parut qu'ils nous jugèrent absolument indignes de leur attention.

Après une bonne nuit de repos, nous commençâmes à monter le col de Hadjigak, qui était à 1,000 pieds au-dessus de nous, et à 12,000 pieds au-dessus du niveau de la mer. Nous partîmes de très-grand matin le 22 mai; la neige gelée portait nos chevaux, et avant que l'action du soleil l'eût amollie, nous arrivâmes au haut du col; le thermomètre descendit à quatre degrés au-dessous du point de la congélation; le froid était très-incommode, quoique nous fussions vêtus de fourrures avec le poil en dedans. Je donnai de fréquentes bénédictions au bon nabab de Caboul, qui m'avait forcé d'accepter une pelisse de loutre qui me fut très-utile. Le passage ne s'effectua pas sans aventures, car il n'y avait pas de route tracée qui pût nous guider à travers la neige;

Mohammed Ali roula avec son cheval au bas d'une pente, à une centaine de pieds ; cet accident, arrivé à quelqu'un de notre avant-garde, servit d'avertissement à ceux qui suivaient de chercher un meilleur chemin ; mais on ne pouvait s'empêcher de rire en voyant le pauvre Mohammed Ali faisant la culbute avec son cheval ; car, naturellement replet et enveloppé de fourrure, il présentait un volume dépassant de beaucoup sa monture aux longues jambes, qui faisait des entailles bien plus profondes dans la neige. Nous allions commencer à monter le col de Kalou, qui est encore de 1,000 pieds plus élevé que celui de Hadjigak, lorsque la neige entrava de nouveau notre marche. Nous le contournâmes en faisant le tour d'un de ses flancs, et nous prîmes un chemin latéral par une vallée qu'arrose un affluent de l'Oxus ; elle nous conduisit à Bamian.

Rien ne pouvait égaler la majesté du tableau que nous offrit cette vallée. Des précipices affreux étaient suspendus au-dessus de nos têtes, et de nombreux fragmens épars devant nous annonçaient leur peu de solidité. Dans un espace d'à peu près un mille il fut impossible d'avancer à cheval, et nous allâmes à pied, ayant à côté de nous un abîme. La vallée présentait une section de la montagne, bien intéressante pour un géologue, et quoique ce ne fût qu'un sentier, des ruines innombrables prouvaient qu'il avait jadis été fortifié. On nous en indiqua quelques-unes, comme les restes des maisons de poste des empereurs mogols ; cependant on assignait le plus grand nombre au temps de Zohak, roi de Perse. Un château, particulièrement situé à l'extrémité septentrionale de la vallée et commandant la gorge, avait été construit avec un grand travail sur le sommet d'un précipice, et approvisionné d'eau d'une manière fort ingénieuse. Il est bien inutile que je répète toutes les fables racontées par le peuple au sujet de ces bâtimens.

Bamian est célèbre pour ses idoles colossales et ses excavations innombrables que l'on voit dans toutes les parties de cette vallée, dans une étendue de huit milles, et qui forment encore la demeure de la plus grande partie de la population. Les habitans les appellent *soumotch*. Une colline, isolée au milieu de la vallée, en est complétement percée comme le rayon d'une ruche, et rappelle à notre souvenir les Troglodytes des historiens d'Alexandre. On la nomme la ville de Ghoulghoula, et elle consiste en une suite continue de cavités dans toutes les directions ; on les regarde comme un ouvrage d'un roi nommé Djélal. Les montagnes de Bamian étant composées d'argile durcie et de cailloux, il n'est pas bien difficile de les creuser ; toutefois, la grande étendue donnée à ces travaux excite l'attention. Des excavations ont été faites de chaque côté de la vallée, mais le plus grand nombre se trouve sur celui du nord, où sont les idoles ; elles forment une ville immense. Des ouvriers sont fréquemment employés pour y fouiller, et la peine de ceux qui les payent est bien récompensée par des anneaux, des médailles, des ustensiles et d'autres objets ; toutes portent généralement des inscriptions cufiques, et sont postérieures au siècle de Mahomet. Ces caveaux n'ont aucune prétention aux ornemens de l'architecture, car ce sont seulement des trous carrés percés dans la montagne. Quelques-uns se terminent en forme de dôme, et ont une frise sculptée au-dessous du point d'où part la coupole. Les habitans racontent beaucoup de contes singuliers au sujet des caveaux de Bamian, entre autres celui-ci : une mère avait perdu son enfant, et ne le retrouva qu'au bout de douze ans. Il n'est pas nécessaire qu'on ajoute foi à ce récit; mais il sert à donner une idée de l'étendue de ces ouvrages. On voit des excavations de toutes parts autour des idoles, et la moitié d'un régiment pourrait se loger dans celle qui est au-dessous de la plus grande. Bamian ressortit de Caboul; il paraîtrait que c'est un lieu d'une haute antiquité; peut-être est-ce la ville qu'Alexandre rencontra au pied du Paropamisus, avant d'entrer dans la Bactriane. Le pays de Caboul à Balkh est effectivement appelé encore *Bakhtar Zemin* (terre des Bactriens). Le nom de Bamian dérive, dit-on, de son élévation, *bam* signifiant un balcon, et l'affixe *ian*, pays. On peut lui appliquer cette dénomination d'après les cavernes qui s'élèvent les unes au-dessus des autres dans le rocher.

Aucun reste d'antiquité asiatique n'a autant excité la curiosité des savans que les idoles gigantesques de Bamian. Je puis heureusement présenter un dessin de ces images : elles consistent en deux figures, l'une d'homme, l'autre de femme; la première nommée

Silsal, l'autre *Châhmama*. Ces statues sont taillées en haut relief sur le devant du rocher, et représentent deux images colossales. L'homme est le plus grand, sa hauteur étant de 120 pieds. Il occupe une surface de 70 pieds, et la niche dans laquelle il a été creusé a à peu près la même profondeur. L'idole est mutilée; les deux jambes ayant été fracassées par le canon, et le visage est détruit au-dessus de la bouche. Les lèvres sont très-grosses, les oreilles longues et pendantes; il paraît que la **tête** a été coiffée d'une thiare. Le corps est couvert d'un manteau qui le revêt de toutes parts, et a été fait avec une sorte d'enduit; des chevilles de bois placées en divers endroits sur la statue ont aidé à le fixer. La figure n'offre nulle symétrie; et la draperie n'a pas beaucoup d'élégance. Les mains qui tenaient le manteau ont été brisées. La statue de la femme est mieux faite que celle de l'homme, elle a été habillée de la même manière. Elle est taillée dans le même rocher à une distance de 600 pieds, et a des dimensions moindres de moitié. Ce ne fut que dans les renseignemens fournis par les habitans que je pus découvrir si la petite idole était celle du fils ou du frère de l'autre colosse. Le dessin que je présente donnera une idée plus exacte de ces statues que ne ferait une description plus détaillée. Les ouvertures carrées et cintrées que l'on voit sur la planche représentent l'entrée des cavernes ou excavations, et à travers celles-ci une route mène au sommet des deux idoles. Les caravanes de Caboul font généralement halte dans les cavernes inférieures, et les supérieures servent de greniers à la population de Bamian.

J'ai maintenant à parler de ce que les idoles offrent de plus curieux. Les niches de chacune ont jadis été revêtues d'un enduit et ornées de peintures de figures humaines, qui ont disparu de partout, excepté de la partie située immédiatement au-dessus de la tête des statues. Là, les couleurs sont aussi vives et les peintures aussi distinctes que dans les tombeaux égyptiens. Il y a peu de variété dans les dessins de ces figures, qui représentent le buste d'une femme avec une touffe de cheveux sur la tête, et un manteau jeté sur la moitié du corps; le reste est entouré d'une auréole, et la tête d'une seconde auréole. Dans une partie, je pus reconnaître un groupe de trois femmes à la suite les unes des autres. L'exécution de l'ouvrage est médiocre, et peu supérieure à celle des tableaux que les Chinois font à l'imitation du travail d'un artiste européen.

Les traditions des habitans, relativement aux idoles de Bamian, sont vagues et peu satisfaisantes. On raconte qu'elles furent taillées vers l'époque de l'ère chrétienne, par une tribu de Kaffirs ou infidèles, pour représenter un roi nommé Silsa et sa femme, lequel régnait dans un pays éloigné, et était adoré à cause de sa puissance. Les Hindous affirment qu'elles furent sculptées par les Pandous, et que le grand poème épique du Mahabarat en fait mention. Il est certain que les brahmanistes, en passant devant ces idoles, encore aujourd'hui, lèvent les mains en signe d'adoration; ils ne leur font pas d'offrandes, peut-être cet usage est-il tombé en désuétude depuis la naissance de l'islamisme. Je sais qu'une conjecture attribue ces images aux bouddhistes, et les longues oreilles de la grande statue rendent cette supposition probable. Je ne découvris aucune ressemblance entre ces idoles et les figures gigantesques des cavernes de Salsette près de Bombay. Je trouvai à Manikiala, dans le Pendjab, près du célèbre tope, un verre ou une cornaline antique, qui ressemble parfaitement à cette tête. J'observai dans les peintures au-dessus des idoles une conformité de traits parfaite avec les images des temples djaïns de l'Inde occidentale, sur le mont Abou, à Ghirnar, et à Politana dans le Kattivar. Je pense que ce sont des figures de femme; mais le dessin en est grossier, quoique les couleurs soient brillantes et belles. Rien dans les images de Bamian ne montre un grand progrès dans les arts; on n'y voit que ce que les gens les plus ordinaires auraient pu aisément exécuter. On ne peut par conséquent les reporter à l'invasion des Grecs, d'ailleurs aucun des historiens d'Alexandre n'en parle. Mais Cherif Ed din Ali, historien de Timour, a décrit les idoles et les cavernes de Bamian. Il dit que les premières sont si hautes, qu'aucun des archers ne put atteindre leur tête; cet auteur fait aussi mention de la route qui de l'intérieur de la montagne mène à leur sommet. Elles sont appelées *Lat* et *Manat*, deux idoles célèbres qui sont mentionnées dans le Coran. Il n'existe pas à Bamian d'inscription qui puisse guider concernant leur histoire; et toutes les traditions modernes sont tellement mêlées du nom d'Ali, lequel, comme on le sait bien, ne vint jamais dans cette partie de l'Asie, qu'elles satisfont très-peu. Il n'est nullement improbable que nous devons les idoles de Bamian au caprice de quelque personnage considérable qui demeurait dans ce canton rempli de cavernes creusées par l'art, et chercha à s'immortaliser par ces statues colossales.

Après un jour de halte à Bamian, où nous ne pouvons nous féliciter d'avoir été reçus avec beaucoup d'hospitalité, puisque nous ne nous procurâmes un logis qu'avec peine, et que nous fûmes obligés de sortir de plusieurs où nous étions entrés, nous partîmes par Sighan, qui en est éloigné de 30 milles. Au défilé d'Akrobat, que nous passâmes à mi-chemin, nous quittâmes le territoire actuel du royaume de Caboul, et nous mîmes les pieds sur celui du Turkestan, que les Européens nomment *Tartarie* ou *Tatarie*. D'après le tracé de nos cartes, je m'attendais à trouver au delà de grandes montagnes neigeuses; mais c'était dans la chaîne située derrière nous que nous les apercevions. Le Koh i Baba est le grand prolongement de l'Hindou Kouch. Nous avions encore devant nous à franchir une large ceinture de montagnes; toutefois elles étaient presque entièrement libres de neige et beaucoup plus basses que celles que nous avions traversées. Nous fûmes conduits au col d'Akrobat par vingt cavaliers, grâce à une lettre de recommandation de Hadji Khan de Caboul pour le gouverneur de Bamian; cette escorte était destinée à nous protéger contre les Dih Zanghi Hezarés qui infestent ces routes. Ces cavaliers montaient de beaux chevaux turcomans, et étaient suivis de levriers de ce pays, race de chiens légers à la course, et dont le corps et les pates sont couverts de poils rudes. Ces hommes prirent congé de nous au défilé, et nous dîmes adieu à eux et au royaume de Caboul.

A Sighan, nous nous trouvâmes sur le territoire de Mohammed Ali Beg, chef ouzbek qui est alternativement sujet du Caboul et du Khoundouz, suivant que les souverains de ces deux états deviennent respectivement plus puissans. Il satisfait le chef de Caboul avec un petit nombre de chevaux, et le seigneur de Khoundouz avec quelques hommes pris dans des incursions par ses fils et ses officiers, auxquels il fait quelquefois entreprendre ces sortes d'expéditions. Telle est la diffrérence de goût entre son voisin du Nord et celui du Sud. Les captifs sont des Hezarés auxquels les Ouzbeks font nommément la guerre, parce que ce sont des chiites, afin qu'on puisse les convertir et en faire des sunnites et de bons musulmans. Un ami de ce chef lui adressait récemment des représentations sur cette infraction grave de la loi du prophète, en volant ainsi des hommes. Mohammed Ali Beg convint du crime : « Mais, dit-il, puisque Dieu ne me trouble pas dans » mon sommeil, et que ma conscience est tranquille, » je ne vois pas pourquoi je renoncerais à un trafic » qui est si profitable! » J'aurais bien voulu trouver l'occasion d'administrer un breuvage narcotique à cet Ouzbek si satisfait de sa conscience. Il n'est nullement bien famé, soit pour son équité, soit pour la protection qu'il accorde aux voyageurs. L'an passé, une caravane de juifs allant à Boukhara, passa par Sighan; il retint quelques-unes de leurs femmes, et entreprit de pallier cette violation du droit des gens, en répondant à toutes les remontrances que leurs enfans deviendraient musulmans, ce qui justifierait sa conduite. C'est ainsi que ce misérable enlève les hommes et attente à l'honneur de la femme d'un voyageur, parce qu'il croit qu'en agissant ainsi ses actions sont agréables à Dieu et conformes aux principes de sa religion !

Notre cafila bachi se rendit auprès de Mohammed Ali Beg pour lui annoncer notre arrivée, et il paraît qu'il lui dit que nous étions de pauvres Arméniens. Il plaisanta avec lui, et lui répondit que nous étions peut-être des Européens; mais Haïat invoqua le témoignage d'une lettre de recommandation de Caboul, dans laquelle nous n'avions pas été désignés sous ce nom. Une pelisse de nankin et huit à neuf roupies, taxe usitée pour une caravane, satisfirent cet Ouzbek marchand de chair humaine, et nous passâmes une très-bonne nuit dans un *méhman khané* ou une hôtellerie très-proprement revêtue de tapis, située à l'extrémité du village; le chef nous envoya une cuisse de chevreuil, parce que nous étions connus de ses amis de Caboul. Nous étions déjà dans une contrée différente; le pavé des mosquées était recouvert de feutre, ce qui indiquait une plus grande attention à tout ce qui concerne la religion, ces édifices étaient aussi bien mieux construits que ceux que nous avions vus auparavant. On nous avertit de ne pas dormir les pieds tournés vers la Mecque, ce qui marquerait du mépris pour la ville sainte. Dorénavant je ne pris plus mes relèvemens avec la boussole que dans l'intérieur des maisons, tandis qu'auparavant je les avais observés en dehors; mais je n'y mis pas moins d'attention. Je coupai aussi la portion centrale et intermédiaire de mes moustaches, parce que l'oubli de cet usage m'aurait signalé comme un chiite, et conséquemment comme un infidèle. Nous fîmes tous ces arrangemens à Sighan; c'est un joli village avec de beaux jardins, quoiqu'il soit situé dans une vallée triste et dépourvue de toute végétation. Quand nous en partîmes le lendemain matin, un homme vint avec nous jusqu'à une distance de 1,500 pieds, pour nous donner le *fatiha* ou la bénédiction, conformément à l'usage du pays. Nous frappâmes gravement notre barbe en recevant cet honneur, et nous partîmes.

Voyant l'observance rigide des lois de Mahomet, et le retour constant à la pratique du Coran dans chaque action de la vie, je ne fus pas enclin à augurer favorablement de la satisfaction que nous pourrions éprouver parmi les hommes que nous allions fréquenter ni de la confiance que nous pouvions avoir en eux. Je pensai à l'expédition du prince Bekevitch, ainsi qu'à Moorcroft et à ses compagnons d'infortune qui avant nous avaient pénétré dans ces contrées.

le sort de l'officier russe et de sa petite armée est bien connu; ils furent trahis et cruellement massacrés. La destinée de Moorcroft ne fut pas moins triste, puisqu'avec tout son monde il mourut de la fièvre, et non sans soupçon d'une fin plus violente. Toutefois, nous ne pûmes nous empêcher de nous persuader qu'une perspective plus encourageante s'ouvrait devant nous. Nous n'arrivions pas comme les Russes pour chercher de l'or, ni pour fonder une colonie; et nous n'avions pas non plus les richesses du voyageur anglais, lesquelles, je n'hésite pas à le dire, causèrent son malheur. Nous venions même sans présens pour les chefs, parce qu'il valait bien mieux passer pour pauvres, que de risquer nos têtes en excitant la cupidité d'hommes avides. On imagine aisément que nos sensations, dans ce moment, n'étaient pas d'une nature agréable, mais une expérience plus complète dissipa beaucoup de nos craintes. Notre cafila bachi lui-même avait des idées singulières. Peu de temps après notre départ de Caboul, je ramassai une pierre le long du chemin, afin d'examiner sa formation; notre homme qui me regardait me demanda avec un ton de curiosité inquiète : « L'as-tu trouvé ? » — « Quoi ? » — « L'or. » Aussitôt je jetai le caillou, et par la suite je devins plus circonspect dans mes observations.

Après avoir quitté Sighan, nous traversâmes le col de *Dandan Chikoun* (le briseur de dents), nom qui lui a été convenablement appliqué tant il est raide et difficile. Nous y trouvâmes à profusion la plante de l'assa-fœtida[1], que nos compagnons de voyage mangèrent avec délice. Je pense qu'elle est le *silphium* des historiens d'Alexandre ; car les moutons la broutaient très-avidement, et les habitans la regardent comme nourrissante. Nous descendîmes ensuite dans une vallée étroite, où il y avait un beau verger d'abricotiers qui s'étendait à quelques milles au delà du village de Kamard. Les rochers des deux côtés s'élevaient à 3,000 pieds, et fréquemment étaient escarpés, et nulle part la vallée n'avait plus de 900 pieds de largeur. Nous ne pûmes apercevoir les étoiles pour faire une observation pendant la nuit ; ce tableau était extrêmement imposant.

Kamard est la résidence de Rahmat Oullah Khan, autre petit chef ; c'est un Tadjdik très-adonné au vin. Il en manquait depuis huit jours, ce qui lui arrachait des exclamations et des regrets dont notre monde se divertit beaucoup pendant le reste de la marche de ce jour. « Le ciel et la terre, disait-il, » ne sont rien pour moi sans ma rasade ; » et il nous montra une énorme bouteille, en priant sérieusement notre cafila bachi de la remplir à Khoulloum, puis de la lui renvoyer par la première occasion. Une ceinture grossière, jointe à la promesse du vin, satisfit ce chef ; car il réclame aussi une taxe sur les voyageurs, quoiqu'il ne soit qu'un tributaire de Khoundouz. Sa puissance est bornée, et la manière dont il satisfait à ses devoirs envers Mohammed Mourad Beg, son maître, est curieuse. Incapable de faire des *tchepaqus* ou incursions, comme son voisin de Sighan, pour voler des hommes, il s'empara effrontément l'année dernière de tous les habitans d'un de ses villages, et les expédia tous, hommes, femmes et enfans, comme esclaves, à Khoundouz. Il fut récompensé de son dévouement et de ses services par le don de trois villages; cependant nous prîmes le fils de ce vaurien pour nous escorter dans notre marche, et nous fîmes bien d'en user ainsi.

Le chef de Kamard, dans une querelle qu'il eut il y a quelques années avec un de ses voisins, perdit sa femme qui fut prise. Elle fut aussitôt menée au harem de son rival, et avec le temps lui donna une nombreuse lignée. Après un certain laps d'années, une circonstance la rendit à son premier époux; mais il laissa aux docteurs musulmans à décider s'il était convenable qu'il la reprît dans sa famille. Comme cette femme avait été enlevée sans son consentement, ils prononcèrent qu'elle devait être reçue de nouveau avec sa progéniture. Il est commun chez les Turcs de prendre pour épouses celles de leurs ennemis dont ils se sont emparés dans une bataille; néanmoins cet usage est barbare, et semble être en opposition avec les principes subtils de délicatesse que les musulmans professent relativement aux femmes.

J'ai jusqu'à présent oublié de dire que le nazir, notre compagnon, avait avec lui un nommé Mohammed Hosseïn, personnage amusant, qui avait voyagé en Russie, et qui souvent nous racontait des détails sur cette contrée et sur la capitale des Tzars. Elle lui avait paru, ainsi qu'à plusieurs autres Asiatiques que j'ai rencontrés depuis, offrir une image assez exacte, pour le vin et les femmes, du paradis de Mahomet. Un musulman, transporté hors d'un pays où les femmes sont récluses, ne peut manquer d'être frappé du grand changement qu'il observe à cet égard dans une contrée européenne; mais en Russie, où, suivant toutes les relations, le ton moral de la société paraît être un peu libre, leur étonnement doit être extrême. Les hôpitaux d'enfans trouvés, et les individus qui les habitent, sont le sujet de remarques continuelles; et, avec quelque sévérité que le prophète ait interdit l'usage des boissons enivrantes, je pus découvrir, par ceux de ses sectateurs qui avaient visité la Russie, qu'ils n'avaient pu résister à la tentation de l'eau-de-vie et du punch. Beaucoup d'Asiatiques aussi étaient devenus joueurs, et le commerce avait introduit les cartes dans la sainte ville de Boukhara. Le piquet est composé de trente-six cartes, et les jeux sont entièrement russes. Il y a beaucoup d'uniformité dans la description des sentimens d'un Asiatique relativement à l'Europe; néanmoins il est toujours intéressant d'écouter leurs contes. Ils notent avec une gravité singulière des particularités et une multitude de bagatelles qui nous échappent. Rien n'est si étonnant pour un Asiatique que la discipline et la tenue militaires qu'il regarde comme une sorte de torture et d'oppression. J'ai eu à répondre à des questions répétées et infinies sur l'utilité de faire toujours regarder un homme d'un même côté, et de le faire toujours partir du même pied à la parade. Ces gens n'ayant jamais entendu parler de Frédéric le Grand, je ne pus les renvoyer à l'autorité imposante de son nom pour un exemple; mais je leur citai l'Inde et la Perse, comme offrant des preuves certaines de l'avantage de la discipline sur la valeur indisciplinée. Toutefois, les Asiatiques ont une plus haute idée de la sagesse que de la bravoure des Européens; et réellement, puisque le siècle de la force physique est fini, la sagesse est le courage.

Le 26 mai, nous traversâmes le *Kara Kouttal* ou défilé noir, qui est le dernier col du Caucase indien; cependant nous avions encore à parcourir 95 milles avant d'être hors des montagnes. Nous descendîmes dans le lit du Khouloum, et nous suivîmes cette rivière jusqu'au village de Douab, entre des précipices effrayans, qui pendant la nuit ne laissaient apercevoir d'autres étoiles que celles du zénith. Il nous arriva au passage de ce col une aventure qui fait connaître les mœurs du peuple au milieu duquel nous voyagions, et qui aurait pu devenir sérieuse. Notre cafila bachi nous avait avertis que nous nous trouvions dans un canton dangereux, et en conséquence il prit une escorte commandée, comme je l'ai dit, par le fils de Rhamat Oullah Khan. Pendant que nous montions le col, nous rencontrâmes une nombreuse caravane de chevaux allant à Caboul; et, parvenus au sommet, nous aperçûmes une bande de brigands venant sur un faîte des montagnes, du côté de l'Hindou Kouch. Le cri d'*allaman! allaman!* qui ici signifie un voleur, retentit à l'instant; nous nous avançâmes avec notre escorte pour les recevoir, et s'il était possible combattre cette troupe. Les brigands observaient nos mouvemens; ils furent rejoints par d'autres hommes qui s'étaient tenus en embuscade, ce qui fit monter leur nombre total à une trentaine. Chacun des deux partis envoya en avant un couple de cavaliers qui s'arrêtèrent à une distance d'une centaine de pieds les uns des autres et parlementèrent. Les brigands étaient des Hezarés tatars, commandés par Délaver, fameux bandit qui était accouru à la recherche de la caravane de chevaux. Apprenant qu'elle avait déjà passé, et que nous étions en aussi bonne compagnie que celle du fils du chef de Kamard, ils renoncèrent à toute idée de nous attaquer, et nous hâtâmes notre marche. Dès que nous fûmes sortis du col, ils l'occupèrent; mais tout leur butin ne consista qu'en deux chameaux chargés qui étaient restés en arrière de la caravane. Ils les arrêtèrent à nos yeux; ainsi que leurs conducteurs, qui allaient devenir esclaves pour le reste de leur vie, et si nous n'avions pas pris notre escorte, peut-être aurions-nous partagé leur triste sort, et aurions-nous été occupés le lendemain à garder les troupeaux dans les montagnes. La bande des brigands était bien montée et composée d'hommes déterminés. Frustrés de leur proie, ils atta-

quèrent la nuit le village de Douab, où nous avions d'a-
bord l'intention de faire halte; heureusement nous
étions allés à 3 milles plus loin, et nous bivouaquâmes
sûrement dans le lit d'un torrent. Les incidens étaient
de nature à nous suggérer des réflexions; nous devions
des remercîmens à notre cafila bachi de nous avoir
sauvés du danger par sa prudence. Le vieillard se frappa la barbe, bénit ce jour heureux, et rendit grâces à
Dieu d'avoir conservé sa bonne réputation et sa personne des atteintes de tels scélérats.

Notre vie se passait maintenant d'une manière
bien plus agréable que le récit de nos dangers et de
nos fatigues ne porterait à le croire. Nous montions
à cheval au point du jour, et nous marchions généralement, sans arrêter, jusqu'à deux ou trois heures
après-midi. Nous parcourions chaque jour une
vingtaine de milles, terme moyen; mais les habitans
de ces contrées n'ont pas de règle pour mesurer les
distances; les milles, les coss, les farasanges, leur
étaient également inconnus, parce qu'ils comptent
toujours par journée de marche. Nous déjeunâmes
souvent avec du pain et du fromage, sans mettre
pied à terre; nous dormions toujours sur la dure
et à la belle étoile; après la marche de la journée
nous nous tenions assis les jambes croisées, jusqu'à ce
que la nuit et le sommeil nous surprissent. Notre
troupe ne nous laissait rien à désirer, car le nazir et
son divertissant compagnon de voyage étaient très-
obligeans. Nous n'étions qu'au nombre de huit; trois
d'entre eux étaient des naturels du pays, et deux

autres avaient été instruits à se regarder comme entièrement distincts de nous ; quoique l'un d'eux prît des relèvemens avec la boussole, besogne dont je ne pouvais convenablement m'acquitter sans éveiller des soupçons qui auraient pu me faire reconnaître. Nous étions complétement heureux au milieu de ce train de vie, et à la nouveauté de toutes les choses qui s'offraient à nous, nous éprouvions également du plaisir quand nous reconnaissions des plantes et des arbrisseaux de notre patrie. L'aube-épine et le framboisier croissaient sur les bords de la rivière, et la ciguë à odeur nauséabonde, qui paraissait sous leur ombrage, me paraissait belle par les souvenirs qui s'associaient à sa vue. La société des autres voyageurs nous offrait aussi de l'amusement, et je saisissais chaque occasion favorable de me mêler à ceux que nous rencontrions en route ou aux endroits où nous faisions halte.

Rien n'était plus embarrassant pour moi que les diverses manières de saluer en usage parmi les Afghans, et avec lesquelles le temps seul peut familiariser un étranger. Quand vous rencontrez une troupe d'hommes, vous posez votre main droite sur votre cœur et vous dites : *salam aleïkom !* (la paix soit avec toi !) On vous répond que vous êtes le bien-venu : et quand vous vous en allez, vous répétez la même cérémonie, et on vous répond de nouveau que vous êtes le bien-venu. En chemin, un voyageur vous salue en vous disant : *manda na bachi !* (puisses-tu ne pas te fatiguer !) à quoi vous répliquez : *zinda bachi !* (puisses-tu vivre long-temps !) Si on se connaît, les

salutations deviennent plus nombreuses. On vous dit :
Es-tu fort? es-tu bien ? es-tu exempt de malheur ?
etc., etc., à quoi vous devez répondre : *chouker!*
(grâces à Dieu !) Quand vous partez, votre ami vous
dit que votre voyage n'est pas ennuyeux, et vous recommande à la garde de Dieu! (*ba aman i khouda!*)
Si on vous invite à dîner, vous devez répliquer civilement : « Que ta maison soit peuplée » (*khana i to
abad!*) et si on vous adresse un compliment, en
quelque occasion que ce soit, dites : « Je ne suis pas
» digne de toi, c'est ta grandeur. » Tout homme, quel
que soit son rang, doit être qualifié khan ou agha,
afin de gagner ses bonnes grâces. S'il est mollah ou
prêtre, il faut l'appeler *akhound* (maître); et s'il est
fils de mollah : *akhoundzadé*. Un secrétaire est appelé mirza; ce qui est d'ailleurs le surnom donné à
toutes les personnes dont la qualité n'est pas définie;
et, comme je l'ai dit, nous fûmes classés dans cette catégorie. Les connaissances intimes se traitent mutuellement de *lala* (frères). Les Afghans ont sans
doute appris tout ce cérémonial des Persans; car,
quant à eux, il n'y a pas en Asie de peuple plus simple. Il était réellement amusant d'entendre les salutations variées qu'on adressait à notre cafila bachi;
tous les gens que nous rencontrions en route avaient
l'air de le connaître; et à mesure que nous passions,
il avait l'habitude de nous donner des leçons de bonnes manières; et, en écolier docile, je saisissais toutes
les occasions de montrer que j'en avais profité.

Nous continuâmes à descendre par Kourram et Sarbagh à Heïbak, qui n'est qu'à une traite de la fin des montagnes; et nous échangeâmes graduellement nos rochers hauts et stériles pour des terres plus hospitalières. Nous traversâmes des défilés effrayans, dont les parois élevées de 2,000 à 3,000 pieds au-dessus de nos têtes étaient suspendues sur le chemin, et des aigles et des faucons planaient en décrivant des cercles au haut des airs: nous distinguâmes parmi ces oiseaux l'aigle noir qui est très-beau. Près de Heïbak, le défilé se rétrécit tellement, qu'on le nomme le *dara i zindan* (la vallée du cachot); les rochers sont si hauts que les rayons du soleil n'y pénètrent jamais dans quelques-unes des parties, même à midi. On trouve ici une plante vénéneuse, qui est funeste même pour les chevaux et les mulets; elle ressemble un peu à un lis, et la fleur, longue d'environ quatre pouces, est penchée, et présente un cylindre alongé et couvert de graines. Il offre ainsi que la fleur l'apparence du velours le plus riche. On nomme cette plante *zahr bouta*; ce qui indique simplement sa qualité vénéneuse. J'en ai apporté un échantillon à Calcutta : le docteur Wallich, botaniste distingué et surintendant du jardin de la Compagnie, m'a appris que c'était une espèce d'*arum*.

Bientôt nous vîmes de nombreux troupeaux broutant les pâturages aromatiques des montagnes, et des grands vergers remplis d'arbres fruitiers. Des troupes de daims bondissaient sur le sommet des rochers, et dans les vallées la terre était partout retournée par les sangliers, qui sont très-multipliés dans ce canton. La population devenait plus forte à mesure que nous approchions des plaines du Turkestan. A Heïbak nous rencontrâmes Baba Beg, autre petit chef Ouzbek, et tyranneau assez fameux.

Nous approchions de sa ville. Un voyageur nous informa que ce chef attendait l'arrivée des Firinghis dont on lui avait annoncé depuis quelque temps la venue prochaine. Ce Baba Beg est un fils de Khilitch Ali Beg, qui avait gouverné Khoundouz avec beaucoup de modération; il n'a pas imité l'exemple de son père. Il empoisonna son frère dans un festin, et s'empara des richesses de son père avant qu'il fût mort. Il avait suscité de grands embarras à M. Moorcroft, et on savait qu'il n'était pas favorablement disposé pour les Européens. Ses sujets, las de sa tyrannie, l'avaient chassé de Khoundouz, et maintenant il ne possédait que le territoire de Heïbak. Nous aperçûmes son château vers quatre heures après-midi, et nous n'y arrivâmes qu'avec répugnance; mais nos arrangemens furent conduits avec habileté, et ici encore nous échappâmes sains et saufs. Nous nous étions arrêtés en dehors de la ville, et couchés à terre comme des voyageurs fatigués, nous couvrant jusqu'à la nuit d'une grossière couverture de cheval. Dans la soirée, Baba Beg vint en personne pour rendre visite au nazir, et il paraît qu'il ne se douta pas du tout de notre présence. Il fit des offres de service en tout genre, auquel il proposa d'envoyer notre troupe immédiatement à Balkh avec une escorte qu'il fournirait, et d'éviter ainsi Khoundouz; j'entendis cette disposition avec plaisir; et, comme on le verra par la suite, elle nous aurait épargné une infinité de désagrémens. Mais nos compagnons de voyage refusèrent les bons offices de Baba Beg, et se vantèrent tant de leur crédit à Khoundouz, que nous ne redoutâmes pas de nous acheminer vers une ville où nous finîmes par être pris au piége. Pendant que Baba Beg faisait sa visite au nazir, nous mangions une épaule de mouton à côté du feu, seulement à quelques pieds et assez près de lui pour le bien voir et entendre sa conversation. Il avait mauvaise mine et l'air d'un débauché. Comme il avait des obligations à nos compagnons de voyage, il leur envoya de la viande pour eux et de l'orge pour leurs animaux, ce dont nous et les nôtres profitâmes. On ne conçut aucun soupçon sur notre compte. La nuit était si belle que je ne voulus pas laisser passer cette première occasion d'observer notre latitude au nord de l'Hindou Couch. Nous partîmes le lendemain avant le lever du soleil, nous félicitant de nous être sauvés aussi heureusement d'un homme qui nous aurait certainement maltraités.

Heibak est un village vivant, qui a un château de briques séchées au soleil, bâti sur un tertre qui domine le pays. Pour la première fois dans ces montagnes, la vallée s'ouvre et présente des jardins et une nappe de la plus belle verdure. Le climat aussi subit un changement notable ; car nous trouvons ici le figuier qui ne croît pas à Caboul, ni plus haut dans les monts. L'élévation de Heibak au-dessus de la mer est à peu près de 4,000 pieds. Le terrain est gras et la végétation magnifique. Nous avions espéré que nous serions débarrassés des serpens et des scorpions, compagnons incommodes d'une température tropicale; mais ils étaient plus nombreux ici que dans l'Inde, et nous en dérangeâmes beaucoup sur la route. Un de nos domestiques fut piqué par un scorpion, et comme, suivant la croyance populaire, la douleur cesse si le reptile est tué, il fut à l'instant mis à mort. La construction des maisons à Heibak fixa notre attention; elles ont, au lieu de terrasses, des dômes, avec un trou au toit en guise de cheminée, de sorte que ce village ressemble à un groupe de grandes ruches brunes. Les habitans ont adopté ce genre de bâtisse à cause de la rareté du bois. Les hommes, qui de même que leurs maisons étaient différens de ce que nous avions vu auparavant, avaient des bonnets coniques au lieu de turbans, et presque tous ceux que nous rencontrions, soit voyageurs, soit villageois, portaient de longues bottes brunes. Les femmes semblaient choisir les couleurs les plus gaies pour leur vêtement; je pus distinguer de très-jolis visages, parce que dans les villages les musulmanes ne se piquent pas d'être scrupuleusement voilées. Elles étaient bien plus blanches que leurs maris, et n'avaient dans leur air rien de disgracieux, quoiqu'elles soient de race turque. Je pus alors comprendre les éloges que les Orientaux donnent à la beauté de ces filles Tourki.

Le 30 mai, nous fîmes notre dernière marche dans les montagnes, et nous débouchâmes dans les plaines du Turkestan à Khouloum ou Tach Kourghan, où nous eûmes une perspective magnifique du pays, qui au nord de nous se prolongeait en pente jusqu'à l'Oxus. A 2 milles de Khouloum, nous laissâmes les derniers monts qui s'élèvent brusquement d'une manière imposante et sont escarpés. La route qui les traverse passe par un défilé étroit qui pourrait être défendu aisément. Khouloum compte 10,000 habitans; c'est la ville frontière de Mourad Beg de Khoundouz, chef puissant qui a réduit sous son joug tout le pays au nord de l'Hindou Couch. Nous descendîmes à l'un des caravanseraïs, où l'on fit à peine attention à nous. Un caravanseraï est trop connu pour qu'il soit nécessaire de le décrire longuement; c'est un espace carré et ceint de murs, sous lesquels il y a des cellules ou appartemens où on loge. Les marchandises et les animaux sont dans la cour. Chaque personne a sa chambre, où elle est absolument en particulier; parce qu'il est contraire à l'usage qu'on s'importune les uns les autres. Tous ceux qui y viennent sont des voyageurs, et beaucoup d'entre eux fatigués. Si partout la société était sur un aussi bon pied que dans un caravanseraï, le monde serait exempt des maux de la calomnie. Nous nous reposâmes ici après une journée longue et fatigante au milieu des rochers et des montagnes. Le changement que nous éprouvâmes fut un grand soulagement pour nous. Depuis notre départ de Caboul, nous avions dormi tout habillés, et nous n'avions pu, que bien rarement, changer de vêtemens. Nous avions fait halte dans la boue, nous avions passé les rivières à gué, nous étions tombés dans la neige, et dans les derniers jours nous avions été rôtis par la chaleur du soleil. Ce ne sont là que les moindres inconvéniens de la vie d'un voyageur; et ils paraissent insignifians quand on les compare au plaisir de voir des hommes et des pays nouveaux, des mœurs et des coutumes étrangères, et de pouvoir tempérer les préjugés de sa patrie en observant ceux des autres nations.

CHAPITRE VII.

DIFFICULTÉS SÉRIEUSES, VOYAGE A KHOUNDOUZ.

Difficultés à Khouloum. — Tableau des malheurs de Moorcroft. — Départ pour Khoundouz. — Aventure de nuit. — Compte que l'auteur rend de lui-même. — Sottise du conducteur. — Manière de boire le thé.—Entrevue avec le chef de Khoundouz. — Départ de cette ville. — Départ de Khouloum. — Dangers de la route de Balkh.— Mirage.—Mazar.—Tombeau de Trebeck. — Arrivée à Balkh.

Nous étions entrés à Khouloum avec l'intention de partir le lendemain pour Balkh, parce que nous avions une confiance implicite dans les assertions de nos compagnons, qui nous disaient que nous n'avions rien à redouter en agissant ainsi. Que l'on juge donc de notre surprise quand nous apprîmes que les officiers de la douane avaient dépêché un messager au chef de Khoundouz pour l'informer de notre arrivée, et lui demander ses instructions relativement à nous. On nous invita en même temps à attendre la réponse. Le nazir fut extrêmement chagrin de cette détention; mais il était inutile de le gronder de nous avoir amenés à Khouloum. Il nous assura que ce n'était qu'un désagrément temporaire, et expédia de son côté une lettre au ministre à Khoundouz; il le priait de ne pas nous retenir parce qu'il ne pouvait faire sans nous ses affaires en Russie. Ce ministre était un ami de la famille du nazir; et si nous nous étions plongés nous-mêmes dans les difficultés, les choses semblaient au moins se présenter assez favorablement pour que nous pussions espérer d'en sortir sans accident. Je ne pus que regretter de m'être laissé entraîner par les conseils d'autrui, et même en ce moment j'aurais essayé de m'échapper à Balkh, si le cafila bachi et tout le monde n'eût pas déclaré que c'était téméraire et impraticable. Toutefois, dans un autre instant, vers minuit, le cafila bachi adhéra à ce projet, et récita même le premier verset du Coran, comme pour s'engager par serment et bénir l'entreprise. Mais comme je ne compris pas que le plan, dont l'exécution était renvoyée à la nuit prochaine, devait être tenu secret pour le nazir, je le lui révélai le lendemain, au déplaisir et à la frayeur extrême du cafila bachi qui fut en butte à sa colère. «Attendez » la réponse de Khoundouz, nous dit le nazir, nous » ne pouvons douter qu'elle ne soit favorable.» Nous attendîmes donc, et le 1er. juin nous reçûmes une sommation de nous dépêcher de nous rendre à Khoundouz; tandis que le ministre, en répondant à la lettre de notre conducteur, le priait de ne pas se laisser retenir à cause de nous, et de continuer son voyage à Boukhara. Notre surprise peut mieux se concevoir que se décrire. Il était maintenant trop tard pour nous échapper, parce que nous étions gardés à vue dans le caravanseraï, et les officiers de la douane ne voulurent pas même permettre que mon cheval fût conduit à la ville pour être ferré. Le dessein aurait pu être effectué à notre arrivée, mais alors il aurait été regardé comme imprudent; il fallait donc nous résigner et faire face aux difficultés de notre situation avec promptitude et d'une manière convenable. Je pressai pour qu'on me fit partir à l'instant pour Khoundouz, en laissant à Khouloum M. Gérard et tout notre monde, à l'exception de deux Afghans. Je résolus présentement de me faire passer pour Arménien, et je crus que la célérité me serait profitable et apaiserait les soupçons. J'avais des lettres du santon de Peichaver, qui me seraient utiles, à ce que je pensais, pour le nouveau rôle que je voulais jouer, puisqu'il nous y donnait le nom d'Arméniens; néanmoins mes compagnons de voyage m'assurèrent que la seule possession de tels papiers dévoilerait notre condition réelle, et je les détruisis tous, ainsi que toutes les lettres du chef de Caboul, qui étaient également de nature à nous compromettre. Je me défis de toute ma correspondance persane, et je déchirai entre autres plusieurs lettres de Rendjit Sing, qui maintenant étaient à mes yeux moins agréables que je ne pensais qu'elles pussent jamais être. Pendant que je faisais ces arrangemens, je découvris que le nazir n'avait nulle envie d'aller à Khoundouz, et presque fou de désespoir semblait disposé à rester en arrière; mais la honte est un puissant aiguillon pour faire agir; je le priai de m'accompagner, il y consentit.

Afin que l'on comprenne mieux la position critique où nous étions placés, je vais donner une esquisse rapide des malheurs arrivés à Moorcroft, en 1824, dans cette partie du pays, et qui eurent pour cause Mourad Beg, le même personnage par lequel nous étions appelés à Khoundouz. Quand Moorcroft fut sorti des montagnes, il alla rendre ses devoirs à ce chef, et après lui avoir fait des présens proportionnés à son rang, revint à Khouloum. Il y était à peine arrivé qu'il reçut de Mourad Beg un message annonçant que quelques-uns de ses soldats avaient été blessés, et le priant de vouloir bien se hâter de revenir avec ses instrumens de médecine, et M. Guthrie, un Indo-Breton, qui l'avait accompagné comme chirurgien. L'habileté de Moorcroft en chirurgie était également connue, puisqu'il avait déjà donné à ces peuples des preuves de son grand talent. Il partit sans aucun soupçon pour Khoundouz; mais, en y arrivant, il trouva qu'on n'y avait nul besoin de son adresse chirurgicale, et que ce n'avait été qu'une machination pour s'assurer de lui. Mourad Beg lui ordonna de faire venir tout son monde et son bagage; Moorcroft se conforma à cette injonction. Après un délai d'un mois, il ne réussit à se délivrer des mains de ce chef qu'en acquiesçant à ses demandes exorbitantes. Par toutes sortes de moyens Mourad Beg parvint à s'emparer d'une somme en espèces de la valeur de 23,000 roupies, avant que

Moorcroft eût obtenu de lui la permission de partir : il n'y aurait pas eu de malheur si tout s'était terminé là, mais la cupidité de ce chef avait été aiguillonnée. On dit aussi qu'il concevait quelque crainte des desseins de Moorcroft à cause des armes et de deux petites pièces de campagne qu'il menait avec lui afin de se défendre. La troupe fit ses préparatifs de départ de Khoundouz pour Boukhara; la veille du jour fixé, elle fut entourée par 400 cavaliers, et appelée de nouveau à Khoundouz. Il était maintenant évident que Mourad Beg était décidé à s'emparer de tout ce que Moorcroft possédait, et à faire mourir toute sa troupe. Ce dernier embrassa le seul parti qui pouvait le sauver ainsi que ses compagnons. Il se déguisa en habitant du pays, s'enfuit pendant la nuit, et après un voyage vraiment extraordinaire il atteignit Talighan, ville au delà de Khoundouz, et où vivait un saint homme qui passait pour exercer une grande influence sur la conscience de Mourad Beg. Il se jeta à ses pieds, prit le bas de sa robe, et implora sa protection. « Lève-toi, s'écria le santon, elle t'est » accordée : ne crains rien. » Ce brave homme dépêcha aussitôt un émissaire à Khoundouz pour sommer le chef de venir; il parut en personne avec sa réponse. Il n'aurait pas pu, au péril de sa tête, toucher même un des cheveux de Moorcroft; il obéit; et le saint homme refusa de recevoir la plus petite récompense de ce service. Après la fuite de Moorcroft, les Ouzbeks forcèrent Georges Trebeck, son compagnon de voyage et le reste de son monde, à se rendre à Khoundouz avec tout le bagage. Leurs inquiétudes ne cessèrent qu'à leur arrivée dans cette ville, où ils apprirent le succès de la démarche de Moorcroft, pour sa sûreté et celle de leurs personnes. Après ce désastre, Moorcroft continua son voyage dans le royaume de Boukhara; mais malheureusement il mourut à son retour, l'année suivante, à Andkhodi, à 80 milles de Balkh. Trebeck ne put poursuivre sa route au delà de Mazar, dans le voisinage de cette ville, parce que le chef de Khoundouz était décidé à massacrer sa troupe à son retour, et que le seul chemin sûr pour arriver à Caboul passait par Khouloum, où l'on avait essuyé déjà de si grandes difficultés. Il languit dans les environs de Balkh pendant quatre à cinq mois, et mourut de la fièvre qui le tourmenta tout ce temps-là. L'indo-Breton Guthrie avait déjà été enlevé par la même maladie, dont la plupart de leurs compagnons furent également victimes. Ainsi se termina cette malheureuse expédition au Turkestan.

Le 2 juin dans la soirée je partis pour Khoundouz qui est situé au-dessus de Khouloum dans la vallée de l'Oxus; l'officier de la douane, lequel était un Hindou, consentit à m'accompagner. Je ne commençais pas ce voyage sous des auspices favorables, car je venais de découvrir qu'un Hindou de Peichaver avait bénévolement instruit les autorités de beaucoup de particularités concernant notre condition et nos actions depuis que nous avions quitté l'Hindoustan; il avait d'ailleurs ajouté de nombreuses exagérations à son récit, car il nous représentait comme des gens opulens dont les lettres de change avaient même produit un effet sur le prix de l'argent. Quand nous fûmes hors de la ville, je trouvai que notre caravane consistait en une dizaine de marchands de thé de Badakchan et d'Yarkend, qui avaient vendu leur denrée et retournaient dans leur pays. Notre troupe particulière comprenait le nazir, le cafila bachi et moi; enfin Tchamandass, l'officier de la douane, qui n'avait personne à sa suite. Je reconnus que ce personnage avait une notion assez exacte de nos affaires; néanmoins je ne l'aidai pas à rectifier ce qu'il ne savait pas bien, et je me donnai hardiment pour un Arménien de l'Hindoustan. Le nom d'Anglais, qui nous avait fait passer sains et saufs par tous les autres endroits, était ici accompagné de dangers, puisqu'il donnait, non-seulement l'idée de grande richesse, mais faisait même croire que nous pouvions changer les métaux les moins précieux en or. Toutefois, j'avais également vu que l'Hindou Tchamandass était un brave homme; car la manière dont il avait visité notre bagage au caravansérai, à notre arrivée à Khouloum, avait laissé une impression favorable dans mon esprit, et il dit de lui-même au nazir : « Ce n'est pas ma faute » si vous êtes, vous et vos amis, menés à Khoundouz; » je ne suis qu'un officier de la douane, et mon de- » voir m'obligeait à donner avis de votre arrivée. Il fut évident pour moi qu'il était possible d'agir sur ses sentimens par la persuasion et par l'or, et j'induisis de sa présence parmi nous que l'argent pouvait être son dieu. Nous ne tardâmes à faire conversation ensemble. J'appris qu'il était natif de Moultan, et demeurait depuis long-temps dans le pays où je le rencontrais : je lui parlai beaucoup de l'Inde, de ses habitans et de ses usages ; je lui dis que j'avais été dans sa ville natale, et j'employai toute l'éloquence dont j'étais doué pour vanter ses compatriotes et tout ce qui tenait à sa patrie. D'après les sujets variés de notre conversation, il avait été difficile de découvrir que j'étais livré à des incertitudes inquiétantes. Je passai en revue tous les dieux du brahmanisme, autant que je pus me rappeler leurs noms, et je causai presque un délire de satisfaction à mon homme, qui depuis long-temps n'était accoutumé à entendre citer ces divinités qu'en termes du plus profond mépris. Je jugeai alors qu'il était temps de tirer parti de l'effet que j'avais produit, et comme notre entretien avait lieu dans la langue de l'Inde, elle n'était comprise de personne de notre compagnie. J'exposai nettement à Tchamandass notre condition malheureuse et désespérée en nous trouvant au pouvoir d'un homme tel que le chef de Khoundouz ; et je lui demandai si, d'après sa propre conviction, notre bagage ne témoignait pas de notre pauvreté. Je lui démontrai alors qu'habitant l'Hindoustan, je pourrais un jour lui être utile dans ce pays ; je finis par lui offrir une récompense en argent, et je le conjurai par tous les dieux de son Panthéon, de nous aider dans nos embarras.

A une douzaine de lieues de Khouloum, nous

fîmes halte au village d'Angarak pour donner à manger à nos chevaux. Alors il me vint dans l'idée que l'occasion de s'échapper était réellement favorable. Il n'y avait ni garde ni escorte qui nous accompagnât; l'officier de la douane était loin de Khouloum et dépourvu des moyens de donner l'alarme, tandis qu'avec une célérité ordinaire nous pourrions franchir la frontière des états de Mourad Beg et même arriver à Balkh avant le matin. Mais ce plan, quoique praticable, ne pouvait évidemment être exécuté, puisque le docteur Gérard serait resté à Khouloum, où sa santé courait de plus grands risques que jamais; tout ce que je pouvais regretter, c'est que l'idée de ce projet ne se fût pas présentée plus tôt. Cependant le ton de l'Hindou m'avait jusqu'à un certain point réconcilié avec ma position, et quand nous fûmes remis en route nous reprîmes notre conversation. Je fus convaincu, avant le lever du soleil, que si des motifs honorables n'avaient pas touché le cœur de cet homme, du moins les métaux précieux avaient produit cet effet, et je crus presque que nous triompherions de nos malheurs. Toutefois, un nouvel incident survint.

Jusqu'à peu près une heure avant l'aurore nous parcourûmes une route affreuse à travers deux défilés bas, et entre deux coteaux, sans voir un seul arbre, et sans apercevoir une goutte d'eau fraîche dans un espace de 45 milles. Dans ce désert horrible notre attention fut éveillée par des mèches qui étaient allumées devant nous, qui paraissaient couper notre chemin, et qui, nous dûmes le conclure, annonçaient des voleurs, puisque ce pays est infesté de brigands. Un de nos marchands de thé s'occupa aussitôt de déchirer des chiffons, les frotta avec de la poudre à tirer, et les alluma, afin de montrer que nous étions en force. A en juger par le nombre des lumières qui brillaient du côté opposé, la troupe inconnue devait faire la même démonstration, ce qui aurait été fort amusant si nous n'avions pas conclu que ces lumières étaient autant de mousquets véritables. N'en ayant qu'un seul et une demi-douzaine de sabres, nous n'aurions pu faire qu'une triste résistance; mais le talent de commander peut se déployer avec peu de monde aussi bien qu'avec un bataillon nombreux, et notre marchand de thé, qui semblait être habitué à des scènes de ce genre, nous invita à mettre pied à terre et à attaquer. Je ne veux pas cacher les sentimens que j'éprouvai en ce moment, c'étaient ceux de la contrariété et de la colère de cette suite d'accidens fâcheux. A la fin les deux troupes s'étant approchées l'une de l'autre à la portée de la voix, un jeune homme hardi de la nôtre s'adressa aux inconnus en persan : mais un vieillard lui imposa brusquement silence, et leur parla en turc. Le persan étant la langue des commerçans, nous aurait tout de suite fait connaître, et il était convenable que du moins nous parussions être des soldats. Les inconnus ne répondirent pas, mais tournèrent vers Khouloum, et nous, nous continuâmes notre route vers Khoundouz, mutuellement joyeux, je le suppose, d'être débarrassés les uns des autres.

Nous apprîmes dans cette ville que avions voulu nous mesurer contre de paisibles marchands qui devaient avoir été aussi contens que nous d'échapper au danger. Vers onze heures du matin nous parvînmes aux premiers champs cultivés, et nous fîmes halte à une douzaine de milles de Khoundouz, dans un verger d'abricotiers, où nous jouîmes de quelques heures de sommeil après une nuit passée à voyager. Je me trouvai près d'une haie de chèvrefeuilles, arbrisseau qui me causa un plaisir infini, et que je n'avais pas rencontré auparavant dans l'Orient. A la nuit tombante nous entrâmes dans Khoundouz, après un voyage de plus de 70 milles.

A notre arrivée, nous fûmes reçus dans la maison d'Atmaran, ministre ou divan beghi de Mourad Beg, et nous l'attendîmes à sa porte jusqu'à ce qu'il sortît. Je me souviendrai long-temps du regard silentieux qu'Atmaran et le nazir se lancèrent mutuellement. Notre accueil dut nous faire tirer un présage favorable; car le ministre nous conduisit dans sa maison des hôtes, et on nous apporta de beaux lits; mais il ne dit rien du sujet qui nous intéressait le plus, et nous fûmes laissés à réfléchir à nos propres affaires. J'avais maintenant à jouer le rôle d'un voyageur très-pauvre; et comme il convenait que je me comportasse d'une manière conforme à cette condition, je pris un air humble, je m'assis dans un coin, je mangeai avec les domestiques, et je traitai le nazir, mon maître, avec un grand respect; enfin je montrai dans toutes les occasions autant de soumission qu'il fut possible. Cependant la prudence commandait que dans le cas où nous serions interrogés nous racontassions tous la même histoire, et dans un moment de tranquillité, avant de nous coucher, je donnai les détails suivans sur mon état: Je suis un Arménien, né à Laknau ; mon nom est Sikander Alaverdi ; ma profession, celle d'horloger. Quand je suis venu à Caboul, j'y ai entendu parler de personnes de ma parenté qui demeurent à Boukhara. C'est ce qui m'a décidé à entreprendre le voyage de cette ville ; et j'ai été d'autant plus encouragé à suivre ce projet que je pouvais compter sur la protection du nazir, étant en quelque sorte attaché au service de son frère à Caboul. Nous laissâmes de côté l'idée de dire que je devais accompagner le nazir en Russie, parce qu'il pourrait s'ensuivre des recherches désagréables. Je devais exposer ensuite que M. Gérard était un de mes parens, et qu'il était resté malade à Khouloum ; j'arrangeai ainsi, en peu de temps, tout ce que mon esprit put inventer pour me tirer d'embarras. Tous mes compagnons convinrent qu'il serait bien plus prudent de prendre le nom d'un Arménien que celui d'un Européen, que je devais écarter entièrement ; néanmoins le cafila bachi demanda jusqu'à quel point il serait à propos de débiter de ces gros mensonges qui avaient excité sa gaieté. Je lui répliquai par ces paroles de Sadi :

« Un mensonge qui conserve la paix vaut mieux
» qu'une vérité qui suscite des troubles ».

Il secoua la tête en signe d'approbation de la sagesse de cette moralité, et je le trouvai ensuite le plus hardi de la troupe à appuyer mon récit et toutes ses circonstances. On tomba d'accord que nous devions d'abord faire ce conte à l'officier de la douane, puis l'adopter en entier; et le nazir promit que dans le courant de la journée du lendemain il le révèlerait au ministre.

Le 4 de juin se passa sans que nos affaires s'ajustassent du tout, et le nazir montra maintenant une imbécillité et une faiblesse d'esprit qui n'étaient pas supportables. Dans un moment il redisait d'un ton lamentable et larmoyant, aux gens qui nous rendaient visite, les détails de nos malheurs; dans un autre instant il se tenait debout avec l'air fier et présomptueux d'un homme de conséquence. L'après-midi il se retira dans un jardin, puis en sortit suivi d'un train nombreux, comme s'il eût été un grand personnage au lieu d'un prisonnier; il n'était pas même, dans la journée, allé chez le ministre, et le soir nos affaires n'étaient pas plus avancées que le matin. Aussitôt qu'il fit sombre, je saisis l'occasion de lui représenter l'extrême impropriété de sa conduite, ce qui me valut une bonne part de son indignation. Je lui dis que son affliction et sa fierté étaient également intempestives et impolitiques; que chaque heure ajoutait au danger de notre position, et que s'il agissait convenablement, il irait immédiatement solliciter une entrevue avec le ministre, et tâcherait de le convaincre ou de le

tromper. « Tu es dans la maison d'un brahmaniste,
» ajoutai-je, et tu peux obtenir tout de lui en lui
» disant qu'il répond de ta vie, et restant sans
» manger jusqu'à ce que ta demande te soit accordée.
» Ta conduite est entièrement opposée; car il paraît
» que tu préfères de te montrer en grand apparat
» dans son jardin, et de manger de bon appétit les
» mets excellens qu'il nous envoie. » Mon air sérieux en lui parlant produisit un bon effet; il dépêcha un messager au ministre pour lui dire que s'il était l'ami de sa famille il ne le retiendrait pas de cette manière, parce qu'il n'était pas venu comme un chien pour manger son pain, mais comme une connaissance pour demander une faveur. Je me réjouis de la résolution qu'il montrait maintenant, et de mon coin de l'appartement j'exprimai hautement ma satisfaction, mais le nazir m'invita à me conduire avec une grande discrétion, et à rester plus tranquille. Je méritais la réprimande, et je fus content d'ajuster ainsi les choses entre nous. Le ministre ayant reçu le message, fit appeler le nazir; et il s'ensuivit une longue explication sur nos affaires, qui, autant que je pus l'apprendre, l'avaient laissé embarrassé sur leur réalité. Toutefois il parut que nous pouvions compter sur ses bons offices; car il fut convenu que nous partirions le lendemain matin pour la maison de campagne du chef, où nous le verrions. Le nazir étant un homme de conséquence, fut averti de ne pas paraître les mains vides; et le ministre, avec beaucoup d'obligeance, lui rendit un châle qu'il avait

reçu de lui à son arrivée, et lui dit de le donner avec un autre à Mourad Beg.

Pendant la journée, j'avais vu un assez grand nombre d'habitans de Khoundouz, car il vint beaucoup de visites; et bien que la plupart fissent leur cour au grand personnage, quelques-uns s'avancèrent jusqu'à moi dans mon coin. Dans ce pays, rien ne se fait sans boire du thé, que l'on sert à la ronde, en tout temps et à toute heure, ce qui fait prendre un caractère social à la conversation qui est très-agréable. Les Ouzbeks boivent le thé avec du sel au lieu de sucre, et quelquefois le mêlent avec de la graisse; alors il est nommé *keimak châh*. Après que chaque personne en a bu une ou deux grandes tasses, on en fait passer à la ronde une plus petite, préparée à la manière ordinaire, sans lait. Les feuilles restées dans la théière sont alors partagées entre les personnes présentes, et on les mâche comme du tabac.

Plusieurs des étrangers montrèrent de l'intérêt pour les affaires de Caboul; quelques-uns parlèrent de Rendjit Sing, et d'autres, en petit nombre, des Anglais dans l'Inde. La plupart de ces gens étaient des marchands qui font le commerce entre Khoundouz et la Chine. Ils s'étendirent sur leurs relations avec le singulier peuple de cette contrée, et vantèrent l'équité et la justice qui caractérisaient ses affaires commerciales. Ces marchands étaient des Tadjiks natifs du Badakchan, pays sur la frontière duquel nous étions maintenant. Ces gens racontèrent diverses particularités sur les prétendus descendans d'Alexandre le Grand, lesquels, dit-on, existent encore dans les environs, dans la vallée de l'Oxus, et dans les pays voisins du haut Indus. Ce sujet avait beaucoup occupé mon attention, et un marchand de thé de notre petite caravane m'avait amusé sur la route de Khouloum à Khoundouz, avec les détails relatifs à la lignée de ces Macédoniens. Il était prêtre, et regardait Alexandre le Grand comme un prophète, ce qui, dans son opinion, expliquait d'une manière satisfaisante la génération continue des Grecs, puisque nulle créature humaine ne pouvait nuire à une race si sainte.

Le 5, de grand matin, nous partîmes pour la résidence de Mourad Beg. Nous le trouvâmes dans le village de Khana abad, éloigné d'une quinzaine de milles de Khoundouz, et situé sur le bord des coteaux qui s'élèvent au-dessus des marécages. Il est animé par un ruisseau qui coule avec rapidité devant un fort ombragé d'arbres d'une verdure magnifique. L'ayant traversé sur un pont, nous arrivâmes à la porte d'une petite habitation bien fortifiée ; c'était là que le chef tenait sa cour. A peu près cinq cents chevaux sellés étaient près de la porte : les cavaliers allaient et venaient en grand nombre. Tous étaient bottés, et, en guise de sabre, avaient des coutelas fichés dans leur ceinture, et dont quelques uns étaient richement montés en or. Nous nous assîmes le long du mur, et nous eûmes le loisir d'examiner la scène qui se présentait à nous, l'air martial et la tenue de ces belliqueux Ouzbeks. Aucun des chefs n'avait plus d'un seul homme attaché à son service, et tout annonçait une grande simplicité.

Un Hindou appartenant au ministre entra pour annoncer notre arrivée; et, sur ces entrefaites, je répétai mon histoire et je mis des bottes, tant pour être chaussé comme tout le monde, que pour cacher mes coudes-pieds, qui étaient d'une blancheur désespérante. Mon visage, hâlé depuis long-temps par le soleil, avait pris la teinte de celui des Asiatiques, et de ce côté-là je ne craignais pas d'être découvert. L'officier de la douane me soutenait, et j'avais eu soin de bien l'instruire de toutes les particularités rapportées plus haut. Après une heure d'attente, nous fûmes appelés, et, ayant passé la première porte, nous nous trouvâmes dans une cour où étaient les domestiques et les chevaux du chef. Six à huit yessaouls ou huissiers annoncèrent notre approche, à mesure que nous entrâmes dans le bâtiment intérieur. Le nazir marchait en avant : il s'avança vers le chef, lui baisa la main et lui offrit ses châles. L'officier de la douane vint ensuite avec deux pains de sucre blanc de Russie, qu'il présenta en don. Conformément à mon humble condition, je m'approchai le dernier pour rendre mes devoirs; et prononçant à haute voix le *salam aleïkom*, puis plaçant mes mains entre celles du chef, je les lui baisai suivant l'usage, et je m'écriai : *taksir*, manière usitée d'exprimer l'infériorité. Mourad Beg fit un grognement d'approbation, et, se roulant d'un côté, il dit : « Eh, » eh, il entend le *salam!* » L'yessaoul donna alors un signal pour que je me retirasse, et je me tins à la porte, les mains croisées, parmi les moindres domestiques.

Mourad Beg était assis sur une peau de tigre, et étendait ses jambes couvertes de grandes bottes, en dépit de toutes les règles de l'étiquette orientale. Il se tenait à la porte, parce que, par un usage opposé à celui de toutes les cours d'Asie, c'est là que cet Ouzbek se place, et les personnes qui viennent lui faire visite passent dans l'intérieur de l'appartement. Mourad Beg est un homme de grande taille, et a les traits fort durs, les yeux si petits qu'ils en sont laids, le front large et froncé; il n'avait pas de barbe, cet ornement du visage de la plupart des nations de l'Orient. Il entama la conversation avec le nazir, et lui adressa diverses questions sur Caboul, puis sur ses propres affaires, et il fut alors question de notre pauvreté et de notre condition. Ensuite vint le tour de l'officier de la douane. « Ton esclave, dit-il au chef, a visité le » bagage des deux Arméniens, et a reconnu qu'ils » étaient des voyageurs pauvres. Chacun dit que ce » sont des Firinghis; et j'aurais encouru ton déplaisir, » si je les avais laissé partir; j'ai donc amené l'un » d'eux pour prendre tes ordres. » Le moment était critique; le chef me regarda et dit en turc : « Es-tu » sûr que c'est un Arménien? » Une seconde assertion le convainquit, et il ordonna qu'on nous délivrât un sauf-conduit pour passer la frontière. J'étais tout près, et je vis son secrétaire préparer et sceller le papier ; je crois que je l'aurais embrassé quand il dit que c'était fini.

Maintenant il était nécessaire de se retirer avec circonspection, et de témoigner le moins possible la joie que nous ressentions. Mourad Beg ne m'avait pas jugé digne même d'une question, et mes vêtemens usés et déchirés ne pouvaient lui fournir aucun indice sur ma condition. Cependant ses capitaines et les personnes de sa suite m'adressèrent plusieurs questions, et son fils, jeune homme portant le nom d'Atalik, d'assez fâcheux augure, m'envoya chercher pour connaître les principes religieux des Arméniens ; il me demanda s'ils récitaient des prières, s'ils croyaient à Mahomet, et s'ils voudraient manger avec les fidèles. Je lui répondis que nous étions *un peuple du livre*, et que nous avions nos prophètes ; mais quant à notre croyance à Mahomet, je dis que le nouveau Testament avait été écrit avant que ce personnage, sur qui soit la paix, eût paru sur la terre. Alors le jeune homme se tournant les brahmanistes leur dit : « Eh bien, ce pauvre homme vaut mieux que vous ». Alors je racontai mon histoire au prince avec plus de confiance, et je lui baisai la main pour l'honneur qu'il m'avait fait en m'écoutant.

Nous ne tardâmes pas à sortir des fortifications et à passer le pont ; mais la chaleur du soleil était accablante, et nous nous arrêtâmes à un jardin pour y passer quelques heures. Les brahmanistes nous envoyèrent des vivres ; continuant à jouer le rôle d'un pauvre homme, j'eus une portion du pilau du nazir que celui-ci m'envoya, et je la mangeai de bon appétit. L'après-midi nous revînmes à Khoundouz; l'officier de la douane me dit en chemin que les Ouzbeks étaient de méchantes gens, et ne méritaient pas qu'on leur dît la vérité. « C'est pourquoi, ajouta-t-il, partout où tu te trouveras maintenant tu es en sûreté. » J'éprouvai une joie bien sincère de cette heureuse issue de notre voyage à Khoundouz, car si Mourad Beg eût eu en un seul instant le soupçon de notre condition réelle, il nous eût pris tout notre argent, nous eût fait essuyer de grandes vexations, et peut-être nous eût tenus enfermés plusieurs mois dans sa capitale dont le climat est si insalubre. Il eût fallu, à tout événement, abandonner l'espoir de continuer notre voyage; et notre feinte pauvreté nous eût bientôt été inutile; puisqu'il ne manquait pas de gens qui avaient deviné la vérité pour ce qui nous concernait. Toute cette affaire montre de la part des Ouzbeks une si grande simplicité, qu'elle est à peine croyable, mais il n'y a pas de peuple plus ingénu. Le vieux cafila bachi, quoique ce fût un musulman grave, réservé, à barbe grise, fut pris pour le docteur Gérard, mon compagnon de voyage; et toute la cour de Mourad Beg ignora complétement ce que plusieurs des brahmanistes savaient aussi bien que nous, c'est-à-dire que nous étions Européens.

A Khoundouz, nous reprîmes notre logement chez le ministre. Cette ville est située dans une vallée entourée de montagnes de toutes parts, excepté au nord, où le pays s'ouvre vers l'Oxus qui en est éloigné d'une quarantaine de milles. Khoundouz est arrosé par deux rivières qui ensuite se réunissent au nord. Le climat est si insalubre qu'on dit proverbialement : « Si tu as » envie de mourir, vas à Khoundouz. » La plus grande partie de la vallée est si marécageuse, que les chaussées sont posées sur des piles de bois et traversent les roseaux. Cependant on cultive le froment et l'orge, ainsi que le riz dans les portions qui ne sont pas complétement inondées. On dit que la chaleur y est insupportable; néanmoins la neige y couvre la terre pendant trois mois. Jadis Khoundouz fut une ville considérable; mais sa population actuelle est au plus de 1,500 âmes; quiconque peut aller vivre ailleurs, n'y demeure pas, quoique ce soit le marché du voisinage. Le chef n'y vient qu'en hiver. Il y a un château qui est entouré d'un fossé et la place est assez forte; les murailles sont en briques séchées au soleil; l'excès de la chaleur les fait tomber en poussière, et on est obligé de les réparer continuellement.

Les grandes montagnes de l'Hindou Kouch, couvertes de neige, sont au sud et en vue de Khoundouz; les monts plus rapprochés sont des faîtes bas, tapissés d'herbes et de fleurs, mais dépourvus d'arbres et même de broussailles. En remontant un peu dans la vallée, le climat devient bien plus salubre, et les habitans parlent avec ravissement des bocages, des ruisseaux, des fruits et des fleurs du Badakchan.

Mohammed Mourad Beg, souverain de Khoundouz, est un Ouzbek de la tribu de Katghan; ce n'est que récemment qu'il est parvenu au pouvoir.

Maintenant il s'agrandit de toutes parts, et possède toute la vallée de l'Oxus; il y a peu de temps qu'il exerçait la souveraineté sur Balkh. Ses monnaies sont encore frappées avec la dénomination commune de cette capitale, qui est appelée *la Mère des Cités.* Mourad Beg est complétement indépendant et règne maintenant sur tous les pays situés immédiatement au nord de l'Hindou Kouch.

Nous ne pouvions sortir de Khoundouz sans l'approbation formelle du ministre; et nous attendîmes son bon plaisir jusqu'à trois heures après midi. Alors il envoya un *khellat* ou habit d'honneur au nazir; une tunique et d'autres objets de vêtement au cafila bachi et à moi, parce que nous ne pouvions, à ce qu'il paraît, quitter la maison des hôtes d'un si grand personnage sans recevoir quelques marques de sa bonté. Cependant je découvris que le nazir, maintenant qu'il s'était remis de sa peur, avait résolu de profiter autant qu'il pourrait de la générosité du ministre, et entamé une négociation, par l'intermédiaire de l'un de ses domestiques, pour obtenir le présent le plus considérable qu'il pourrait. Je fus effrayé d'une telle conduite, parce qu'elle pouvait nous envelopper dans de nouvelles difficultés; mais cet homme abject réussit; et nous fûmes, ainsi que je viens de le dire, tous revêtus d'habits d'honneur. De plus, il eut un cheval. Il est nécessaire de dire que le ministre, qui avait le projet de faire un voyage à Caboul, comptait sur les bons offices de la famille du nazir. Quant à moi, qui n'étais que spectateur des événemens, je me divertissais à observer les traits de caractère qu'ils mettaient en évidence.

Nous étant vêtus de nos nouvelles robes, nous montâmes à cheval à trois heures après midi, et nous allâmes d'une seule traite jusqu'à Khouloum, où nous étions le lendemain matin, excédés de fatigue d'être restés en selle vingt heures de suite. Il est assez singulier que je voyageai sur l'animal que m'avait donné le frère du chef de Peichaver, et que, si on ne l'a pas oublié, il m'avait forcé d'accepter, parce qu'il pourrait m'être utile pour me tirer d'embarras chez les Ouzbeks : un cheval de la même race avait autrefois servi à Moorcroft pour s'échapper à Talighan. Quelle singulière coïncidence, et quelle singularité encore plus grande que celle de ce don !

J'éprouvai une satisfaction bien réelle en me retrouvant avec M. Gérard et tous nos compagnons, et en voyant la joie générale causée par mon retour. Après leur avoir raconté en détail mes aventures à Khoundouz, je voulus dormir, la fatigue m'en empêcha. J'ai éprouvé qu'au delà d'un certain degré de lassitude, on ne peut plus goûter le sommeil, il ne revient pour rafraîchir et ranimer le système vital qu'après que le corps a été bien frotté et reposé, et l'estomac rétabli par le thé, qui est la boisson la plus salutaire pour le voyageur harassé. Chez les Ouzbeks nous ne vivions fréquemment que de thé.

Khouloum est une ville bien plus agréable que Khoundouz; elle a beaucoup de beaux jardins et de fruits excellens. Les abricots, les cerises, les mûres, y étaient déjà parvenus à leur maturité. Cependant, comme il n'était pas prudent de courir de nouveaux risques et que nous avions devant nous l'exemple de l'infortuné Moorcroft, nous nous préparâmes à partir le lendemain matin. Nous montrâmes donc l'ordre de Mourad Beg au valli ou gouverneur, et il nous promit l'escorte prescrite pour nous accompagner. Pendant la nuit, je transférai une partie de mon or à l'officier de la douane pour ses services éminens; et, afin d'éviter d'être découvert, je le lui remis par l'intermédiaire du nazir ; mais on peut concevoir mon étonnement, quand je m'aperçus le matin que sur vingt pièces d'or il en avait retenu quinze, et n'en avait donné que cinq à l'Hindou. Ce n'était pas le moment d'une explication; après avoir constaté l'exactitude du fait, je payai une seconde fois, et je partis de Khouloum en compagnie de notre avaricieux ami le nazir. Ce dévot personnage nous fit arrêter en chemin, afin de lui laisser le temps de lire un chapitre du Coran, livre qu'il portait toujours dans ses voyages; il le tenait dans un sac suspendu au pommeau de sa selle, et l'en tirait à des heures fixes. M. Gérard et moi nous prîmes les devants, laissant notre monde avec la caravane qui marchait plus lentement, et le 8, après midi, nous arrivâmes à Mazar, après avoir parcouru 30 milles depuis Khouloum.

Le pays entre ces deux villes est d'une stérilité affreuse. La route traverse le défilé d'Abdou, qui est peu élevé, et le repaire de tous les voleurs du pays, puisque tous les chefs du voisinage y exercent le brigandage. Notre escorte d'Ouzbeks alla reconnaître le défilé, d'où l'on aperçoit Mazar, qui en est éloigné d'une quinzaine de milles; ensuite elle nous laissa avancer seuls. Ces hommes parlaient du butin qu'ils avaient pris peu de jours avant, et je ne puis pas dire que je regrettai leur départ. Des ruines d'aquéducs et de maisons annoncent que ce pays fut jadis peuplé; maintenant il est dépourvu d'eau, et par conséquent d'habitans. Nous vîmes à notre droite un mirage magnifique; c'était une ligne tortueuse de vapeur, aussi grande que l'Oxus, et qui offrait l'apparence de ce fleuve. Elle semblait se moquer de nos langues desséchées, car nous avions épuisé, long-temps avant d'arriver au village, le contenu des bouteilles de cuir que nous portions toujours avec nous.

Mazar renferme à peu près 500 maisons, peut lever un millier de cavaliers, et est indépendant de de Balkh et de Khoundouz : il appartient à un prêtre ou moutaoualli, qui exerce ses fonctions dans une mosquée de grande sainteté, et dédiée à Ali. Mazar signifie un tombeau : celui de ce lieu consiste en deux hautes coupoles, bâties, il y a trois cents ans, par Ali Mirza, sultan de Hérat. Je visitai la mosquée, j'en fis le tour, et je donnai mon offrande comme pèlerin. Si je ne pouvais ajouter foi aux légendes de ce prétendu sanctuaire, et me joindre au peuple dans ses dévotions, je pouvais du moins présenter mes actions de grâce pour notre délivrance récente. L'assemblée, à la prière du soir, était nombreuse; les prêtres assis à la porte partageaient le produit de la journée, pièce par pièce, entre certaines familles qui y ont droit par héritage. Un prêtre vint à moi et me demanda pourquoi je ne priais pas avec les autres. Je lui répondis que je n'étais pas musulman : cependant on ne s'opposa pas à ce que j'entrasse dans le temple, bien que je n'eusse pas dû risquer l'épreuve. Cette mosquée n'offrait rien de curieux, ni qui différât des autres édifices semblables; le soir, elle est éclairée par des lustres de cuivre.

C'est à Mazar que mourut Trebeck, le dernier des infortunés compagnons de Moorcroft. Un pèlerin qui voyageait avec nous l'avait assisté à ses derniers momens; il nous conduisit à l'endroit où il est enterré : c'est un petit tombeau, à l'ouest de la ville, sous un mûrier qui en ce moment le jonchait de ses fruits. Ce jeune homme a laissé un excellent souvenir de ses bonnes qualités dans tout le pays où nous avons passé; et je ne pus que compatir à son malheureux sort. Après avoir rendu les derniers devoirs aux deux Européens avec lesquels il voyageait, il succomba au bout de quatre mois de souffrances, dans une ville étrangère et lointaine, sans un ami, sans secours, sans consolation. Tout ce qu'il possédait fut ou soustrait par un prêtre qui faisait partie de la troupe, ou confisqué par les saints personnages du temple, lesquels le retiennent encore. Ce bien consistait en chevaux de prix, équipage de campement, argent, et un petit nombre de livres imprimés. Tous les manuscrits de Moorcroft ont été heureusement recouvrés ; et par justice pour un homme recommandable qui dévoua sa vie à sa passion pour les voyages, ces papiers auraient dû être imprimés depuis long-temps. Son argent ne tomba pas dans les mains des habitans de Mazar : on peut découvrir où il est, mais je ne puis pas dire le retrouver.

Le 9 juin, au soir, nous entrâmes dans l'ancienne ville de Balkh, qui fait partie des états du roi de Boukhara; il fallut marcher pendant près de trois milles, au milieu de ses vastes ruines, avant d'arriver à un caravanseraï, dans la portion habitée de cette mère des villes (*amo oul Belad*), jadis si forte. En chemin, nous fûmes arrêtés par deux Turcomans, officiers de police, qui nous visitèrent, afin de voir si nous avions de l'argent pour le taxer. Je leur dis que nous avions chacun vingt tillas d'or [1]. Il nous en demandèrent un sur vingt, conformément à leur loi, parce que nous n'étions pas musulmans. Nous payâmes et prîmes une quittance scellée; cependant ces gens revinrent le soir et demandèrent davantage, puisque, d'après notre aveu, nous étions Européens, et non sujets d'un prince musulman. Ayant reconnu que leur prétention était légitime, j'acquittai la somme; mais j'avais une provision d'or plus considérable que celle que je portais sur moi.

[1] Un tilla vaut dix-huit francs.

Ces hommes ne nous moléstèrent pas; notre bagage et nos livres furent librement soumis aux regards et à l'étonnement de la police; nous aurions dû en conséquence les cacher si nous l'avions pu.

Un des sentimens les plus satisfaisans que nous éprouvâmes en entrant à Balkh fut l'assurance d'être à l'abri des atteintes de notre ennemi de Khoundouz, et je puis ajouter maintenant des mauvais tours du nazir, notre conducteur; car il s'était récemment conduit d'une manière si indigne, que nous étions décidés à ne plus avoir la moindre confiance en lui. Comme nous étions présentement sur le territoire d'un roi, nous pouvions dire notre façon de penser au nazir, quoiqu'il eût peut-être été plus prudent de la garder pour nous. Si l'expérience avait prouvé que nous ne pouvions plus nous fier à cet homme, le cafila bachi avait au contraire complétement gagné nos bonnes grâces par sa conduite sensée et sa fidélité. Il blâma la bassesse du nazir, et s'en montra encore plus choqué que nous. Haïat était doué d'une grande pénétration. Je n'éprouvai pas une petite surprise, lorsque causant avec lui, quand nous approchâmes de Balkh, sur les motifs qui nous avaient fait entreprendre un si long voyage, je lui dis que c'était parce que Boukhara se trouvait sur le chemin de l'Europe; mais il me répondit que les Firinghis cherchaient à obtenir des renseignemens sur tous les pays, et que la mort prématurée de Moorcroft ayant empêché qu'on n'acquît des notions exactes sur le Turkestan, nous avions été probablement envoyés pour nous les procurer d'une façon modeste, parce qu'une grande partie des malheurs qui avaient accablé cet infortuné pouvait être attribuée à la manière dont il voyageait. Je souris à cette marque de perspicacité; je m'écriai d'un ton ironique : *Boukilla* (bravo), et je louai Haïat de sa sagacité. Mais nous étions devenus bons amis; et bien loin d'avoir rien à craindre de lui, nous avions beaucoup à espérer de ses bons offices.

CHAPITRE VIII.

BALKH ET CONTINUATION DU VOYAGE A BOUKHARA.

Description de Balkh. — Monnaies trouvées dans cette ville. — Le cafila bachi. — Tombeau de Moorcroft. — Départ de Balkh. — L'ancienne Bactriane. — Exactitude de Quinte-Curce. — Désert des Turcomans. — l'Oxus. — Singulière manière de le traverser. — La caravane. — Kir. — Koudak. — Kirkindjak. — Karchey. — Maladies dans la caravane. — Karsan. — Ouzbeks. — Arrivée à Boukhara.

Nous restâmes trois jours à Balkh, afin d'examiner les restes de cette cité jadis superbe. Ses ruines embrassent un circuit de 20 milles, et ne présentent aucun vestige de magnificence; elles consistent en mosquées écroulées et tombeaux délabrés; ces édifices avaient été construits en briques séchées au soleil; aucun n'est antérieur au temps de Mahomet, quoique Balkh se vante d'une antiquité qui remonte plus haut que celle de la plupart des autres villes de la terre. Les Asiatiques, ainsi que je l'ai déjà dit, la nomment la mère des cités, et disent qu'elle a été bâtie par Kaïamour, fondateur de la monarchie perse. Après la conquête d'Alexandre le Grand, elle fut florissante sous le nom de *Bactra*, et comme capitale des états d'une dynastie de rois grecs. Dans le troisième siècle de l'ère chrétienne, l'autorité d'Artaxerces fut solennellement reconnue dans une grande assemblée qui se tint à Balkh en Khoraçan[1]. Elle continua à rester soumise à l'empire perse, et à être la résidence de l'archimage, jusqu'à l'époque où les sectateurs de Zoroastre furent renversés par les incursions des califes. Ses habitans furent massacrés de sang-froid par Djinghiskhan; sous la maison de Timour elle appartint à l'empire mogol. Sa province forma le gouvernement d'Aureng Zeb dans sa jeunesse; enfin elle fut envahie par le grand Nadir. A la fondation de la monarchie douranie, après la mort de ce conquérant, elle tomba au pouvoir des Afghans; et depuis huit ans elle a été envahie par le roi de Boukhara, qui la fait gouverner par un de ses lieutenans.

La population actuelle de Balkh, qui n'excède pas 2,000 âmes, se compose principalement d'Afghans, ensuite de Kara noukar, espèce de milice que les rois douranis y établirent; il y a aussi quelques Arabes. Le chef de Khoundouz lui a enlevé une grande partie de ses habitans, et la menace continuellement, aussi se sont-ils enfuis dans les villages voisins. Elle paraît avoir renfermé des jardins innombrables dans sa vaste enceinte, ce qui accroissait son étendue sans augmenter le nombre des hommes. Si j'en dois juger

[1] Gibbon, ch. VIII.

par les frêles matériaux qui sont entrés dans la construction de ses bâtimens, et dont les fondemens ne sont qu'en briques, je doute que Balkh ait jamais été une ville solidement bâtie. Il y a trois collèges d'une belle structure ; ils dépérissent, et leurs chambres sont vides. Un mur de terre entoure une partie de la ville ; mais il doit être moderne, car sur une longueur de plus de 2 milles il laisse les ruines en dehors. *L'ark* ou la citadelle, qui est au nord, est d'une construction plus solide que le reste ; mais elle n'a nulle force. On y voit une pierre de marbre blanc qu'on montre encore comme ayant été le trône de Kaï Khous ou Cyrus.

Balkh est dans une plaine, à 6 milles des montagnes, et non sur leur sommet, comme on l'a dit à tort. Les campagnes qui l'environnent offrent beaucoup d'inégalités, dues peut-être à des ruines et à des décombres. Cette cité, de même que Babylone, est devenue une véritable mine de briques pour le pays voisin, elles sont de forme oblongue, se rapprochant du carré. La plupart des anciens jardins sont maintenant négligés et remplis de mauvaises herbes ; les aquéducs sont à sec ; mais de toutes parts s'élèvent des bouquets d'arbres. Les peuples ont un grand respect pour Balkh, croyant que c'est un des points de la terre qui ont été peuplés les premiers, et que sa régénération sera un des symptômes de l'approche de la fin du monde. Les fruits de Kalkh sont extrêmement sucrés, notamment les abricots, qui sont presque aussi gros que des pommes ; ils n'ont presque pas de valeur, puisqu'on en achetait 2,000 pour une roupie; avec de l'eau glacée c'est un mets exquis, quoique dangereux. La neige est apportée en grande quantité des montagnes éloignées d'une vingtaine de lieues au sud de Balkh; pendant toute l'année elle se vend pour une bagatelle.

Le climat de Balkh, bien que très-insalubre, n'est pas désagréable. Au mois de juin, le thermomètre ne s'éleva pas au delà de 80° (21° 31'); juillet est le mois le plus chaud; c'est alors que le froment mûrit; ainsi la moisson s'y fait cinquante jours plus tard qu'à Peichaver. L'insalubrité de Balkh est attribuée à l'eau, qui est tellement mêlée de terre et d'argile, qu'elle ressemble à celle d'un bourbier après la pluie. Le terrain est de couleur grisâtre, semblable à de la terre de pipe, et très-gras; humecté il est gluant. Les récoltes sont bonnes, la paille du froment est aussi haute qu'en Europe, et non pas courte comme dans l'Inde. L'eau a été distribuée avec beaucoup de travail dans Balkh, par des aqueducs dérivés d'une rivière. On dit qu'il n'y en a pas moins de dix-huit; mais il est impossible aujourd'hui de les reconnaître tous. Ils débordent fréquemment, et laissent des marais que les rayons du soleil ne tardent pas à dessécher. Sans doute c'est à cela qu'il faut attribuer les maladies de ce lieu. Toutes les villes et ruines antiques sont peut-être plus ou moins insalubres. Il n'est cependant pas probable que tant de rois et de princes eussent voulu protéger une ville dont la position eût été constamment contraire à la santé de l'homme; en effet, Balkh n'est pas dans un canton naturellement marécageux, puisqu'elle se trouve sur un terrain qui s'abaisse en pente douce vers l'Oxus, à peu près à 1,800 pieds au-dessus du niveau de la mer; l'eau de sa rivière se perd long-temps avant d'arriver à ce fleuve.

A Balkh je ne négligeai rien pour me procurer des médailles anciennes qui ne pouvaient qu'être précieuses dans ce pays si classique. On m'en apporta plusieurs en bronze et semblables à celles que j'avais trouvées à Manikiala en Pendjab; elles représentaient une figure humaine dans toute sa longueur, tenant de la main droite un encensoir ou un vase, et coiffée d'un grand bonnet; ce qui, je crois, décide qu'elles sont toutes persanes. On sait que l'Inde formait une des satrapies de Darius, et les auteurs nous parlent de liaisons qui existèrent, aux temps anciens, entre les deux pays, et qui peut-être éclairciront l'histoire de ces médailles. L'exécution en est grossière; et, comme elles diffèrent les unes des autres, il paraîtrait qu'elles furent plutôt de simples médailles que des pièces de monnaie. J'en donne des gravures exactes à la fin de mon livre. Les personnes qui prennent intérêt à l'étude de ces monumens apprendront que d'autres de même nature ont été trouvés dans l'Hindoustan. Parmi les médailles que j'examinai à Balkh, il y en avait plusieurs cufiques et arabes, et une suite entière de celles des empereurs de l'Inde. Une pièce d'or de Châh Djihan donnait une idée avantageuse de l'habileté des artistes de son temps. Il est remarquable que, dans les pays au nord de l'Hindou Kouch, la monnaie courante de nos jours soit celle des monarques qui régnaient à Delhi avant l'invasion de Nadir Châh.

Le 12 juin, la caravane arriva de Khouloum avec notre monde, et nous nous disposâmes à l'accompagner jusqu'à Boukhara. Pendant trois jours nous avions vécu avec notre ami le cafila bachi, qui nous procurait au bazar du riz et de la viande; quant à notre cuisine, elle était très-mal faite, petit inconvénient auquel nous pouvions espérer de remédier. Mais il devenait nécessaire de donner à notre cafila bachi la permission de retourner à Caboul, puisque un Afghan ne pourrait pas nous être très-utile parmi les Ouzbeks. J'étais fâché de me séparer de Haïat, car il avait un caractère et un naturel admirablement appropriés à manier les gens, et partout il avait des amis qui l'estimaient et le respectaient. Je craignais beaucoup de ne pas retrouver un homme tel que lui, qui nous procurait la nourriture et le logement quand il y avait moyen, et qui n'hésitait pas à débiter des mensonges concernant notre condition quand c'était nécessaire. En retour de ses bons services, nous lui fîmes des cadeaux dont la valeur dépassait beaucoup ses espérances; de sorte que son bonheur fut au comble. Je lui remis aussi un écrit exprimant notre reconnaissance de ses bons offices. Il courut de tous côtés pour aider aux préparatifs de notre départ; il prit en particulier le cafila bachi de la nouvelle caravane, et lui fit entendre qu'il y allait de son intérêt de nous bien servir; il attendait que la caravane partit, et nous voyant dans nos grands paniers, employés ici pour se faire porter par les chameaux, il nous dit adieu, en nous recommandant à la protection de l'Éternel. Afin de donner un exemple de l'honnêteté de cet homme, je dirai que de retour à Caboul il trouva un couteau que nous avions laissé dans un caravanseraï; il nous l'expédia par un voyageur auquel il pouvait se fier, et qui allait à Boukhara; il nous écrivit en même temps une lettre dans laquelle il exprimait son bon souvenir et sa reconnaissance de notre bonté.

La caravane se rassembla hors de la ville et près d'un autre endroit bien triste, le tombeau de l'infortuné Moorcroft; on nous y conduisit. Guthrie repose à côté de lui. Il faisait un beau clair de lune, et cependant nous eûmes un peu de peine à retrouver l'emplacement. A la fin on dirigea nos yeux vers un mur en terre qui a été, à dessein, jeté par dessus. Les habitans superstitieux de Balkh ne voulurent pas permettre que ces voyageurs fussent enterrés dans leur cimetierre, et ne consentirent à ce que la sépulture de ces étrangers fût près de cette ville qu'à condition qu'on la cachât, de crainte qu'un musulman ne la prît pour celle d'un vrai croyant, et n'invoquât la bénédiction du Très-Haut en passant auprès. Il était impossible de regarder, dans l'obscurité de la nuit, une telle scène sans se livrer à des réflexions mélancoliques. Toute une troupe de voyageurs enterrés à moins de 12 milles les uns des autres; ce n'était pas très-encourageant pour nous qui suivions la même route, guidés par les mêmes motifs. Il fut heureux pour les vivans de ne pas endurer les mêmes dédains que les défunts, car personne ne nous fit la moindre injure, quoique notre religion et notre nation ne fussent pas cachées. Le corps de Moorcroft fut apporté ici d'Andkhoui, où il mourut à une certaine distance de son monde. Il fut accompagné par un petit nombre de gens de sa suite que les habitans pillèrent. S'il mourut de sa mort naturelle, je crois qu'il n'expira pas sans éveiller des soupçons : nul de ses compagnons européens ni de ses domestiques de confiance ne suivit son corps, qui fut ramené sans vie sur un chameau, au lieu d'où il n'était absent que depuis huit jours; Trebeck ne put, à cause de sa santé chancelante, examiner le cadavre.

Nous partîmes de Balkh à minuit, avec une petite caravane de vingt chameaux; nous échangeâmes nos chevaux contre ces utiles animaux. On place sur chacun deux grands paniers appelés *kadjaouas*; M. Gérard fut mis en contre-poids avec un Afghan, et je le fus avec Ghoulam Housn, mon domestique hindoustani. D'abord cette sorte de voiture nous parut très-incommode, parce que les paniers n'avaient que quatre pieds de long et deux et demi de large, et j'eus besoin d'un peu de souplesse et d'habileté pour arrimer dans cet espace un corps de cinq pieds neuf pouces fourré là comme un ballot de marchandises. L'habitude nous eut bientôt familiarisés avec les cahots du chameau, et l'espace resserré de la voiture; et ce ne fut pas un petit dédommagement quand nous découvrîmes que nous pouvions lire et même prendre des notes sans être vus.

Après avoir parcouru 30 milles, nous atteignîmes la limite de l'eau de Balkh, en traversant un pays coupé de toutes parts de canaux. Ils produisent un tel effet sur la température, que dans la matinée le thermomètre baissa au-dessous de 52° (8° 88), quoique les deux tiers du pays fussent en friche : nos chameaux se régalèrent d'un arbrisseau épineux et nommé par les habitans *tchoutch* ou *zouz*. Le langage d'aucun géographe ne pourrait décrire ce pays avec plus d'exactitude que ne l'a fait Quinte-Curce; et je marquai, sur le lieu même, le passage suivant :
« L'aspect de la Bactriane offre des contrastes à l'in-
» fini; dans plusieurs endroits des arbres féconds et
» des vignes donnent des fruits magnifiques et d'un
» goût excellent; des sources nombreuses (des ca-
» naux) arrosent un terrain gras. Les terres les plus
» fertiles sont semées en grains; d'autres campagnes
» fournissent des pâturages aux bestiaux. Plus loin,
» des sables stériles occupent une grande partie du
» pays; une triste aridité y règne, l'homme ne peut
» s'y nourrir; aucun végétal n'y croit. Quand le vent
» souffle de la mer des Indes, il balaie les sables mo-
» biles qui s'élèvent en tourbillons. Dans les endroits
» où ils s'accumulent, ils forment des masses qui ont
» l'apparence de collines, et les traces des chemins
» anciens disparaissent. Mais dans les cantons plus
» hospitaliers, la terre est couverte d'hommes et de
» chevaux. Bactra, la capitale, est située sous le mont

» Paropamise. Le Bactrus qui baigne ses murs donne
» son nom à la province [1]. » Les arbres, les fruits et
le blé de Balkh ont une grande célébrité; ses chevaux ne sont pas moins renommés. Quoique cette
ville n'ait pas de fontaines, et qu'aujourd'hui aucune
rivière n'y passe, néanmoins le pays est entrecoupé
de canaux dérivés d'une de celles qui viennent des
montagnes voisines, et dont l'eau est partagée par
l'art avant d'arriver à la ville.

Le 14 juin, nous entrâmes dans le désert, et nous
marchâmes toute la nuit en nous dirigeant vers
l'Oxus. La crainte des voleurs nous fit quitter le grand
chemin de Balkh à Kilef, lieu où on passe ordinairement le fleuve en bac, et nous voyageâmes à
l'ouest. Au point du jour nous fîmes halte, et nous
vîmes alors ce que nous avions à attendre dans les
déserts du Turkestan. Les montagnes de l'Hindou
Kouch étaient entièrement disparues au-dessous de
l'horizon, et une plaine immense, semblable à un
océan de sable, nous entourait de toutes parts. On
apercevait çà et là quelques *khirgahs* qui sont des
huttes rondes, demeures des Turcomans nomades.
Les habitans étaient en petit nombre; au premier
aspect, un étranger leur trouve l'air farouche et terrible. Nous fîmes halte près d'une de ces cabanes;
coiffés de grands bonnets de peau de mouton, les
Turcomans se promenaient fièrement, mais ils ne
nous inquiétèrent pas. Notre camp fut dressé dans

---

[1] QUINTUS-CURTIUS, l. VII, ch. 4.

leur désert; nous rencontrâmes là une petite quantité d'eau, qui des canaux de Balk était parvenue jusqu'à ce point. Nous n'avions maintenant ni tente, ni abri d'aucune espèce qu'une couverture grossière de laine, que nous étendions en travers de deux paires de paniers. Ce mince couvert nous préservait des rayons du soleil; la nuit nous l'enlevions, et nous dormions à la belle étoile. Notre nourriture consistait en pain et en thé; les Turcomans refusent souvent de vendre leurs moutons, parce que cela fait du tort à leur richesse; il fallait donc nous contenter de jeter un regard d'envie sur leurs troupeaux innombrables, en désirant d'avoir un seul agneau, et souvent nous ne pouvions l'obtenir. Les Européens, qui sont si accoutumés à la nourriture animale, se ressentent du changement de régime; toutefois nous trouvâmes le pain passablement nourrissant; le thé que nous buvions à toute heure, en mangeant, nous procurait un grand soulagement. Quant à l'abstinence du vin et des liqueurs spiritueuses, je m'aperçus qu'elle m'était plutôt salutaire qu'incommode; et je doute que nous eussions pu supporter les vicissitudes du climat si nous en eussions fait usage.

Bien que nous nous fussions écartés du grand chemin, il paraît que nous n'avions pu éviter entièrement la route des brigands. Nous prîmes donc une escorte de Turcomans pour nous accompagner jusqu'à l'Oxus, dont nous n'étions plus éloignés que d'une marche. Nous partîmes au coucher du soleil, et après avoir voyagé quinze heures et parcouru

trente milles, nous nous trouvâmes sur les bords de
ce grand fleuve que je contemplai avec un plaisir infini.
Il coulait maintenant devant nous majestueusement dans la solitude : sa vue nous récompensait des
fatigues et des inquiétudes que nous avions endurées
en nous en approchant. Il pouvait n'être pas prudent
de nous confier à une garde de Turcomans dans un tel
désert; toutefois ils nous conduisirent sains et saufs,
et ne firent que peu de questions sur notre compte ;
ils ne parlaient que le turc ; ils montaient de bons
chevaux. Armés d'un sabre et d'une longue lance, ils
n'étaient pas embarrassés, comme les autres Asiatiques, de boucliers et de poires à poudre, un petit
nombre seulement avait des mousquets. Ils tuaient
le temps en chantant ensemble dans une langue qui
était rude, mais non dépourvue d'harmonie. Ils me
parurent offrir le *beau idéal* des dragons légers, et
leurs bonnets donnaient à leur troupe une uniformité convenable. Ils ne font jamais usage que d'une
seule rêne, ce qui donne bien meilleur air à leurs
chevaux. J'ai remarqué par la suite que des chefs
turcomans ornaient la tête de leur cheval de rosettes
et de bandelettes de cuir tressées en or et en argent
qui tombaient derrière l'oreille de l'animal et le paraient à merveille.

Jusqu'à un mille et demi du fleuve, nous avions
voyagé dans un pays singulièrement inhospitalier et
laid, absolument dépourvu d'eau : des herbes chétives s'y montrent sur des monceaux de sables mobiles, ou y percent des nappes d'argile durcie. Je me

souviendrai long-temps de notre triste marche en nous approchant de l'Oxus, et des hommes farouches qui nous accompagnaient dans ce trajet.

Nous fîmes halte sur les bords du fleuve, près du petit village de Khodja Sala. Les terres voisines de l'Oxus sont coupées par des aquéducs dans une étendue de près de deux milles, mais ne sont nullement cultivées avec soin; cependant on reconnaissait qu'on était dans un pays tranquille, en voyant la maison de chaque paysan éloignée de celle de son voisin, et au milieu de ses propres champs. Nous fûmes retenus deux jours près de Khodja Sala, attendant notre tour pour le passer dans le bac qui, le 17, transporta notre caravane dans le Turkestan, sur la rive septentrionale ou droite de l'Oxus. Le fleuve avait là environ 2,400 pieds de largeur et 20 pieds de profondeur; ses eaux bourbeuses coulaient avec une vitesse de trois milles et demi à l'heure. Les Asiatiques le nomment Djihoun ou Amou.

La manière dont nous passâmes l'Oxus était singulière; je la crois particulière à cette partie du pays: un cheval fut attaché à chaque extrémité du bateau par une corde fixée à la crinière, ensuite on mit la bride à l'animal, comme si l'on allait le monter; le bateau est poussé dans le courant, et, sans autre aide que les chevaux, il traverse en droiture le canal le plus rapide. Un homme, à bord de l'embarcation, tient les rênes de chaque cheval, et ne les serre pas trop, en l'excitant à nager : ainsi guidé, l'animal avance sans difficulté. On ne fait pas usage d'aviron pour aider à la marche du bateau ; on se contente de faire mouvoir à l'arrière une perche arrondie grossièrement, afin d'empêcher l'embarcation de tourner en rond dans le courant, et de donner aux chevaux une eau nette pour nager. Quelquefois on emploie quatre chevaux ; dans ce cas, on en place deux à l'arrière. Il n'est pas nécessaire de les dresser d'avance pour cela ; car ces gens prennent indistinctement tous ceux qui traversent le fleuve. Un des bateaux fut traîné par deux de nos bidets harassés ; une embarcation qui essaya de nous suivre sans le secours de ces animaux fut entraînée si loin, qu'il fallut attendre un jour entier sur le bord du fleuve, jusqu'à ce qu'on l'eût fait remonter au camp de notre caravane. Grâce à cette manière ingénieuse d'effectuer le trajet, nous traversâmes en quinze minutes ce fleuve large de près d'un mille et demi, et très-rapide. Nous éprouvâmes quelque retard, parce qu'il fallut marcher à travers les bancs de sable qui séparent les bras de l'Oxus. Je ne conçois pas quel motif pourrait empêcher d'adopter partout cette méthode expéditive de passer une rivière ; ce serait une amélioration inappréciable dans les pays au-dessous des Ghâts de l'Inde. Je n'avais jamais vu auparavant les chevaux employés à cet usage, et, dans tous mes voyages dans l'Inde, j'avais toujours regardé ce bel animal comme un grand embarras au passage d'un fleuve.

Quand nous eûmes franchi l'Oxus, nous reprîmes notre marche vers Boukhara, et nous fîmes halte à

Chourkhaddak, où il n'y avait pas d'habitans. Il s'y trouve une vingtaine de puits dont l'eau était limpide, mais amère et de mauvais goût. Notre manière de voyager était maintenant plus agréable qu'auparavant. Nous partions vers cinq ou six heures après-midi, et nous ne nous arrêtions que le lendemain à huit ou neuf heures du matin. Les traites excédaient 25 milles; la chaleur empêche les chameaux de parcourir une plus grande distance sans discontinuer. La nuit, leur pas constant est de 2 milles à l'heure; le son d'une paire de clochettes suspendues au poitrail ou aux oreilles de l'animal de prédilection qui précède chaque *quittar* ou file, les anime. Ce tintement divertit et réjouit, et quand il cesse parce que la caravane s'est arrêtée, le silence qui lui succède au milieu d'un désert inhabité est vraiment frappant. Au coucher et au lever du soleil la caravane fait halte, afin qu'on puisse faire la prière, et le retentissement sonore du cri *Allah akbar* appelle tous les vrais croyans en présence de Dieu. Ils se frappent la barbe, et les yeux tournés vers la Mecque, ils font les génuflexions prescrites par leur religion. Nous restions assis en regardant cette action solennelle sans essuyer ni raillerie ni insulte; et on nous montrait une tolérance qui aurait fait honneur au pays le plus civilisé de l'Europe. Une caravane offre beaucoup de bonne compagnie, et une quantité de leçons précieuses pour un homme égoïste. Toute distinction entre le maître et le domestique y est aplanie; et quand tous deux partagent constamment les mêmes choses, il est impossible qu'ils ne soient pas rapprochés. Maintenant nos domestiques mangeaient aux mêmes plats que nous. Un Asiatique ne prend jamais un morceau de pain sans en offrir une portion aux personnes assises près de lui. Les musulmans de l'Inde étaient surpris de ce que leurs coreligionnaires nous donnaient une portion de leur nourriture et partageaient librement la nôtre.

Nous vînmes ensuite à Kiz Koudak, nom qui, en turc, signifie puits de la Vierge. Je bénis la jeune femme qui l'avait fait creuser; car, suivant la tradition, on en est redevable a une vierge, et nous avions beaucoup souffert du manque d'eau ; quel plaisir de rencontrer un beau puits au milieu de quelques centaines d'autres, dont l'eau ainsi que celle de toutes les sources de cette route était salée! Hier nous n'avions pas d'eau, aujourd'hui point de bois, ce ne fut qu'en ramassant de la fiente de chameau que nous pûmes faire bouillir de l'eau pour notre thé. Qui se serait imaginé que nous approchions de Samarkand et de Boukhara, les paradis de l'Orient! Nous avions cheminé toute la journée entre des collines basses ou plutôt de petits coteaux de sable mobile, dénués d'arbres et d'arbustes, et couverts d'une graminée sèche qui croît dans un terrain dur et graveleux. Les puits avaient à peu près 18 pieds de profondeur. Sur différens points de la route, nous vîmes des *robats* ou caravanseraïs qui sont contigus à de grandes citernes couvertes nommées *sardabas* (vases à rafraîchir l'eau); elles reçoivent l'eau des pluies pour désaltérer les voyageurs;

dans ce moment toutes étaient vides. La température était sèche et variable; le thermomètre, qui le jour se tenait à 103° (31° 54) descendait la nuit à 60° (12° 43), ce qui produisait une fraîcheur délicieuse. Dans cette contrée, un vent constant souffle généralement du nord. Notre journée fut terminée à trois heures vingt minutes; le crépuscule fut long et frais, ce qui nous dédommagea jusqu'à un certain point de la chaleur brûlante du soleil.

Un des marchands de thé qui faisaient partie de la caravane nous rendait de fréquentes visites à nos haltes; nous devînmes bientôt intimes avec lui. C'était un *Khouadja*, nom donné aux sectateurs des premiers califes, et à la fois prêtre et commerçant. Il avait l'air de se plaire dans notre société, et nous bûmes ensemble du thé sur les rives de l'Oxus. Nous lui avouâmes la vérité sur mon compte. Nos entretiens avec ce khouadja me procurèrent quelques notions sur l'état de la littérature parmi les Ouzbeks. Je lui fis lire un petit ouvrage persan, intitulé : *Mémoires de Choudja, roi de Caboul*; il est écrit par ce monarque infortuné qui me le donna, et contient un détail de sa vie et de ses aventures; le style en est simple, exempt de citations du Coran, de métaphores et des autres extravagances communes aux auteurs orientaux. Il ne raconte pas non plus ces miracles, qui ne manquent jamais d'être effectués en faveur des despotes de l'Orient, suivant les récits des historiens. Cet ouvrage offrait réellement ce que nous appellerions un détail intéressant d'événemens. Le khouadja me le rendit quelques jours après en me disant que c'était une production aride que n'animait ni la crainte de Dieu, ni la moindre mention du prophète, et totalement remplie de choses personnelles à l'auteur. Puisque c'était l'objet du livre, il me semble qu'il ne pouvait pas en faire un plus grand éloge. Le khouadja n'est pas le seul qui ait trouvé des défauts semblables dans un ouvrage de ce genre, car un révérendissime personnage,[1] qui nous a donné un journal admirable et si intéressant de ses voyages dans l'Inde, a été blâmé par quelques-uns pour sa mondanité. La littérature chez les musulmans étant exclusivement bornée aux mollahs, nous ne devons pas être surpris de ce qu'ils réprouvent un ouvrage qui n'a pas cette teinte littéraire qui convient à leur ordre.

Près du pays où nous entrions, vivent les Lakaïs, tribu d'Ouzbeks, fameuse par son penchant au brigandage. Un dicton usité parmi eux maudit quiconque meurt dans son lit, puisqu'un vrai Lakaï doit perdre la vie dans un *tchapao* ou une expédition de pillage. On m'a dit que les femmes accompagnent quelquefois leurs maris dans ces parties de maraude; mais on raconte aussi, et cela est plus probable, que les jeunes femmes pillent les caravanes qui passent près de leur demeure. Cette tribu habite dans le voisinage de Hissar, canton romanesque; car indépendamment des amazones des Lakaï, trois ou quatre tribus voisines ont la prétention de descendre d'Alexandre le Grand.

[1] L'évêque Heber.

La traite suivante nous fit arriver à Kirkindjak, lieu où il y a un hameau de Turcomans; le pays ne nous offrait plus des coteaux, c'étaient des tertres de sables pur. La profondeur des puits était double; c'est-à-dire qu'on ne rencontrait plus l'eau qu'à trente-six pieds de la surface du sol. Les troupeaux des Turcomans broutaient l'herbe chétive d'alentour; les chevaux, les chameaux, les moutons, erraient de tous côtés comme dans leur état naturel. Le pasteur qui gardait ce bétail s'arrêta long-temps près de notre campement. C'était un infortuné Persan enlevé huit ans auparavant dans les environs de Meched, avec trois cents de ses compatriotes; il soupirait pour la liberté afin de pouvoir visiter la célèbre mosquée de l'imam Reza, dans la ville sainte où il avait vu le jour. Jadis il s'appelait Mohammed, ce nom avait été changé en celui de Daoulet (le riche): singulier surnom pour un pauvre misérable réduit à veiller sur des brebis dans un désert, et exposé sans cesse à un soleil brûlant. Il nous dit que ses maîtres le traitaient fort bien et comptaient acheter une femme pour lui; mais il n'avait aucun espoir de recouvrer la liberté. Ce pauvre homme rôdait tout le long du jour autour de notre caravane, et exprima plus d'une fois le vœu de nous accompagner. Il avait coûté trente pièces d'or à son propriétaire et, formait ainsi une partie du bien de celui-ci.

J'entendis une controverse agitée entre plusieurs de nos marchands, elle concernait les chrétiens; étaient-ils ou n'étaient-ils pas infidèles?... Voilà le fond de la discussion ; on conçoit aisément que j'éprouvais une vive curiosité de connaître la décision. Une personne de l'assemblée, un mollah, soutint qu'ils ne pouvaient être infidèles, puisqu'ils étaient un *peuple du livre* ; mais quelqu'un ayant répliqué qu'ils ne croyaient pas à Mahomet, le sujet devint plus compliqué. J'appris par cette conversation que, suivant une croyance générale parmi les musulmans, leur religion sera renversée par le christianisme. « Le » Christ est vivant, disent-ils, mais Mahomet est » mort. » Cependant leur manière de raisonner est singulière, puisque Jésus, selon eux, doit descendre du quatrième ciel, et que tout le monde deviendra musulman. Ces gens racontent un exemple remarquable de blasphème. Un homme de Badakchan s'étant noirci le visage, s'en alla sur le grand chemin, disant à tous les passans que « puisqu'il avait prié Dieu inutilement pendant huit ans, il se montrait ainsi actuellement pour faire honte au créateur en présence de ses créatures. » Étrange fanatisme d'un fou !

Le 20 après midi, quand nous approchions de la ville de Karchey, nous aperçûmes, au moment du coucher du soleil, très-loin dans l'est, une énorme chaîne de montagnes couvertes de neige. Comme nous étions au milieu de l'été, leur élévation doit être plus considérable que celle qu'on assigne à aucune des chaînes situées au nord de l'Hindou Kouch. Ces monts étaient peut-être à une distance de 150 milles ; le lendemain matin nous ne pouvions plus les distinguer que faiblement, ensuite nous ne les revîmes plus. Au point du jour, nous parvînmes à l'oasis de Karchey, vue réjouissante, après avoir parcouru, depuis les rives de l'Oxus, un espace de 85 milles sans apercevoir un seul arbre. En avançant vers cette ville, nous entrâmes dans un pays de plaine uni et absolument nu; les tortues, les lézards et les fourmis paraissaient en être les seuls habitans. En guise de félicitation sur notre arrivée à cette première ville turque, un de nos amis de la caravane nous envoya, comme une friandise, deux jattes de *keimak châh* ou thé, sur lequel la graisse nageait si abondamment, que je le pris pour du bouillon; cependant c'était réellement du thé mêlé avec du sel et de la graisse; c'est la boisson du matin des Ouzbeks. Je ne pus jamais m'habituer à ce thé; mais les Afghans, nos compagnons de voyage, en parlaient avec les éloges les plus pompeux, et la manière dont notre cadeau disparut promptement quand nous le leur passâmes, ne démentit nullement cette expression de leur goût.

Notre arrivée dans un lieu habité, après nos marches dans le désert, nous avait causé un vif plaisir; toutefois, nous éprouvâmes ici le malheur auquel les voyageurs sont plus sujets que les autres hommes, une maladie. Depuis quelques jours quelques-uns de nous s'étaient plaints de malaise : aussitôt après notre entrée à Karchey, une rude attaque de fièvre intermittente me priva de mes forces; Mohammed Ali fut pris en même temps, et le lendemain M. Gérard et deux autres personnes de notre troupe tombèrent malades. Les marchands et les gens de la caravane souffraient également; ce qui nous fit conclure que nous avions gagné le mal, soit à Balkh, soit sur les bords de l'Oxus. La peur de la fièvre de Balkh s'était évanouie, et nous n'avions pas craint les germes de maladie. Nous adoptâmes le traitement usité dans l'Inde; nous prîmes des émétiques et des purgatifs; quant à moi, je les fis suivre de doses de quinine, ce qui produisit l'effet le plus heureux. En trois jours mes dents cessèrent de claquer et mon corps de brûler. Mais le docteur ayant persisté à se traiter avec du calomel, *secundum artem*, ne fut pas aussi fortuné, et il ne se débarrassa de la maladie que long-temps après que nous eûmes quitté le pays. Un de nos compagnons de voyage, qui était un marchand de Badakchan, et avait conquis notre affection, mourut en arrivant à Boukhara. Cependant nos chances de vivre étaient moindres que les siennes; car il offrait des sacrifices et refusait la quinine. Notre séjour à Karchey se prolongea trois ou quatre jours, pendant lesquels nous demeurâmes dans un jardin, sous des arbres et sans nul autre abri. C'était un misérable hôpital; mais nous apaisions notre soif brûlante par une chaleur de 108° (33° 76) avec des sorbets aux cerises, rafraîchis par la glace qui était très-abondante en ce lieu.

Au milieu de notre indisposition nous fûmes troublés par des bruits fâcheux qui nous concernaient. Nous apprîmes que le roi de Boukharie, informé de notre approche, non-seulement avait défendu que nous entrassions dans sa capitale, mais voulait même s'opposer à la continuation de notre voyage. Ce récit fut amplifié ; on ajouta que des yessaouls ou messagers de la cour avaient été expédiés pour mettre la main sur nous; et nous fûmes d'autant plus disposés à croire à cette rumeur, que ces gens ne nous rendirent pas moins de trois visites pour examiner notre bagage; ce qui ne contribuait nullement à nous tranquilliser. Nous nous étions assez bien accoutumés aux alarmes de toutes les sortes, car un Européen qui voyage dans des pays de l'Orient doit s'attendre à en éprouver beaucoup.

Je résolus de faire immédiatement une démarche qui préviendrait toute mauvaise impression sur notre compte, et j'écrivis, au ministre du roi de Boukharie, une lettre que je lui expédiai aussitôt par Soliman l'Afghan, qui était à notre service. J'employai, en parlant au ministre, toutes les formes de l'étiquette et de l'éloquence orientales ; et comme nous étions dans un pays de bigoterie, je l'appelai : « la tour de » l'islamisme; la perle de la foi ; l'étoile de la reli- » gion ; le dispensateur de la justice; la colonne de » l'état. » Je lui donnai tous les détails qui nous étaient relatifs; je lui dis que nous avions traversé sûrement les états de plusieurs autres princes; j'exprimai le plaisir que nous éprouvions d'être dans le voisinage de Boukhara « la citadelle de l'islamisme ». Je finissais par lui exposer que, dans toutes les contrées où nous avions voyagé, nous nous étions regardés comme sujets du souverain, et que maintenant nous nous avancions vers la capitale du commandant des fidèles (c'est ainsi qu'on qualifie le roi de Boukharie), qui est renommé jusque dans les coins de l'Orient les plus reculés, par la protection qu'il accorde aux marchands et aux voyageurs. J'avais éprouvé, dans les occasions précédentes, l'avantage d'être le premier à donner avis de notre prochaine venue; et je ne doutai pas du bon résultat de la communication actuelle. Nous ne fûmes pas déçus dans nos espérances; avant d'arriver à Boukhara nous découvrîmes qu'un Persan de notre caravane, lequel aimait à mentir, avait donné cours à ces rumeurs qui n'avaient pas le moindre fondement. Le ministre nous renvoya notre domestique en nous faisant dire que nous serions les bien venus dans la capitale.

Notre halte à Karchey me procura l'occasion de voir cette ville; elle a un mille de long; les maisons à toit plat, mais chétives, sont écartées les unes des autres; le bazar est beau : sa population de 10,000 âmes. Un fort en terre, entouré d'un fossé plein d'eau, et situé au sud-ouest de la ville, forme une défense respectable. Une rivière, venant de Cheher Sebs, ville éloignée d'une cinquantaine de milles, et célèbre pour avoir donné naissance à Timour, passe au nord de Karchey; elle procure aux habitans le moyen d'avoir un très-grand nombre de jardins ombragés d'arbres surchargés de fruits, et de hauts peupliers qui ont une belle apparence, et dont les feuilles, quand elles sont agitées par le vent, prennent une teinte blanche argentée, quoiqu'elles soient vertes; ce qui produit un effet singulier et agréable sur le paysage. Nulle part les bienfaits de l'eau ne sont aussi manifestes qu'à Karchey, qui, s'il n'était pas arrosé, ne serait qu'un désert aride. Tout est verdoyant et magnifique sur les rives du ruisseau et de ses bras; au delà tout est sablonneux et stérile. Karchey est, après la capitale, la plus grande ville de la Boukharie. Son oasis a environ 22 milles de largeur; mais la rivière s'épanche dans les campagnes qui l'entourent.

Nous allâmes de Karchey à Karsan, village qui en est éloigné de 16 milles, et situé à l'extrémité de l'oasis. Nous y arrivâmes un jour de marché; car dans les villes du Turkestan, tout comme en Europe, on le tient à des jours fixes. Nous aperçûmes beaucoup de gens qui s'avançaient vers la foule; pas un seul individu à pied, tous étaient à cheval. Il est amusant pour un étranger de voir un cheval transformé littéralement en voiture de famille, et un homme trottant avec sa femme en croupe. Les femmes, de même que la plupart de celles de ce pays, ne se montrent que voilées; elles préfèrent, ainsi que celles de Caboul, les vêtemens bleus aux blancs, et sont des personnages à air sombre.

Nous nous trouvions maintenant parmi les Ouzbeks, peuple grave, paisible, à visage large, à physionomie vraiment turque. Ils ont le teint blanc, et quelques-uns sont beaux; mais la grande masse du peuple, les hommes du moins, sont dépourvus d'agrément dans leur personne; jamais je n'ai vu autant d'hommes ayant l'air vieux. Nous avions maintenant quitté les tributs turcomanes qui ne s'étendent pas beaucoup au delà de l'Oxus.

Dans notre seconde traite depuis Karchey, nous fîmes halte à Karaoul Tappa, où il y a un caravanseraï que construisit Abdallah, roi de Boukharie, dans le seizième siècle, ce qui me rappela l'Hindoustan et ses monarques. Nous passâmes aussi devant trois grands *sardabas* ou réservoirs, qui furent bâtis par ordre de ce prince philanthrope. Ils coûtèrent de grosses sommes dans un pays plat et désert; l'eau des pluies y est conduite par des rigoles qui ont souvent une très-longue étendue. Ce roi Abdallah avait fait un pèlerinage à la Mecque; mais il se figura que cet acte de dévotion n'avait pas été agréé de Dieu. Afin de se concilier la faveur divine, il construisit des caravanseraïs et des citernes dans tous ses états; actions plus utiles aux hommes, et par conséquent, j'ose le croire, plus agréables à l'Éternel que des excursions à des mosquées ou à des tombeaux.

A Karchey nous fûmes rejoints par d'autres voyageurs, parmi lesquels se trouvait un mollah de Boukhara, qui fit tout de suite connaissance avec moi. Les habitans de ce pays-ci ont des manières très-affables et sont des compagnons charmans. Dans notre dernière marche vers la capitale, je cheminai à cheval à côté de ce prêtre; nous étions les seuls de la caravane qui eussions pris cette manière de voyager.

Il me donna des détails sur le collége auquel il appartenait à Boukhara, et m'invita à visiter cet établissement; je n'y manquai pas. Mon autre ami, le khouadja, prit ensuite auprès de moi la place du mollah, et me procura une diversion agréable pendant la moitié de la nuit, en me récitant et m'expliquant des odes et des morceaux de poésie, ce qui servit plus à mon amusement qu'à mon édification, car il était continuellement question de rossignols et d'amour. Il est singulier de trouver tant de compositions relatives à cette passion dans un pays où réellement elle existe si peu. Il paraît que le peuple n'en est pas atteint, et cependant quelques-uns de leurs vers respirent un sentiment que l'on pourrait regarder comme la leur révélant; par exemple : « Je suis » devenu amoureux d'une fille qui n'a pas de religion. » C'est là l'amour; qu'a-t-il à faire avec la religion. » Et néanmoins ces gens se marient sans s'être vus mutuellement, ou sans savoir rien sur leur compte respectif; si ce n'est qu'ils sont de sexes différens. Ce n'est pas tout; un marchand qui est dans un pays étranger s'y marie pour le temps qu'il y demeure, et renvoie la femme lorsqu'il retourne dans sa patrie; alors l'un et l'autre cherchent à contracter de nouveaux liens.

Notre voyage de l'Oxus à Boukhara fut très-fatigant et très-pénible. Dans le Caboul nous avions presque été gelés par le froid, maintenant nous étions presque brûlés par la chaleur. De plus notre manière de cheminer avait été extrêmement déplaisante, car la vitesse du chameau n'est que la moitié de celle du cheval, il fallut donc employer le double du temps à nos marches, ce qui augmentait la lassitude. Le seul cheval qui nous accompagnait était tellement courbatu, qu'il tomba plusieurs fois avant d'entrer à Boukhara. D'ailleurs nous marchâmes de nuit, et le sommeil dont on jouit sur un chameau est interrompu et troublé. Nous avions fréquemment eu de mauvaise eau, et notre nourriture consistait principalement en biscuit dur. Mais tous ces inconvéniens allaient bientôt cesser, et avant que nous fussions parvenus aux portes de Boukhara, ils avaient donné lieu à des réflexions d'une nature plus agréable. Au commencement de notre voyage nous ne pensions qu'avec une certaine inquiétude au traitement que nous pourrions éprouver dans cette capitale, et même dans la plupart des villes éloignées où nous avions déjà passé. A mesure que nous nous étions avancés, ces appréhensions avaient diminué, et maintenant nous jetions en arrière un regard de surprise sur la vaste étendue de pays que nous avions déjà traversée sûrement. Boukhara, qui dans un temps nous semblait être à une si grande distance de nous, était actuellement devant nous, et le succès, qui jusqu'alors avait accompagné nos efforts, nous donnait l'espérance de terminer heureusement notre voyage. Ce fut dans ces sentimens que nous nous trouvâmes aux portes de cette grande cité de l'Orient, une heure après le lever du soleil, le 27 juin 1832. Cependant l'approche de Boukhara n'avait rien de frappant. Le pays est gras et fertile, mais plat, et les arbres cachent les remparts et les mosquées, jusqu'au moment où on en est tout près. Nous entrâmes avec la caravane, et nous descendîmes dans un quartier retiré, où notre messager avait loué une maison.

CHAPITRE IX.

BOUKHARA.

Changement de costume. — Visite au ministre. — Le reghistan ou grand bazar. — Société. — Bazar des esclaves. — Rigueur des observances religieuses. — Les Hindous. — Bains. — Entrevue avec le ministre. — Le roi. — Esclaves russes. — Connaissances faites à Boukhara.

Notre premier soin après notre arrivée fut de changer notre costume, et de nous conformer aux usages prescrits par les lois du pays. Une requête au ministre nous aurait peut-être exemptés de cette nécessité; mais ce parti était d'accord avec nos principes, et nous ne différâmes pas un seul instant à l'adopter. Nos turbans furent échangés contre de chétifs bonnets de peau de mouton avec le poil en dedans, et nous jetâmes nos ceinturons ou kammarband pour un morceau grossier de corde ou de tissu de chanvre. Nous laissâmes de côté le vêtement extérieur du pays, ainsi que nos bas, puisque ce sont des signes qui distinguent l'infidèle du vrai croyant dans la sainte cité de Boukhara. Nous savions aussi que les seuls musulmans peuvent aller à cheval dans l'enceinte des murs de cette ville, et un sentiment intérieur nous dit que nous devions être satisfaits si, au prix de ce léger sacrifice, il nous était permis de continuer à demeurer dans cette capitale. Un distique qui représente Samarcand comme le paradis de l'univers, nomme aussi Boukhara comme la force de la religion et de la foi ; et impies et faibles comme nous l'étions, nous ne pouvions désirer d'essayer aucune épreuve parmi des hommes qui paraissaient être, du moins en apparence, de si grands bigots. Le costume que je viens de décrire n'est nulle part prescrit par le Coran, et il n'a été adopté dans ces contrées que deux siècles après le prophète, lorsque les préjugés de quelques-uns des califes découvrirent que les croyans devaient être distingués de quiconque n'était pas musulman.

Quand nous entrâmes dans la ville, les agens du gouvernement ne visitèrent même pas notre bagage; mais l'après-midi, un officier vint nous dire de nous rendre auprès du ministre. M. Gérard, étant encore souffrant de la fièvre, ne put m'accompagner, c'est pourquoi je m'acheminai seul vers *l'ark* ou palais, où le ministre demeurait seul avec le roi. Je ne pouvais revenir de mon étonnement à la vue de la nouvelle scène qui s'ouvrait devant moi, puisque nous marchâmes près de deux heures dans les rues de Boukhara avant d'arriver à la citadelle. Je fus aussitôt introduit; le ministre, ou suivant la qualification qu'on lui donne, le *kouch beghi* (seigneur de tous les begs), est un homme âgé qui jouit d'un grand crédit, il était assis dans un petit appartement précédé d'une cour particulière. Il me dit de m'asseoir en dehors, sur le pavé, mais en même temps montra dans ses manières une bonté et des égards qui mirent mon esprit très à l'aise. La dureté de mon siége et la distance à laquelle j'étais de lui ne m'accablèrent pas de douleur, puisque son fils, qui survint durant l'entretien, s'assit encore plus loin que moi. Je présentai au ministre une montre d'argent et un vêtement en tissu de cachemir que j'avais apportés exprès; mais il refusa de rien recevoir, disant qu'il n'était que l'esclave du roi. Ensuite il me questionna pendant près de deux heures sur mes propres affaires, et sur les motifs qui m'avaient amené dans un pays aussi éloigné que la Boukharie. Je répondis, conformément à l'histoire que nous racontions habituellement, que nous retournions dans notre patrie, et je montrai mon passe-port délivré par le gouverneur général de l'Inde; le ministre le lut très-attentivement. J'ajoutai que la Boukharie était une contrée si célèbre parmi les nations de l'Orient, que mon principal objet, en venant dans le Turkestan, avait été de la visiter. « Mais quelle est ta profession ? » me dit le ministre. Je répondis que j'étais officier dans l'armée de l'Inde. « Mais, dis-moi, reprit-il, quelque chose » de ce que tu sais. » Et alors il fit diverses observations sur les usages et la politique de l'Europe, notamment de la Russie; il en était très-bien instruit. En réponse à des questions sur notre bagage, je jugeai prudent de lui avouer que j'avais un sextant, puisque j'étais convaincu qu'on viendrait examiner nos effets; il valait donc mieux se faire un mérite de la nécessité. Je lui appris également que j'aimais à observer les étoiles et les autres corps célestes, parce que c'était une étude très-attrayante. Ces mots excitèrent l'attention du ministre, et il me pria avec une certaine gravité, et d'un ton de voix humble, de vouloir bien l'instruire d'une conjonction favorable des planètes et du prix du grain qu'elle devait indiquer pour l'année suivante. Je lui dis que nos connaissances en astronomie ne nous procuraient aucune notion sur ces matières; réponse qui, il en convint, trompait ses espérances. En général, il parut être satisfait de ce que je lui exposai sur notre condition, et il nous assura de sa protection. Il nous avertit que durant notre séjour à Boukhara, il devait nous interdire l'usage de la plume et de l'encre, parce que cela pourrait donner lieu à ce que notre conduite fût présentée au roi sous un jour défavorable, et nous être nuisible. Il me dit aussi que la route à la mer Caspienne par Khiva avait été fermée l'année précédente; et que si nous avions le projet d'entrer en Russie, nous devions soit prendre le chemin qui de Boukhara va au nord, ou traverser le désert des Turcomans au-dessous d'Ourghendje, afin de gagner Astrabad, sur la mer Caspienne.

Deux jours après cette entrevue, je fus appelé de nouveau par le visir, et je le trouvai entouré d'un grand nombre de personnes respectables auxquelles il paraissait avoir le désir de me faire connaître. Je fus questionné d'une manière qui me fit croire que l'on avait conçu quelques soupçons sur notre compte ; mais le visir me dit d'un ton enjoué : « Je suppose » que tu as écrit sur Boukhara. » Ayant la première fois dit la vérité, je ne craignais pas de me contredire, et je répondis ingénument que j'étais venu pour voir le monde et les merveilles de Boukhara, et que, grâces à la faveur du ministre, je m'étais promené dans la ville, et j'avais examiné les jardins qui sont hors de ses murs. Le ministre me parut être le seul qui fût satisfait de ma sincérité, et me dit qu'il aurait du plaisir à me recevoir le soir. Il me demanda si j'avais à lui montrer quelque curiosité, soit de l'Inde, soit de ma patrie ; j'exprimai mes regrets de mon impossibilité de le contenter sur ce point.

De retour à mon logis, il me vint dans l'idée que ce visir si curieux pourrait trouver du plaisir à la vue d'une boussole de nouvelle invention, munie de tout son appareil ; mais je pensai aussi qu'il pourrait regarder le possesseur de cette pièce de mécanique compliquée sous un jour peu favorable. Néanmoins, je sortis avec l'instrument dans ma poche. Dès que je fus de nouveau en présence du kouchbeghi : « Voici, » m'écriai-je, une curiosité qui, je le crois, va te don- » ner du contentement. » Et je lui montrai la boussole qui était absolument neuve, et d'un très-beau travail. Je décrivis son utilité et je lui fis remarquer la perfection de l'ouvrage. Le visir, semblant avoir entièrement oublié qu'il n'était que l'esclave du roi et ne pouvait rien recevoir, commençait à marchander le prix de cet objet, lorsque je l'interrompis, en lui assurant que je l'avais apporté exprès de l'Hindoustan pour lui en faire présent, parce que j'avais entendu parler de son zèle pour la cause de la religion, et que cet instrument le mettrait en état de désigner avec exactitude la position de la Mecque, et de rectifier le *kiblé* de la grande mosquée qu'il faisait maintenant construire à Boukhara; que par conséquent je ne pouvais rien accepter en retour, puisque nous étions déjà récompensés par une chose sans prix, sa protection. Le kouch beghi serra la boussole avec l'empressement et l'anxiété d'un enfant, et dit qu'il allait à l'instant la porter au roi, et lui décrire le génie miraculeux de notre nation. Je fus ainsi privé d'une de mes boussoles; c'était un bel instrument de Schmalcalder; mais j'en avais un second, et je pense qu'on conviendra que je ne le sacrifiai pas sans un ample retour. Si nous avions été à Boukhara sous quelque déguisement, et jouant un rôle que nous aurions pris, nos sentimens auraient été bien différens de ce qu'ils étaient en ce moment. Semblables à des hiboux, nous n'aurions osé nous montrer que le soir; mais après l'incident que je viens de raconter, nous sortîmes et nous nous promenâmes au grand jour, et nous visitâmes toutes les parties de la ville.

Le lieu que je fréquentais ordinairement le soir était le *Reghistan* : on nomme ainsi une place spacieuse, près du palais qui en occupe un des côtés; sur deux autres s'élèvent des bâtimens massifs qui sont des colléges habités par les savans; sur le quatrième, il y a une fontaine jaillissante, ombragée de grands arbres ; c'est là que les oisifs et les colporteurs de nouvelles se rassemblent autour des marchandises d'Asie et d'Europe qui sont exposées en vente. Un étranger n'a qu'à s'asseoir sur un banc du Reghistan pour connaître les Ouzbeks et la population de Boukhara. Il peut y converser avec des naturels de la Perse, de la Turquie, de la Russie, du Turkestan, de la Chine, de l'Inde et de l'Afghanistan. Il y rencontrera des Turcomans, des Calmouks et des Kirghiz des déserts voisins, ainsi que des habitans de pays plus favorisés du ciel. Il peut observer le contraste que lui offrent les manières polies des sujets du grand roi, et les usages grossiers d'un Turc nomade. Il peut voir des Ouzbeks de toutes les contrées du Mavar-al-Nahar, et spéculer, d'après leur physionomie, sur les changemens que les temps et les lieux produisent dans une famille du genre humain. L'Ouzbek de Boukharie, d'après son mélange avec le sang persan, n'est reconnu que difficilement pour un Turc. Les Ouzbeks du Kokhand, contrée voisine, ont subi moins d'altération, et les naturels de la Khivie, l'ancien Kharism, ont encore une rudesse de traits qui leur est particulière. On peut les distinguer de tous les autres à leur *kalpak*, bonnet en peau de mouton noire, haut d'un pied. Une barbe rouge, des yeux gris et une peau blanche, attireront quelquefois les regards d'un étranger ; son attention se sera alors fixée sur un pauvre Russe qui a perdu sa liberté et sa patrie, et qui mène ici une misérable vie dans l'esclavage. De temps en temps on aperçoit un Chinois dans le même état déplorable, sa longue queue a été coupée, et sa tête est coiffée d'un turban, parce que de même que le Russe, il joue le rôle de musulman. Ensuite vient un brahmaniste, dans un costume qui ne lui est pas moins étranger qu'à son pays. Un petit bonnet de forme carrée et un cordon, au lieu d'une ceinture, le différencient du musulman, et ainsi que le disent les sectateurs du Coran, empêchent que ceux-ci ne profanent les salutations prescrites dans leur langue en les adressant à un idolâtre. Indépendamment de ces signes distinctifs, le naturel de l'Hindoustan est reconnaissable à son air de réserve, et à la manière étudiée dont il évite de se mêler à la foule. Il ne se réunit qu'à un petit nombre de personnes qui se trouvent dans les mêmes circonstances que lui. Le juif a un caractère aussi marqué que le brahmaniste; il porte un costume un peu différent et un bonnet conique : mais rien ne le fait mieux discerner que les traits si connus et propres au peuple hébreu. En Boukharie, ils composent une très-belle race, et dans mes courses j'ai aperçu plus d'une femme qui me rappelait celles que le talent des peintres s'est plu à représenter. Des boucles de cheveux qui pendent sur leurs joues et sur leur cou relèvent les charmes de leur figure. On compte à peu près 4,000 juifs à Boukhara, ce sont des émigrans de Meched en Perse; ils s'occupent principalement de la teinture des toiles; ils sont traités de la même manière que les brahmanistes. Un Arménien égaré, vêtu d'une façon différente des précédens, fournit une image de cette nation errante ; elle est peu nombreuse à Boukhara.

A l'exception des hommes dont je viens de parler, l'étranger contemple dans les bazars une masse de population de belle taille, blanche et bien vêtue, ce sont les musulmans du Turkestan. Un grand turban blanc et une pelisse (*tchoga*) de couleur ombre, par-dessus trois ou quatre autres du même genre, est le costume ordinaire ; mais le Reghistan mène au palais, et les Ouzbeks aiment à paraître devant leur roi en vêtement de soie bariolée qu'ils nomment *adrass* ; on y emploie les couleurs les plus éclatantes, et il serait insupportable pour tout autre qu'un Ouzbek. Quelques grand personnages sont habillés de brocard ; on peut distinguer la gradation des rangs parmi les chefs, puisque ceux qui sont en faveur entrent à cheval dans la citadelle, tandis que les autres mettent pied à terre à la porte. Presque toutes les personnes qui vont rendre visite au roi sont accompagnées d'un esclave ; quoique cette classe du peuple soit presque toute composée de Persans ou de leurs descendans, elle a un air particulier. On dit que les trois quarts des habitans de Boukhara sont issus d'esclaves ; car on ne permet qu'à un petit nombre de captifs amenés de Perse au Turkestan de retourner dans leur patrie, et suivant ce qu'on dit universellement, il y en a beaucoup qui n'y sont nullement enclins. Une grande partie de la population de Boukhara ne se montre en public qu'à cheval ; mais soit sur un coursier, soit à pied, elle est toujours bottée, et les piétons marchent sur des talons si hauts et si étroits, que j'avais beaucoup de peine, non-seulement à cheminer, mais même à me tenir debout. Ces talons ont dix-huit lignes de haut, et l'extrémité inférieure n'a que six lignes de diamètre. Tel est le costume national des Ouzbeks; quelques gens de distinction ont par-dessus la botte un soulier qu'ils ôtent en entrant dans un appartement. Quant aux femmes, que je ne dois pas oublier, elles ne sortent généralement qu'à cheval, et elles s'y tiennent comme les hommes; un petit nombre va à pied; toutes sont cachées par un voile noir en crin. La difficulté de voir à travers cette enveloppe fait qu'elles regardent fixement les gens qu'elles rencontrent, comme dans une mascarade. Mais ici personne ne doit leur parler, et si quelque belle du harem du roi vient à passer, vous êtes averti de vous tourner d'un autre côté, et vous attrapez un coup sur la tête si vous négligez de vous conformer à cet avis, tant les belles de Boukhara la sainte sont sacrées.

Maintenant mon lecteur pourra probablement se former une idée de l'apparence des habitans de Boukhara. Du matin au soir la foule produit un bourdonnement, et on est étourdi du bruit de la masse des êtres humains qui sont en mouvement. Au milieu de la place, les fruits sont exposés en vente sous l'abri d'un morceau carré de natte soutenue par une seule perche. On est étonné de voir les marchands de fruits employés, sans discontinuer, à débiter du raisin, des melons, des abricots, des pommes, des pêches, des poires et des prunes, à une suite non interrompue d'acheteurs.

Ce n'est qu'avec difficulté que l'on se fraie un passage à travers les rues, on n'y parvient qu'en courant à chaque instant le risque d'être renversé par un homme monté sur un cheval ou un âne. Ces derniers animaux sont extrêmement beaux, et vont un pas d'amble très-vif, quoique chargés de leurs cavaliers ou de fardeaux. On rencontre aussi des charrettes de construction légère, parce que les rues ne sont pas assez étroites pour que les voitures à roue n'y puissent point passer.

Sur tous les points du bazar il y a des gens qui font du thé; ils se servent, au lieu de théières, de grandes urnes d'Europe, dont on maintient la chaleur par un tube de métal. La passion des Boukhars pour le thé est je crois sans égale, car ils en boivent à toute heure, en tout lieu, et d'une demi-douzaine de manières; avec ou sans sucre, avec ou sans lait, avec de la graisse, avec du sel, etc. Après les vendeurs de cette boisson chaude, on voit ceux du *rahat i djan* ou du délice de la vie : c'est une gelée ou sirop de raisin mêlé avec de la glace concassée. Cette abondance de glace est une des choses les plus agréables qu'il y ait à Boukhara; on peut s'en procurer jusqu'au moment où le temps froid la rend inutile. En hiver on l'entasse dans des glacières; elle se vend à un prix qui est à la portée des plus pauvres gens. Personne dans cette capitale ne songe à boire de l'eau à moins qu'elle ne soit à la glace, et on peut voir un mendiant en acheter au moment où, tout en criant qu'il est misérable, il sollicite la charité des passans. Quand le thermomètre est à 90° (25°,75), on peut dire que c'est une vue rafraîchissante d'apercevoir d'énormes masses de glaces coloriées, ramassées et entassées comme des boules de neige.

On n'en finirait pas de vouloir énumérer tous les marchands du Reghistan ; je me bornerai à dire qu'il n'y a presque point d'objets qu'on ne puisse y acheter ; on y trouve de la joaillerie et de la coutellerie d'Europe, à la vérité de qualité assez grossière ; du thé de la Chine, du sucre de l'Inde, des épiceries de Manille. Si on veut ajouter à son instruction en turc ou en persan, on peut aller aux boutiques de livres, où les savans, ou bien ceux qui veulent en avoir l'air, examinent avec attention les ouvrages qui ont déjà passé par beaucoup de mains.

En s'éloignant le soir de cette foule agitée pour gagner les quartiers plus retirés, on traverse des bazars voûtés, maintenant vides, on passe devant des mosquées surmontées de jolies coupoles et décorées de tous les ornemens qui sont admis par les musulmans. Après les heures de bazar, elles sont remplies par la foule qui vient à la prière du soir. A la porte des colléges, placés généralement en face des mosquées, on peut voir les étudians prenant du loisir après les travaux du jour ; ils ne sont ni aussi gais ni aussi jeunes que les élèves d'une université européenne ; beaucoup d'entre eux sont des hommes d'un certain âge, graves et compassés ; plus hypocrites peut-être, mais certainement non moins vicieux que les jeunes gens des autres pays. Au crépuscule tout ce mouvement cesse, le tambour du roi bat, d'autres dans tous les quartiers de la ville lui répondent, et à une heure marquée il n'est permis à personne de sortir de chez soi sans lanterne. D'après ces arrangemens, la police de Boukhara est excellente, et dans chaque rue de grands ballots de toile restent pendant la nuit sur le devant des boutiques en toute sûreté. Le silence le plus profond règne jusqu'au lendemain matin que le bruit recommence dans le Reghistan. La journée s'ouvre par les mêmes rasades et libations de thé, et des centaines de petits garçons et d'ânes chargés de lait s'empressent d'arriver près de la foule affairée. Le lait se vend dans de petites jattes au-dessus desquelles flotte la crème; un jeune homme en apporte au marché vingt à trente dans des tablettes soutenues et suspendues à son épaule par un bâton. Quelque quantité qui puisse en être apportée, elle ne tarde pas à disparaître parmi le nombre prodigieux de buveurs de thé de cette grande cité.

Bientôt après notre arrivée, je rendis visite à nos compagnons de voyage, les marchands de thé, qui logeaient dans un caravanseraï, et étaient très-affairés à déballer, vanter et vendre leur marchandise. Ils envoyèrent chercher au bazar de la glace et des abricots; nous nous assîmes et nous nous régalâmes ensemble. Un acheteur, me voyant dans cette société, me prit pour un marchand de thé, et me demanda la note de mon assortiment. Sa question me divertit beaucoup ainsi que les marchands;

ils n'avertirent pas cet homme de son erreur sur mon compte, et nous continuâmes à converser ensemble. Il parla des nouvelles du jour, des dernières conquêtes du roi à Cheher Sebz, des menaces des Persans d'attaquer la Boukharie, ne soupçonnant nullement que je ne fusse pas un Asiatique.

En retour, nous reçûmes des visites de ces marchands et de beaucoup d'autres personnes qui venaient pour contenter leur curiosité à nos dépens. N'ayant pas la permission d'écrire, c'était pour nous un passe-temps agréable, parce que tout ce monde était très-communicatif. Les Ouzbeks sont un peuple simple, avec lequel on a promptement fait connaissance, quoiqu'ils aient un singulier ton de voix qui semble marquer du mépris ou la colère pour la personne à laquelle ils parlent. Ils n'employaient jamais, pour nous saluer, aucune des formules usitées entre musulmans; ils semblaient avoir une autre sorte d'expressions dont les plus communes sont : « Puisse » ta richesse s'accroître (*daoulet ziada*), ou puisses-» tu vivre long-temps (*oumr daraz*)! » Néanmoins, avant de s'asseoir, ils récitaient toujours le *fatiha* ou la prière du Coran, en étendant leurs mains et se frappant la barbe; et nous en faisions autant. Plusieurs des gens qui nous rendirent visite manifestèrent des soupçons sur notre condition, et néanmoins ne montrèrent aucune répugnance pour converser sur toutes sortes de sujets, depuis la politique de leur roi jusqu'à l'état du marché. Quelle simplicité chez ces hommes! ils croient qu'un espion doit s'occuper de mesurer leurs forts et leurs remparts; ils n'ont aucune idée de la valeur d'une conversation. Avec cette promptitude de nos hôtes à faire des réponses, je n'éprouvais pas d'ennui à leur expliquer les usages de l'Europe; mais je dois conseiller au voyageur de se munir d'un fond considérable de cette sorte de connaissance avant d'entreprendre une pérégrination dans les contrées de l'Orient. On doit avoir quelques notions du commerce, des arts, des sciences, de la religion, de la médecine, et dans le fait, de chaque chose; toute réponse qui donne des explications vaut mieux que celle qui se borne à dire : « Je n'en sais rien, » parce que l'ignorance réelle ou prétendue est interprétée comme un dessein volontaire de cacher ce qu'on sait.

Je saisis une occasion de voir le marché aux esclaves qui se tient tous les samedis matin. Les Ouzbeks conduisent toutes leurs affaires par le moyen des esclaves qui sont principalement amenés de la Perse par les Turcomans. Ces pauvres gens y sont exposés en vente, et occupent une quarantaine d'échoppes où on les examine comme du bétail, avec cette différence qu'ils peuvent rendre compte de ce qu'ils sont. J'allai à ce bazar un matin; il n'y avait que six pauvres créatures, et je fus témoin de la manière dont on les vend. On leur demande d'abord quelle est leur parenté, où ils ont été faits captifs, et s'ils sont musulmans, c'est-à-dire sunnites. Cette question est faite de cette manière, parce que les Ouzbeks ne regardent pas un chiite comme un vrai croyant. De même que chez les premiers chrétiens, un sectaire leur est plus odieux qu'un infidèle. Après que l'acheteur s'est assuré que l'esclave est un infidèle (*kaffir*), il visite son corps, examinant notamment s'il est exempt de la lèpre si commune dans le Turkestan, puis il marchande pour le prix.

Trois petits garçons persans étaient à vendre pour trente tillas d'or (500 fr.) par tête; il était surprenant de voir le contentement de ces pauvres enfans dans leur triste condition. J'entendis l'un d'eux raconter comment il avait été pris pendant qu'il gardait ses troupeaux au sud de Meched. Un autre qui entendait une conversation entre les spectateurs relativement à la vente des esclaves dans ce moment, leur dit qu'un grand nombre avait été enlevé. Son compagnon reprit alors avec une certaine émotion : « Toi » et moi sommes les seuls qui pensons ainsi, à cause » de notre infortune; mais ces gens doivent savoir » mieux que nous ce qui en est. » Il y avait là une malheureuse fille qui avait été long-temps au service d'un homme maintenant obligé de la vendre, parce qu'il était devenu pauvre. Je suis certain que bien des larmes ont été versées dans la cour où je considérais cette scène; mais on m'assura de toutes parts que les esclaves sont traités avec douceur; comme un si grand nombre reste dans le pays après avoir été affranchi, il semble que cette assertion doit être vraie. C'est la Khivie qui approvisionne principalement le bazar aux esclaves de Boukhara. Des Chinois et des Russes y sont également vendus, mais rarement.

Les sentimens d'un Européen se révoltent à l'idée de cet odieux trafic; un Ouzbek ne partage pas ces pensées, il croit rendre service à un Persan en l'achetant, et le voyant renoncer à ses opinions hérétiques.

Ce matin-là je passai du marché aux esclaves au grand bazar; la première chose qui frappa mes regards fut la punition des musulmans pris en faute contre la religion, le vendredi précédent. Il y avait quatre hommes qui avaient été surpris endormis à l'heure de la prière, et un jeune garçon qui avait fumé en public. Ils étaient liés les uns aux autres et le jeune fumeur ouvrait la marche, tenant à la main le houkah (la pipe). L'officier de police les suivait avec une courroie épaisse dont il les châtiait tout en marchant et criant à haute voix : « O vous! sectateurs » de l'islamisme, contemplez la punition de ceux » qui violent la loi! » Toutefois, il n'y eut jamais une telle suite de contradictions et d'absurdités, comme dans la pratique et la théorie de la religion à Boukhara. On peut acheter ouvertement du tabac et tout l'appareil nécessaire pour en aspirer la fumée; mais si on est aperçu fumant en public, on est immédiatement traîné devant le cazi, et puni par la bastonnade, ou placé sur un baudet et promené le visage barbouillé de noir, afin de servir d'avertissement aux autres. Si quelqu'un est surpris chassant aux pigeons le vendredi, il est aussitôt assis sur un chameau et montré dans les rues avec l'oiseau mort suspendu au cou. Quiconque est vu dans les rues aux heures des prières, et convaincu d'avoir l'habitude de cette négligence, paye une amende et est ensuite condamné à la prison, et cependant des misérables fréquentent les soirs les rues pour commettre des abominations non moins contraires au Coran qu'à la nature. Chaque chose présente réellement un tissu de contrariétés, et certainement nulle ne fut plus manifeste pour moi que la punition des coupables, passant avec tout l'appareil de la publicité, devant la porte même du bâtiment où des créatures humaines étaient mises de niveau avec les brutes de la terre; sans doute en opposition avec les lois de l'humanité, et non moins certainement en opposition avec les lois de Mahomet.

Les Hindous de Boukhara recherchaient notre société, parce que ces hommes semblent regarder les Anglais comme leurs supérieurs naturels. Dans tous les pays où nous passâmes, ils nous rendirent visite et ne voulurent converser avec nous qu'en hindoustani, ce qui était un gage d'union entre eux et nous. Ils semblaient jouir, dans cette contrée, d'un degré de tolérance suffisant pour les mettre en état de vivre heureux. L'énumération des restrictions auxquelles ils sont soumis pourrait cependant les faire regarder comme une race persécutée. Ils ne peuvent ni construire des temples, ni ériger des idoles, ni faire des processions; ils ne vont pas à cheval dans l'intérieur de la ville, et doivent porter un costume particulier. Ils payent un *djiza* ou droit de capitation, qui varie de quatre à huit roupies par an, mais qui est également levé sur quiconque n'est plus musulman. Ils ne doivent jamais ni insulter ni maltraiter un croyant. Quand le roi passe dans le quartier qu'ils habitent ils doivent sortir, se ranger en haie et lui souhaiter santé et prospérité; lorsqu'ils vont à cheval hors des murs, ils doivent en descendre s'ils rencontrent le monarque ou le cazi. Il ne leur est pas permis d'acheter des femmes esclaves, parce qu'un infidèle souillerait une fidèle ; aucun d'eux ne transporte sa famille au delà de l'Oxus. Moyennant ces sacrifices, les Hindous vivent tranquillement à Boukhara ; dans toutes les contestations et les procès, on leur rend la justice avec la même équité qu'aux musulmans. Je n'entendis citer aucun exemple de conversion forcée à l'islamisme, bien que depuis trois ou quatre ans trois ou quatre brahmanistes eussent adopté la doctrine du Coran. L'extérieur de ces gens est extrêmement posé et réglé; on serait tenté de supposer qu'ils ont renoncé à rire, à en juger par la gravité de leur physionomie. Ils parlent avec satisfaction de leurs priviléges, et sont très-contens de la promptitude avec laquelle ils peuvent réaliser de l'argent, quoique ce soit au prix de leurs préjugés. On compte à peu près trois cents Hindous à Boukhara; ils vivent dans un caravanseraï dont la propriété leur appartient. Ils sont presque tous natifs de Chikarpour dans le Sindhi; depuis quelques années leur nombre s'est accru. Les Ouzbeks, et dans le fait tous les musulmans, sont vaincus par le génie commercial de ces hommes qui avancent des sommes très-considérables pour le plus petit bénéfice.

Parmi les Hindous se trouvait un déserteur de l'armée britannique à Bombay; il vint aussi nous voir. Il était parti pour aller en pèlerinage à tous les temples du monde brahmanique, et dans ce moment il dirigeait ses pas vers les temples du feu à Bakou, sur les bords de la mer Caspienne. Il avait servi dans le vingt-quatrième régiment de cipayes; je connaissais plusieurs des officiers de ce corps, et ce fut avec plaisir que j'entendis leurs noms dans cette cité lointaine. J'écoutai avec intérêt le détail des aventures et des voyages de cet homme; il n'était pas effrayé de l'idée que je voulusse le dénoncer et le faire arrêter. Je le regardai comme un frère d'armes, et il m'amusa beaucoup par ce qu'il raconta de Mourad Beg chef de Khoundouz; il l'avait suivi dans ses campagnes comme bombardier. Quand ce coureur de pays vint chez nous pour la première fois, il était vêtu en pèlerin; mais on ne peut pas même à Boukhara se méprendre sur l'allure d'un soldat.

La maison où nous logions était extrêmement petite, et dominée de tous côtés; mais nous n'en éprouvions aucun regret, parce que cet inconvénient nous procura une occasion de voir une beauté turque, jeune et jolie femme qui se promenait sur un balcon voisin, et qui désirait de s'imaginer qu'elle n'était pas vue. Une fuite feinte ne fut pas même négligée par cette belle, que la curiosité excita souvent à jeter à la dérobée un coup d'œil sur les Firinghis. Comme notre gain était réel dans l'échange, elle ne nous incommodait nullement ; mais malheureusement elle se trouvait trop loin de nous pour que nous pussions lui adresser quelques douces paroles.

Les femmes de Boukhara se teignent complétement les dents en noir; elles tressent leurs cheveux et les laissent pendre en longues nattes sur leurs épaules. Leur habillement diffère peu de celui des hommes; elles portent de même des pelisses; mais les manches, au lieu de servir à y passer les bras, sont retroussées par derrière, et attachées ensemble. Même dans leurs maisons, elles ont pour chaussure d'énormes bottes à la hessoise, faites en velours et extrêmement ornées; quel goût étrange pour des créatures qui sont toujours enfermées de s'affubler de bottes semblables comme si elles s'étaient préparées à entreprendre un voyage! Elles sont coiffées de grands turbans blancs, un voile couvre leur visage, et plus d'une jolie figure est ainsi condamnée à rougir sans qu'on s'en aperçoive. L'occupation de montrer sa beauté de la manière la plus avantageuse, occupation à laquelle les femmes consacrent une si grande partie de leur temps dans des contrées plus heureuses, est inconnue ici. Un homme peut tuer son voisin d'un coup de fusil s'il l'aperçoit à son balcon à d'autres heures que celles qui sont fixées. L'assassinat suit le soupçon ; parce que les lois du Coran, relativement aux femmes, sont observées avec la plus stricte rigueur. Si la jalousie est une passion rarement connue des musulmans, elle est remplacée par un vice bien plus dégradant.

Pendant mon voyage dans le Caboul, j'avais souvent joui des agrémens du bain, suivant l'usage des Orientaux. Je me procurai le même plaisir à Boukhara; mais je ne pus le goûter que dans certains bâtimens, les prêtres ayant affirmé que l'eau de tels et tels bains serait changée en sang si elle était souillée par une femme ou par un infidèle. Un bain oriental est trop connu pour que j'en fasse la description; mais l'opération est très-singulière : vous êtes étendu de toute votre longueur, frotté, pétri, frappé; mais tout cela vous rafraîchit. Les bains de Boukhara sont très-vastes. Plusieurs petites cellules voûtées entourent une grande salle circulaire à coupole, et sont chauffées à des températures différentes. Pendant le jour, la lumière arrive par les verres colorés de la coupole; la nuit, une seule lampe placée en bas suffit pour éclairer à la fois toutes les cellules. La portion du cercle tournée vers la Mecque est employée comme mosquée, et le mahométan sensuel peut y faire sa prière pendant qu'il goûte un des délices promis dans le paradis du prophète. Il y a dix-huit bains à Boukhara; un petit nombre est de très-grandes dimensions; mais la totalité rapporte un revenu de 150 tillas ou 1,000 roupies. Cette somme peut servir à évaluer la quantité des habitans. Chaque personne paye au maître du bain dix pièces de monnaie de cuivre, dont 135 équivalent à une roupie : par conséquent, cent individus à peu près peuvent se baigner pour un tilla, et 150 pièces de cette monnaie donnent 15,000 personnes pour chaque bain : comme il y en a dix-huit, il en résulte que 270,000 individus y vont annuellement ; mais on n'en fait usage que la moitié de l'année, durant les mois froids, et les pauvres ne peuvent jamais se procurer cette satisfaction.

En me promenant par la ville, je n'omis pas d'aller présenter mes respects au ministre, et au bout de dix jours M. Gérard fut en état de m'accompagner. Le ministre ne fit pas moins de questions que le nabab de Caboul sur la préparation des médecines et des emplâtres, et pria le docteur de la lui enseigner. Toutefois nous étions parvenus dans une région plus civilisée, en nous approchant de l'Europe, puisque le visir avait reçu de Constantinople de la quinine et d'autres médicamens. Nous restâmes avec le kouch beghi pendant qu'il s'occupait d'affaires ; et nous le vîmes lever des droits sur les marchands, qui sont traités très-favorablement dans ce pays. Les pièces de toile sont apportées, et une sur quarante est prise en guise de droits; ce qui laisse au marchand son profit, sans l'incommoder pour l'argent comptant. Un musulman n'a qu'à invoquer le nom du prophète, se frapper la barbe, et se déclarer pauvre, pour être exempté de tout droit. Un homme dit qu'il avait des témoins qui prouveraient qu'il était accablé de dettes, et qu'il les amènerait. Le ministre répliqua : « Prête serment, nous n'avons pas besoin » de témoins. » L'homme s'étant conformé à cette demande, chacun des assistans s'écria : « Dieu est » grand ! » et récita le *fatiha*; les marchandises furent rendues sans avoir payé la moindre chose.

Quoique très-disposé à juger très-favorablement des Asiatiques, et ils gagnèrent dans mon opinion à mesure que je les connus mieux, je ne les ai pas trouvés exempts de mensonge; je crains donc que beaucoup de faux sermens ne soient prêtés parmi eux.

Aucun prince n'a plus que les souverains de la Boukharie cherché à favoriser et à encourager le commerce. Sous le règne du dernier monarque, les droits n'étaient jamais payés que lorsque la marchandise avait été vendue, de même que dans le système des engagemens d'une douane anglaise. Dans l'occasion actuelle, le visir s'étendit beaucoup sur le sujet du commerce, relativement à la Boukharie et à la Grande-Bretagne, et exprima un vif désir d'augmenter les relations entre les deux pays; il m'invita même à revenir comme ambassadeur pour cet objet, et n'oublia pas de me prier de lui apporter une paire de lunettes pour son usage. Notre liaison était maintenant établie sur un pied qui promettait beaucoup; je voulus profiter de la circonstance pour témoigner au kouch beghi le désir de présenter nos devoirs au roi. J'avais touché une corde délicate; car il me sembla que le ministre craignait que nous ne fussions chargés de faire au monarque quelque proposition qui devait lui rester cachée. « Je vaux bien
» l'émir, reprit-il (c'est ainsi qu'on appelle le roi),
» et si vous n'avez pas d'affaires à traiter avec lui,
» qu'est-ce que les voyageurs ont à faire avec les

» cours? » Je l'instruisis de notre curiosité sur ce point ; mais il ne lui convenait pas que nous eussions cet honneur, et c'en fut assez pour nous faire abandonner notre dessein.

Néanmoins, j'étais décidé à voir le roi ; et le vendredi suivant, à midi, j'allai à la grande mosquée, édifice construit par Timour. J'aperçus le monarque et tout son monde sortant de la prière. Il me parut âgé de moins de trente ans, et n'avoir pas une physionomie avantageuse ; ses yeux sont petits, son visage est maigre et pâle ; il était simplement vêtu d'une robe de soie, et coiffé d'un turban blanc. Il a quelquefois une aigrette en plumes, ornée de diamans. Un Coran était porté devant lui, et il était précédé et suivi de deux huissiers avec des masses d'or, lesquels criaient en turc : « Priez Dieu que » le commandant des fidèles se conduise équitable- » ment! » Sa suite ne se composait pas de plus d'une centaine de personnes, la plupart en robes de brocard de Russie, et avec des sabres, que j'appellerai volontiers coutelas, ornés en or ; c'est la marque de distinction de ce pays. Le roi actuel a plus de pompe que ses prédécesseurs ; mais peut-être juge-t-il nécessaire d'affecter de l'humilité dans un temple, et au retour d'une cérémonie religieuse. Le peuple se rangeait de côté quand il passait, et se frappait la barbe en souhaitant paix au monarque. Je fis de même. Bahadour Khan, tel est le nom du roi, est très-respecté de ses compatriotes. A son avénement au trône, il donna tout son bien particulier. Il observe avec exactitude les devoirs de la religion; mais il est moins bigot que son père, Mir Haïder. En tout, il se conforme aux préceptes du Coran, et on prétend même qu'il ne vit que de la capitation levée sur les juifs et les Hindous. On dit que les revenus du pays sont dépensés à entretenir les mollahs et les mosquées; mais ce jeune roi est ambitieux et belliqueux, et je regarde comme plus probable qu'il emploie ses trésors à l'entretien de ses troupes et à l'accroissement de sa puissance.

La vie de ce roi est moins digne d'envie que celle de la plupart des particuliers. L'eau qu'il boit est apportée de la rivière dans des outres, gardées et scellées par deux officiers; elles sont ouvertes par le visir, et l'eau est goûtée d'abord par ses gens, ensuite par ce ministre; ensuite l'outre, scellée de nouveau, est envoyée au roi. Les repas journaliers de ce monarque subissent les mêmes épreuves; le ministre mange, il donne des mets aux personnes qui l'entourent; elles attendent qu'une heure se soit écoulée pour juger de l'effet de ces alimens; ils sont alors renfermés sous clef dans un boîte et expédiés. Le roi en a une clef et le ministre une autre. Les fruits, les confitures, tout objet comestible passe par le même essai; on ne peut guères supposer que le bon roi des Ouzbeks mange jamais un plat bien chaud ou un dîner qui vient d'être préparé. L'usage du poison est commun, et on soupçonne fortement que l'élévation du roi sur le trône où il est maintenant assis, n'est pas exempte d'une distribution libérale de doses de ce genre. Un jour un Boukhar me présenta des figues ; j'en pris une et je la mangeai pour lui montrer que j'appréciais le don. Cet homme m'avertit de me tenir sur mes gardes à l'avenir : « Parce » que, dit-il, tu dois d'abord inviter celui qui te » donnes une chose à en manger, et, s'il le fait, tu » peux en toute sûreté suivre son exemple. »

Peu de jours après mon arrivée à Boukhara, j'exprimai le désir de voir quelques-uns des infortunés Russes qui ont été vendus dans ce pays. Un soir, un homme vigoureux, ayant l'air mâle, tomba à mes pieds et les baisa. C'était un Russe, nommé Grégoire Poulakov; il avait été enlevé, vingt-cinq ans auparavant, durant son sommeil, à un avant-poste. Il était fils d'un soldat, et exerçait la profession de charpentier. Je lui dis de s'asseoir avec nous, et de nous raconter ses tribulations et ses aventures; c'était l'instant de notre dîner, le pauvre charpentier nous aida à manger notre pilau. Quoiqu'il ne fût âgé que de dix ans à l'époque de sa captivité, il n'avait pas oublié sa langue maternelle, et son vœu le plus ardent était de retourner dans sa patrie. Il payait sept tillas par an à son maître, qui lui permettait de se livrer à son métier, et de garder tout ce qu'il pouvait gagner au delà de cette somme. Il avait une femme et un enfant également esclaves : « Je suis » bien traité, dit-il ; je vais où je veux; je m'associe » à chacun, et je joue le rôle d'un musulman; mais » mon cœur brûle pour ma patrie, j'y servirais avec » joie dans l'armée soumise au joug le plus despoti-

» que. Si je pouvais seulement la revoir, je mour-
» rais volontiers. Je vous confie mes sentimens, mais
» je les cache aux Ouzbeks. Je suis encore chrétien
» (et le pauvre homme fit le signe de la croix à la
» manière de l'église grecque) : je vis parmi des gens
» qui détestent, très-cordialement, tout homme de
» cette croyance. Ce n'est que pour ma tranquillité
» que je me dis musulman. » Ce pauvre diable avait
pris tous les usages et toutes les façons d'un Ouzbek,
et je n'aurais jamais pu le distinguer, si ce n'avait
été à ses yeux bleus, à sa barbe rousse et à la blancheur de sa peau. Il s'informa avec beaucoup de
chaleur s'il y avait quelque espérance de délivrance
pour lui et ses camarades; je ne pus lui donner d'autre consolation que de lui parler d'une rumeur relative à l'intention de l'empereur, de mettre fin, par
une expédition armée, au trafic des esclaves. Il me dit
que la dernière ambassade russe en Boukharie, sous la
conduite de M. Negri[1], n'avait pas réussi à effectuer cet
objet si désirable; que cependant la vente des esclaves russes en Boukharie avait cessé depuis dix ans. Il
n'y en avait pas cent trente dans tout le royaume; mais
en Khivie leur nombre augmentait comme auparavant. La totalité de ceux qui se trouvaient en Boukharie aurait été rachetée par l'ambassadeur, s'il ne
s'était pas élevé des discussions religieuses sur la convenance de permettre, à des chrétiens devenus mu-

---

[1] On trouve la relation de cette ambassade dans l'ouvrage suivant : *Voyage d'Orenbourg à Boukhara, fait* en 1820, par
M. le baron de Meyendorff. Paris 1826, 1 vol. in-8°.

sulmans, de retomber dans leur idolâtrie. Les mollahs avaient vu des images peintes dans les églises russes, et aucun raisonnement ne pouvait les faire départir de ce qu'ils alléguaient comme le résultat de l'évidence de leurs sens, c'est que les Russes adorent des idoles.

Il existe généralement une différence d'opinion sur chaque matière, et celles des Russes et des Boukhars sur l'esclavage étaient très-opposées. Les musulmans ne croient pas commettre un péché en réduisant les Russes en esclavage, soutenant que la Russie offre l'exemple d'un pays entier d'esclaves, notamment dans la manière despotique dont les soldats sont gouvernés. « Si nous achetons des Russes, disent-
» ils, les Russes achètent, sur notre frontière, des Kir-
» ghiz Kaïsaks, qui sont musulmans, et ils obsèdent ces
» hommes de menaces, de flatteries et d'espérances
» pour leur faire abandonner leur foi et les rendre
» idolâtres. Considérez d'un autre côté les Russes
» en Boukharie, leur manière de vivre, la liberté,
» l'aisance dont ils jouissent, et comparez cela au
» pain noir et à la tyrannie inexorable qu'ils éprou-
» vent dans leur patrie. » Ils finirent par parler de la cruauté du bannissement en Sibérie, qu'ils ne mentionnèrent qu'en frémissant d'horreur, et assurèrent qu'en plusieurs circonstances la crainte de ce châtiment avait contraint les Russes à chercher volontairement un refuge en Boukharie. Nous n'essaierons pas de décider entre les deux parties; mais il est triste pour les libertés de la Russie qu'elles puissent être mises en parallèle avec les institutions d'un

royaume turc, dont la pitié est proverbialement mise de pair avec la tyrannie afghane.

Indépendamment des Russes, des Hindous et des Ouzbeks, le cercle de nos connaissances s'accrut bientôt à Boukhara, et la plupart des commerçans afghans recherchèrent notre société; nous ne pûmes qu'être flattés de l'opinion favorable qu'ils avaient du gouvernement britannique dans l'Inde. L'un d'eux, Servar Khan, négociant de Lohan, très-riche, auprès duquel nous ne fûmes jamais introduits, nous offrit tout l'argent dont nous pouvions avoir besoin, et le fit d'une manière qui ne permettait aucun doute sur sa sincérité. Chir Mohammed, autre marchand, natif de Caboul, fut pour moi d'un secours très-utile dans nos recherches sur le commerce de l'Asie centrale. Nous étions constamment assaillis par des Afghans et même des Ouzbeks, pour leur donner des notes écrites de notre main, et attestant que nous les connaissions, parce qu'ils croient qu'une telle note est un engagement d'union avec les Anglais, et que sa possession leur assurerait au besoin une réception honorable dans l'Inde. Nous nous rendîmes aux vœux de ceux qui parurent mériter notre confiance.

Au nombre de nos amis était Ahmed Djoui, négociant cachemirien, homme habile et parleur; il souhaitait beaucoup que je l'aidasse dans la préparation d'une espèce de cochenille qui, je crois, ne peut être apprêtée qu'à Boukhara. Il y avait aussi Hadji Mirak, vieillard qui avait vu le monde depuis Canton jusqu'à Constantinople; il m'apporta en cachette d'anciennes et précieuses médailles bactriennes, qui sont agréables à un Européen. La plus intime de nos connaissances était peut-être notre hôte, Makhsoum, marchand ouzbek, qui commerçait avec Yarkend. Chaque jour il nous rendait visite, et généralement amenait quelques-uns de ses amis. Je veux citer un fait qui est très-honorable pour lui. Il était très-communicatif, et nous donna beaucoup de renseignemens utiles. A mesure que notre intimité s'accrut, je lui adressai des questions précises sur les revenus et les ressources de la Boukharie, sur son étendue et sa puissance, et un jour je déployai en sa présence une petite carte du pays. Il me satisfit sur tous les points ; puis, me priant de refermer ma carte, il me supplia de ne plus jamais montrer un tel papier à Boukhara, puisque des espions innombrables entouraient le roi, et que la vue de cet objet pourrait produire des conséquences fâcheuses. Il ne discontinua, du reste, ni ses visites, ni ses renseignemens. A notre arrivée, le gardien du caravanseraï avait refusé de nous loger, parce que nous n'avions pas de qualité, et que nous n'étions ni commerçans ni ambassadeurs; mais Makhsoum nous offrit obligeamment sa maison. Ses voisins l'avaient querellé, ses amis l'avaient effrayé, et lui-même avait d'abord tremblé du risque qu'il courait. Maintenant le gardien du caravanseraï se cachait de honte, et Makhsoum partageait notre intimité; ses voisins imploraient sa protection pour nous être amenés, et notre société était plus recherchée que nous ne le désirions pour notre commodité.

CHAPITRE X.

BOUKHARA.

Description de Boukhara. — Histoire de cette ville. — Rigueur de l'islamisme. — Littérature de l'Asie centrale. — Entrevue avec le visir. — Notice sur Samarcand. — Tombeau de Bahouadin. — Ville ancienne. — Famille Ouzbeke. — Le vendredi à Boukhara. — Visite d'adieu au visir. — Départ.

La tradition attribue la fondation de la ville de Boukhara à Sicander Dhul Carneïn ou Alexandre le Grand, et l'état physique du pays vient à l'appui de l'opinion que cette cité date des temps les plus reculés. Un terrain fertile, arrosé par un ruisseau, et entouré d'un désert, était comme un port pour le navigateur. Boukhara est située au milieu de jardins et d'arbres; on ne peut l'apercevoir à une certaine distance; c'est un lieu délicieux, et le climat y est salubre; mais je ne puis partager le sentiment des géographes arabes, qui en parlent comme du paradis de l'univers. Ferdouci, le grand poëte persan, dit: «Lorsque » le roi vit le Mavar el Nahar, il aperçut un monde » de villes. » Cela peut être vrai par comparaison avec l'Arabie et les plaines arides de la Perse ; mais les bords de quelques rivières de l'Inde offrent autant de richesses, de beauté et de fertilité.

La circonférence de Boukhara excède huit milles anglais, sa figure est triangulaire; elle est ceinte d'un mur en terre haut de vingt pieds et percé de douze portes. Conformément à la coutume de l'Orient, elles portent le nom des villes ou des lieux où elles conduisent. De dehors on aperçoit peu de grands édifices; mais quand le voyageur a pénétré dans l'enceinte, il suit son chemin entre des bazars élevés, bâtis en briques et voûtés, et rencontre chaque espèce de trafic dans un quarrier séparé : ici les marchands de mousselines, là les cordonniers; une arcade est remplie de soieries, une autre de toiles. Partout il trouve des édifices vastes et solides, des colléges, des mosquées et de hauts minarets. Une vingtaine de caravanseraïs contiennent des commerçans de différentes nations, et une centaine de réservoirs et de fontaines construites en pierre de taille approvisionnent d'eau une population nombreuse. Boukhara est entrecoupée de canaux ombragés de mûriers, et qui amènent l'eau du Kohik; une croyance répandue parmi le peuple mérite d'être rapportée, c'est que le sommet du minaret le plus élevé, et qui a à peu près 150 pieds de haut, est au niveau de Samarcand. Du reste, Boukhara n'est que médiocrement pourvue d'eau, la rivière coule à six milles de distance, et le canal n'est ouvert qu'une fois en quinze jours. En été les habitans de Boukhara sont quelquefois privés d'eau pendant des mois entiers, et pendant notre séjour, le canal avait été à sec durant soixante jours; la neige n'ayant pas fondu dans les terres hautes de Samarcand, la petite quantité d'eau de la rivière avait été consommée avant d'arriver à Boukhara. Par conséquent, la distribution de cet objet indispensable pour la vie devient une chose de la plus haute importance, et un officier du gouvernement est spécialement chargé de ce devoir. En définitive, l'eau est mauvaise et passe pour occasioner le ver de Guinée, maladie affreusement commune à Boukhara; les habitans disent qu'elle provient de l'eau, et ils ajoutent que ces vers sont les mêmes qui tourmentèrent le corps du saint homme et prophète Job.

Il y a à peine un jardin ou un cimetière dans l'enceinte des murs de Boukhara. A l'exception des édifices publics, presque toutes les maisons sont petites, et n'ont qu'un seul étage; cependant on en voit beaucoup de fort belles. Quelques-unes ont des parois intérieures en stuc, et très-élégamment peintes; d'autres des arcades en ogive ornées de dorures et de lapis lazuli, et les appartemens en sont à la fois élégans et commodes. Les habitations ordinaires sont en briques séchées au soleil, et soutenues par une charpente; toutes ont le toit plat. Dans les pays de l'Orient, une maison n'a pas de vue au dehors, parce qu'elle est entourée de toutes parts de murs élevés.

Le plus grand des édifices publics est une mosquée qui occupe un espace de 300 pieds, et dont le dôme s'élève à peu près au tiers de cette quantité; il est couvert en tuiles d'un bleu azur, vernissées; son aspect a de la magnificence. Ce temple est assez ancien, puisque sa coupole, endommagée par un tremblement de terre, fut réparée par le fameux Timour. Le minaret, qui est très-haut, fut élevé en l'an 542 de l'hégire; il est en briques qui ont été distribuées en dessins très-ingénieux. Les criminels sont précipités du haut de cette tour. Le prêtre principal est le seul qui ait la permission d'y monter, et seulement le vendredi, afin d'appeler les fidèles à la prière; on craindrait que de là il ne vît les appartemens des femmes dans la ville. Le plus joli édifice de Boukhara est le collége du roi Abdallah. Les phrases du Coran qui sont tracées sur une arcade élevée, sous laquelle se trouve l'entrée, ont plus de deux pieds de dimension, et sont écrites sur les belles tuiles vernissées dont j'ai déjà parlé. La plupart des dômes de la ville sont ornés de la même manière, et leurs sommets sont couverts par les nids du *laglag*, espèce de cigogne et oiseau de passage, qui fréquente ce pays, et est regardé par le peuple comme d'un heureux augure.

Il paraîtrait qu'autrefois Boukhara ne fut pas une ville considérable. Son éloignement de toutes les autres parties du monde musulman lui a donné de la célébrité; d'ailleurs elle a été une des premières conquêtes des califes. On n'a pas de peine à concevoir que la nombreuse postérité des premiers commandans des fidèles cherchât la gloire dans ces bocages lointains et délicieux. Son nom fut répandu au loin par le grand nombre d'hommes doctes et religieux qu'elle produisit, et l'épithète de *chérif* ou sainte lui fut bientôt donnée par ses conquérans musulmans. On regarde comme un signe certain de l'infidélité de dire que les murs des bâtisses de Boukhara sont tortueux; cependant leur architecture est si défectueuse, que je doute qu'il y ait dans toute la ville un seul mur qui soit d'aplomb. Les prêtres du temps présent affirment que dans tous les autres pays du globe la lumière descend sur la terre, mais qu'au contraire elle s'élève de Boukhara la sainte. On prétend que Mahomet, dans son voyage au ciel inférieur, observa ce fait, qui lui fut expliqué par l'ange Gabriel, comme le motif de cette appellation. Indépendamment de l'absurdité manifeste de ce conte, je me bornerai à dire que l'épithète de sainte est bien plus moderne que l'époque du prophète, puisque j'ai vu des monnaies qui ne la portent pas, et qui avaient moins de 850 ans d'antiquité. Boukhara existait comme ville aux jours de Kizzil (Alp?) Arslan : elle fut détruite par Djinghis Khan, et menacée par Houlagou, son petit-fils. On rapporte, relativement à des négociations avec ce dévastateur, une anecdote que je me souviens d'avoir entendu raconter au sujet de quelque autre ville. Les habitans envoyèrent au conquérant un jeune garçon doué de sagesse, et accompagné d'un chameau et d'une chèvre. Quand le guerrier aperçut ce cortége, il demanda pourquoi on lui avait envoyé un tel blanc-bec pour député. « Si » tu veux une plus grande créature, dit l'enfant,

» voici un chameau; si tu cherches de la barbe, voici
» la chèvre; si tu désires de la raison, écoute-moi. »
Houlagou prêta l'oreille aux sages discours du jeune
garçon; la ville fut épargnée et protégée, et il ac-
corda aux habitans la permission d'agrandir leurs
fortifications. Les remparts actuels ont été construits
par Rahim Khan, du temps de Nadir Châh; et puisque l'équité de ses souverains suit la marche de l'accroissement de son étendue, Boukhara promet d'être
une ville plus considérable dans les siècles modernes
qu'elle ne le fut anciennement.

Je profitai de la connaissance que j'avais faite du
mollah, en venant de Karchey, pour visiter son collége, le *médressé i cazi kalan*, qui est un des
principaux édifices de ce genre à Boukhara. Ce prêtre et son compagnon, qui me régala de thé et
causa long-temps, me fournirent les renseignemens
les plus détaillés sur ces sortes d'institutions. On
compte dans cette capitale environ trois cent soixante-six colléges, tant grands que petits, et dont un
tiers consiste en vastes bâtimens qui contiennent
soixante-dix ou quatre-vingts étudians. Beaucoup
n'en ont que vingt, et quelques-uns seulement dix.
Ces édifices ressemblent aux caravanserais : un bâtiment carré est entouré intérieurement d'un grand
nombre de petites cellules nommées *houdjras*, qui
sont vendues et ont une valeur de seize tillas; quelquefois elle s'élève jusqu'à trente. Une rétribution
fixe est allouée au professeur et à chacun des écoliers
qui demeurent dans l'enceinte; les colléges sont bien

dotés; tous les bazars et les bains de la ville, ainsi que la plupart des champs des environs, ont été achetés à cet effet par des personnes pieuses. Suivant la loi, le revenu public est approprié à l'entretien de l'église; un quart de leur totalité y est employé à Boukhara; et le produit de la douane est également partagé par les prêtres. On trouve dans les colléges des hommes de toutes les contrées voisines, excepté de la Perse : les étudians sont les uns jeunes, les autres âgés. Après sept ou huit ans d'études, ils retournent dans leur patrie après avoir accru leurs connaissances et leur réputation; quelques-uns continuent à demeurer toute leur vie à Boukhara. La possession d'une cellule donne à un étudiant un droit à certains émolumens annuels payés par la fondation ainsi que par le revenu public. Les colléges sont fermés la moitié de l'année par ordre du roi, afin de laisser à leurs habitans la possibilité d'aller travailler aux champs, et de gagner ainsi quelque chose qui accroisse leur pension. Que penseraient les membres des colléges d'Oxford et de Cambridge de l'occupation de faucher le froment? La saison des vacances est nommée *tatil*, et celle des études *tachil*. Les étudians ont la faculté de se marier; mais ils ne peuvent amener leurs femmes au collége. Dans le temps des études, les classes sont ouvertes depuis le lever du soleil jusqu'à son coucher; le professeur est constamment à son poste; les écoliers disputent en sa présence sur des points de théologie, et il dirige le débat. Quelqu'un dit :

« Prouve qu'il y a un Dieu », et à peu près cinq cents sortes d'argumens sont mis en avant; il en est de même des autres matières. Les étudians s'occupent exclusivement de la théologie; elle a remplacé toutes les autres sciences; ils ignorent absolument même les annales historiques de leur patrie. Jamais on ne vit pareil assemblage de lourdauds; excepté l'observance de la prière, ils se conforment très-peu aux préceptes de leur religion; mais ils ont de grandes prétentions à la régularité, et en affectent une excessive.

J'ai déjà parlé de la rigueur avec laquelle on exige à Boukhara que la loi musulmane soit pratiquée; je vais encore en citer quelques exemples. Il y a une douzaine d'années, une personne qui avait violé la loi se rendit au palais et demanda à être jugée d'après le Coran. La singularité de voir un homme qui s'accusait lui-même engagea le roi à ordonner qu'on le chassât. L'homme reparut le lendemain et fut de nouveau renvoyé. Il revint une troisième fois au palais, confessa tous ses péchés et gourmanda le roi de sa tiédeur, puisqu'il refusait de dispenser la justice; ce que, comme sectateur de l'islamisme, il sollicitait afin qu'elle pût amener son châtiment dans ce monde plutôt que dans l'autre. L'oulema ou le conseil des théologiens fut assemblé : la mort était la peine portée par la loi; le coupable, qui était un mollah, s'attendait à cette décision. Il fut condamné à être lapidé. Il tourna son visage du côté de la Mecque, et, se couvrant la tête de son vêtement, il répéta le *koloma* : « Il n'y a qu'un Dieu, et Mahomet est son prophète », et subit son sort. Le roi était présent et jeta la première pierre; mais il avait enjoint à ses officiers de laisser échapper cet extravagant s'il faisait la moindre tentative de s'enfuir. Quand il fut mort, le roi pleura sur son cadavre, ordonna qu'il fût lavé et enterré, assista en personne au convoi, et lut le service funèbre sur la tombe. On raconte qu'il fut vivement ému; jusqu'à ce jour des vers rappellent la mort de cet infortuné, qui était ou un fanatique ou un insensé. Un événement semblable s'est passé cette année même. Un fils qui avait maudit sa mère se présenta, demandant que justice fût faite; et s'accusant, la mère l'excusa et sollicita son pardon; le fils supplia qu'on le punît : l'oulema ordonna sa mort, et il fut exécuté comme un criminel dans une des rues de la ville. Un marchand ayant récemment apporté des peintures de la Chine, elles furent immédiatement brisées, et le gouvernement en paya la valeur, parce qu'il est contraire à la loi musulmane de peindre la ressemblance d'une créature vivante sur la terre. Les notions de ces gens sur la justice sont singulières dans quelques cas. Un Afghan, ayant pillé une caravane, fut condamné à mort; mais il eut la faculté de racheter son sang, conformément à la loi, s'il s'exilait de la Boukharie, parce qu'il était étranger. Toutefois, avant que cet arrangement eût été effectué, un second vol fut commis par une bande de la même nation : le clergé décréta la mort des brigands; et comme il jugea que le châtiment du premier criminel, joint à celui des autres, offrirait un exemple plus salutaire et plus efficace, il rendit l'argent du sang, biffa le pardon et fit exécuter tous les coupables.

Les sentimens de nous autres Européens sont révoltés de ces changemens arbitraires; mais on ne peut pas dire que la punition fut injuste, et si elle produisit de l'effet sur les gens enclins au mal, elle ne fut certainement pas déraisonnable. Quelle que puisse être notre opinion de ces coutumes et de ces lois, elles ont consolidé l'existence et favorisé la prospérité de ce pays; il n'y en a pas, dans toute l'Asie, où toutes les classes d'habitans soient autant protégées en tout. Ceux qui ne sont pas musulmans n'ont qu'à se conformer à un petit nombre d'usages prescrits pour être placés au même niveau que les croyans. Le code des lois est sanguinaire, et néanmoins n'est pas injuste. Si nous plaçons les vices de la Boukharie à côté de ses lois et de sa justice, nous aurons beaucoup à condamner; mais le peuple est heureux, le pays florissant, le commerce prospère, et la propriété est protégée. Ce n'est pas une petite louange pour une contrée soumise à un gouvernement despotique.

Une opinion prévalente en Europe représente cette portion de l'Asie comme ayant été dans un temps le siége de la civilisation et de la littérature. On ne peut douter que les monarques grecs de la Bactriane n'eussent conservé dans leur royaume, nouvellement acquis, les arts et les sciences de leur patrie. Un célèbre historien, Gibbon, a énoncé une conjecture, c'est que la plus grande partie de la science de la Scythie et de l'Inde provenait de ces rois grecs. Nous n'avons pas à examiner pour le moment ce qui concerne l'Inde; mais pour ce qui est de l'Asie centrale et occidentale, je ne puis partager l'avis de ce grand historien. Au cinquième siècle de notre ère, quand des hordes, dont une partie venant de la haute Asie, envahirent l'empire romain, ces régions n'avaient ni arts ni littérature. Au huitième siècle, quand elles furent conquises par les califes, elles n'étaient pas plus avancées sous ces deux rapports. Au dixième siècle, quand ces mêmes contrées donnèrent naissance à la dynastie des rois Seldjoukides, nous y voyons encore des pâtres, et elles embrassent l'islamisme que les califes avaient solidement établi. Les irruptions de Djinghis, au treizième siècle, nous présentent une horde de barbares, et dans le siècle suivant nous ne découvrons aucun progrès vers la culture, sous Timour le dévastateur. Toutes les invasions que je viens de citer furent entreprises par des hommes grossiers; et ce n'est qu'au temps de la mort de Timour que nous apercevons une littérature dans l'Asie centrale. Les travaux astronomiques d'Oulough Beg ont immortalisé Samarcand; ce prince peut avoir puisé sa science dans la Bactriane; mais dans les premiers temps les Arabes n'étaient pas des astronomes sans mérite, et on peut alors rapporter avec plus de probabilité ce qui concerne cette science à ce peuple qui s'empara de cette contrée, dix siècles après les Macédoniens.

A une époque postérieure à celle de la maison de Timour, une autre tribu, les Ouzbeks, sortant de la même région qui avait produit Attila et Djinghis, inonde également la Bactriane ; eux aussi n'étaient pas moins barbares que ceux qui mille ans auparavant les avaient précédés. Il est certain que la littérature reçut un grand encouragement dans ce pays, au siècle de Timour. Aux jours de Baber, elle nous offre une constellation de poëtes d'un mérite distingué, et ce prince nous fait connaître l'esprit de son temps par ses citations et ses vers. Il semblerait que ces talens naturels se perpétuèrent jusqu'à un époque récente, car le peuple montre de l'inclination pour la poésie. Mais je crains que maintenant elle n'ait dit un éternel adieu à la Transoxane. Le règne de Mir Haïder ou Saïd (le pur), le dernier roi, a introduit une ère de bigoterie et d'enthousiasme religieux. Il prit le nom d'émir al moumenin (commandant des fidèles), et remplit les fonctions d'un prêtre, non celles d'un roi ; il lisait les prières à l'enterrement des morts, disputait dans les mosquées, dirigeait le service divin, et enseignait dans les colléges. Un jour, dans la rue, il descendit de cheval pour rendre le salut à un Seïd ou Khouadja ; et il employait tous ses momens de loisir à la contemplation religieuse. Son voisin, le Khan de Khokhand, se comportait de la même manière, il s'arrogea de son côté le titre d'émir al mouslemin (commandant des musulmans) ; et à eux deux ils introduisirent un nouvel ordre de choses dans le Turkestan. Depuis ce moment, les mollahs des colléges ont dédaigné toute autre science que la théologie, et toute autre étude que celle du Coran et de ses commentaires. On peut dire que la Boukhara et le Khokhand renferment tout le Turkestan, puisque ce sont les deux états les plus puissans de cette contrée. On ne peut que regretter que les trois cent soixante-six colléges de Boukhara soient maintenant enfoncés dans une complication fort embrouillée de discussions polémiques et très-inutiles.

Une quinzaine de jours après notre arrivée à Boukhara, le visir nous envoya chercher vers midi, et nous garda jusqu'au soir; il avait du loisir, et il avait pris ses mesures pour l'employer. Il était en compagnie d'un grand nombre d'Ouzbeks; les sujets sur lesquels il avait dessein de nous interroger n'étaient nullement terrestres. Il voulait savoir si nous croyions en Dieu, et connaître nos idées générales de religion. Je lui dis que suivant notre croyance il n'y avait qu'un seul Dieu qui était partout, et avait envoyé des prophètes sur la terre; il y aurait un jour de jugement, un paradis et un enfer. Alors il en vint à des points plus délicats, tels que le fils de Dieu et le caractère prophétique de Mahomet; mais quoiqu'il ne pût approuver les opinions des chrétiens sur aucune de ces matières, il ne s'offensa pas de ma réponse, parce que je ne m'exprimai sur leur prophète qu'avec respect. « Adorez-vous des idoles? » continua le visir. Quand je lui répliquai d'un ton positif que nous n'en adorions pas, il montra une grande surprise. Il regarda quelques-uns de nos auditeurs, et l'un d'eux s'écria que nous cachions la vérité, parce qu'il était facile de découvrir que nous portions des idoles et des croix suspendues autour du cou. A ces mots je découvris ma poitrine, et je convainquis tous ces musulmans de leur erreur ; le visir dit en souriant : « Ce ne sont » pas de mauvaises gens! »

Les domestiques préparaient le thé de l'après-midi, le visir prit une tasse en disant : « Il faut que » vous buviez avec nous, car vous êtes, beaucoup » mieux que les Russes, le peuple du livre, et vous » semblez avoir des notions assez exactes de la vé-» rité. » Nous fîmes un salut à cette distinction, et par la suite nous fûmes toujours honorés de thé dans nos visites au ministre. Comme nous avions entamé le chapitre de nos professions de foi, il résolut de les parcourir. Il nous demanda si nous regardions les Arméniens comme les Parangons ou les saints du christianisme; je lui assurai que nous ne reconnaissions nullement une telle suprématie chez cette secte primitive. Il manifesta son étonnement de ce que nous faisions société avec les juifs, puisque c'étaient des gens si pervers. La résistance opiniâtre que les israélites opposèrent à Mahomet en Arabie semble les avoir disgraciés à jamais dans l'esprit de ses sectateurs.

Le ministre s'informe ensuite de la manière dont nous traitions les brahmanistes et les musulmans de l'Inde. Je lui répondis que nous respections les sentimens religieux des uns et des autres, que nous respections également les pagodes et les mosquées, et que nous avions soin d'épargner les paons, les vaches et les singes, parce que cela faisait plaisir aux premiers. « Est-il vrai, s'écria le kouch beghi, que ces » gens-là adorent ces bêtes? » Je repris que s'ils ne les adoraient pas ils les respectaient : « *Astagh* » *ferrolah* (que Dieu ait pitié de nous)!» furent les mots qui sortirent de sa bouche.

Le rusé personnage me demanda alors si nous mangions du porc ; il était absolument nécessaire de donner sur ce point une réponse motivée. « Oui, ré-» pliquai-je, mais ce sont principalement les pauvres » gens qui en usent.» «Quel en est le goût?» reprit-il. Je m'aperçus de la finesse, et je répondis : « J'ai entendu dire qu'il ressemble à celui du bœuf.» Il voulut savoir si depuis mon arrivée à Boukhara j'avais essayé de la viande de cheval; je convins que j'en avais goûté et qu'elle m'avait semblé bonne et savoureuse.

Il s'enquit alors si nous avions visité le fameux sépulcre de Bahouadin près de Boukhara, et quand j'eus exprimé le désir de le voir, il chargea quelqu'un de nous y accompagner et nous invita à cheminer tranquillement.

Ensuite le kouch beghi fut curieux de savoir ce que nous rapportions à nos parens en Europe, après une si longue absence, question qui annonçait son bon cœur. Je repris que le voyage durait trop long-temps et qu'il était incommode de traîner après soi un gros bagage, ajoutant que les soldats n'étaient jamais riches. A ces mots le vieillard se leva brusquement de dessus son tapis et demanda un fusil; il me le mit entre les mains et me pria de faire l'exercice de peloton; je me conformai à ses désirs. Il observa que notre système différait de celui des Russes, dont il connaissait quelque chose, et commença en même temps avec beaucoup de grimaces à marcher dans l'appartement. Comme nous regardions attentivement cette scène en nous tenant debout, le kouch beghi, qui était un Ouzbek de haute stature et à larges épaules, jeta un regard sur nous, en s'écriant : « Vous » autres Firinghis, vous êtes tous de petite taille; » vous ne pourriez pas vous battre contre un Ouzbek, » et vous vous mouvez comme des bâtons ». Une conversation s'ensuivit sur les avantages de la discipline; on peut excuser ces gens de n'y pas croire, puisqu'ils n'ont pas eu des occasions favorables d'en juger. Le visir nous apprit ensuite qu'une caravane se préparait à partir pour la mer Caspienne ainsi que pour la Russie, et qu'il prendrait des mesures pour assurer notre sécurité si nous entreprenions le voyage. Cette offre, ainsi que la bienveillance et la tolérance de ce personnage, fort grande pour un Ouzbek, étaient très-satisfaisantes pour nous. Le visir montra quelque envie de connaître l'état de nos finances et le montant de notre dépense journalière; cependant, quelque peu considérable qu'elle fût, il était inutile de lui indiquer toute la somme. Nous avions des fonds en abondance; mais, nos agens qui étaient Hindous, frissonnaient à l'idée d'être trouvés nous fournissant de l'argent. Nous ne sortîmes de chez le ministre qu'à la brune;

il pria M. Gérard de voir un de ses enfans dont la maladie avait défié la science de tous les médecins. Il était rachitique, et dans un état très-précaire; M. Gérard après la visite ayant fait pressentir la mort probable de cet enfant, le visir l'entendit sans émotion, disant qu'il avait treize fils et autant de filles.

Nous ne tardâmes pas de profiter de l'occasion de visiter le sépulcre de Bhaouadin, qui n'est éloigné que de quelques milles de Boukhara sur la route de Samarcand. J'aurais bien voulu poursuivre ma course jusqu'à cette ville célèbre; mais je ne pensais pas qu'il fût prudent d'en demander la permission, à cause de notre position un peu problématique. Samarcand n'est qu'à 120 milles de Boukhara; quand nous étions à Karchey, elle n'était qu'à deux marches de nous. Il fallut donc nous contenter de ce qu'on nous raconta de cette antique cité dont on peut suivre l'existence jusqu'au temps d'Alexandre le Grand. Elle fut la capitale des états de Timour, et les princes de sa maison y passaient leurs hivers. « Dans tout le monde habitable, dit Baber, il y a » peu de villes situées aussi agréablement que Samar» cand. » Elle est bien déchue de sa grandeur; ce n'est plus qu'une ville de province avec 8,000 ou au plus 10,000 habitans; des jardins et des champs occupent l'emplacement de ses rues et de ses mosquées; mais le peuple n'a pas cessé de la regarder avec la plus grande vénération. Tant qu'un roi de Boukharie ne l'a pas rangée sous son autorité, il n'est pas regardé comme souverain légitime. La possession de Samarcand devient le premier objet dont un monarque s'occupe à son avénement, quand son prédécesseur est décédé. Quelques-uns de ses édifices subsistent encore pour proclamer son ancienne gloire. Trois de ses colléges sont bien bâtis, et celui qui formait l'observatoire du célèbre Oulough Beg, est très-beau. Il a des ornemens en bronze, et les briques qui le composent sont vernissées ou peintes. Je ne pus rien apprendre sur le fameux obélisque que ce prince construisit, à l'exception de quelques traditions informes suivant lesquelles les briques étaient posées l'une après l'autre à mesure que l'heure sonnait. Un autre collége, celui de Cherédar, est d'une belle architecture. Le tombeau de Timour et de sa famille est encore debout; les restes de cet empereur reposent sous une haute coupole, dont les parois sont décorées d'agathes (*iachm*) incrustées. La situation de Samarcand a été vantée avec raison par les Asiatiques, cette ville étant voisine de coteaux peu élevés dans une contrée qui est partout ailleurs plane et unie. On raconte que le papier fut fabriqué à Samarcand pour la première fois; mais quel changement immense, puisque c'est la Russie qui fournit maintenant cet objet!.

La défense d'aller à cheval ne s'étendait pas au delà de l'enceinte de Boukhara, et nos domestiques eurent la satisfaction de monter nos bidets jusqu'à la porte, pendant que nous marchions à pied à côté d'eux. Une fois hors de la ville, nous ne tardâmes pas à arriver au tombeau de Bhaouadin Nakchbend, l'un des plus grands saints de l'Asie musulmane, lequel florissait du temps de Timour. Deux pèlerinages à son sépulcre équivalent, dit-on, à celui de la Mecque. On y tient une foire une fois la semaine, et les Boukhars y viennent, en galopant sur des ânes, pour faire leurs dévotions. Le roi régnant, avant que de parvenir au trône, fit à ce saint le vœu solennel que s'il lui accordait son aide il visiterait son tombeau toutes les semaines, et s'y rendrait de la ville à pied autant de fois annuellement. Je crois que le monarque tient sa promesse, puisque nous rencontrâmes son bagage partant pour le lieu où il devait prier et se reposer pendant la nuit. On ne voit à ce tombeau aucun édifice qui mérite d'être décrit : c'est une haute plateforme, près de laquelle il y a une belle mosquée et un grand collége. Chaque pèlerin fait le tour du sépulcre, et baise les inscriptions contenant l'âge du saint et l'époque de son décès. Ce monument est très-richement doté; les descendans de Bhaouadin en sont les gardiens. Nous entrâmes dans l'enceinte sacrée, sans autre cérémonie que celle de laisser nos pantoufles en dehors. On nous mena aussi faire visite au saint homme qui prend soin de l'édifice; il nous donna du thé à la cannelle, et voulait tuer un mouton pour nous régaler. Mais il avait tant de maladies réelles ou imaginaires, qu'après une pause de deux heures nous fûmes joyeux de sortir de son domaine. Il fit des questions très-détaillées sur le nom du saint, et demanda s'il avait voyagé en Inde et en Europe. Ce ne fut qu'une politesse asiatique de rendre témoignage à sa grande réputation, puisqu

Bhaouadin est réellement célèbre dans tout le monde musulman, et que les pèlerins boukhars sont connus à la Mecque sous son nom de Nakchbendi. Je remarquai que ce tombeau, de même que la plupart des édifices de même nature que je vis dans mes voyages, était décoré des cornes des béliers sacrifiés sur le lieu : on dit qu'elles sont les emblèmes de la puissance; et c'est peut-être à cet usage qu'est dû le titre de dhulcarnein, ou à deux cornes, donné à Alexandre le Grand, quoique nous sachions qu'il employait cet ornement comme fils de Jupiter Ammon.

A peu près à vingt-cinq milles au nord-ouest de Boukhara, et sur la limite du désert, on trouve les ruines de Khodjaoban, ancienne ville, que la tradition attribue au temps du calife Omar. Les musulmans remontent rarement au delà du siècle de leur prophète; ainsi leur assertion ne prouve rien. On peut se procurer beaucoup de médailles dans ce canton, et je suis heureux de posséder plusieurs beaux échantillons qui sont bien réellement du temps des monarques de la Bactriane. Ces médailles sont en argent, et de la grandeur d'un petit écu : d'un côté, elles offrent une tête, et sur le revers une figure assise. L'exécution de la première est parfaite; l'expression des traits et l'esprit de l'ensemble font honneur à l'époque grecque, à laquelle on peut dire que ces pièces appartiennent. On apporta du même lieu de nombreuses antiques représentant des figures d'hommes et d'animaux gravées sur des cornalines et d'autres pierres dures. Quelques-unes portaient des caractères qui différaient de tous ceux que j'avais vus auparavant, et ressemblaient à l'hindi. Dans mes recherches de ces curiosités, j'entendis parler de pétrifications en formes d'oiseaux, et à peu près de la grosseur d'une hirondelle, qu'on avait trouvées dans les montagnes de Badakchan. Je ne vis pas ces morceaux, parce que le propriétaire était absent de Boukhara. Je suis d'autant plus disposé à croire à l'existence de tels objets, que j'ai vu une quantité innombrable de pierres, de la forme de petites tortues, qui avaient été apportées des chaînes supérieures de l'Himalaya. Cependant je ne pus pas accorder la même confiance aux contes qu'on me fit d'une ville enchantée et pétrifiée qui, suivant les Boukhars, est située à l'angle sud-ouest de la mer d'Aral, entre Ourghendj et Orenbourg. On la nomme *Barsa-ghilmis,* ce qui signifie en turc : aller et ne revenir jamais, puisque tel est, dit-on, le sort des curieux.

Dans un pays qui, tel que la Transoxane, a fourni aux écrivains orientaux un si grand nombre de métaphores pour le paradis, et autant d'éloges, on peut s'attendre à entendre des contes qui conviennent aux *Mille et une nuits.* Les Boukhars croient de même très-fermement à la magie ; mais ils regardent l'Inde comme le siége de cette science : toutefois personne ne doute de son existence ; et, suivant eux, l'art en est pratiqué journellement à Surate, où les magiciennes sont les femmes, tandis qu'au Bengale, ce sont les hommes. J'ai passé deux ans de ma vie à Surate, et ce furent deux années heureuses : j'y connaissais un grand nombre d'indigènes; j'y fis de nombreuses recherches relativement à leurs coutumes et à leurs opinions populaires; mais ce fut à Boukhara que j'appris pour la première fois que les femmes de Surate étaient des sorcières; je puis du moins affirmer que si elles font usage de sortiléges, ils consistent uniquement dans leurs charmes naturels. Je crois que l'éloignement donne lieu à la plupart des fables qui ont cours dans le monde. Aboul Fazil assurait, il y a trois cents ans, qu'il y avait dans l'Inde des hommes qui pouvaient manger le foie de quelqu'un, et cette opinion a depuis circulé, et est réputée vraie dans tous les pays de l'Asie.

Des circonstances d'une nature particulière me firent faire la connaissance d'une famille ouzbeke très-considérée à Boukhara : j'allai lui rendre visite un vendredi. Cette famille, originaire du Dacht Kaptchak, s'était établie en Boukharie depuis cent cinquante ans environ. Un de ses membres était allé deux fois en ambassade à Constantinople, ce qui faisait donner à tous le titre de *bi*. Maintenant cette famille fait le commerce de la Russie, et a perdu considérablement à l'incendie de Moscou. Je crois qu'on ne se serait pas imaginé que cette catastrophe, avec toutes ses horreurs, aurait causé des calamités au centre du Turkestan. Je fus reçu par ces Ouzbeks tout-à-fait à la mode de leur pays, et forcé d'avaler une quantité de tasses de thé, au milieu d'un jour très-chaud. Les Ouzbeks ont une singulière manière d'en user avec les personnes qu'ils réunissent chez eux, car c'est le maître de la maison qui devient domestique; il présente lui-même chaque plat, et il ne touche à rien avant que tout le monde ait fini. Ce sont des hommes remplis de bienveillance, et si la bigoterie est leur défaut dominant, la faute en est à leur éducation : je ne les ai jamais vus la manifester par des attaques contre les sentimens d'autrui; mais on peut la découvrir dans chaque action de leur vie et dans tout le contenu de leur conversation. Nous en vînmes à parler de la découverte faite récemment par les Russes de quelques veines d'or entre leur pays et la Boukharie. L'un des interlocuteurs s'écria que les voies de Dieu étaient impénétrables, puisqu'il avait caché ces trésors aux vrais croyans, et les avait révélés, très-près de la surface de la terre, aux Kaffirs ou infidèles. Je souris; mais ces mots ne furent pas prononcés d'une manière qui pût offenser, car c'est ainsi que les Boukhars s'expriment entre eux sur les Européens. Quand je quittai cette société pour revenir chez moi, je fus frappé de la solennité avec laquelle le vendredi est observé dans les rues; elle ressemble beaucoup à la rigidité de l'observance du dimanche en Europe; et peut-être est-elle plus stricte, puisque le vénérable prélat qui est à la tête du diocèse de Londres trouva beaucoup à blâmer, sur ce point, toutes ses ouailles de la métropole. Nulle boutique ne peut s'ouvrir à Boukhara qu'après la prière d'une heure du soir; et l'on voit les habitans, vêtus de leurs plus beaux habits, s'empressant en foule d'aller à la mosquée. Il y a chez les musulmans une gravité, et dans leur costume quelque chose qui donne un caractère imposant à une réunion d'entre eux qui s'achemine vers le temple de Dieu.

Un mois s'était à peu près écoulé depuis notre arrivée à Boukhara, et il était nécessaire de nous occuper de la continuation de notre voyage; mais la route que nous devions suivre devint, d'après l'état de trouble du pays, un sujet de considération sérieuse. L'objet que nous avions en vue était d'atteindre les rivages de la mer Caspienne, et nous désirions les aborder le plus haut que ce serait possible; cependant des difficultés se présentaient de toutes parts. Depuis un an, aucune caravane n'était allée de Khiva à la mer Caspienne, à cause de démêlés sanglans des Khiviens avec les Khirghiz du step. Une caravane de Boukhara se trouvait à Khiva, et une d'Astrakhan à Manghislak, sur la Caspienne; aucune des deux ne pouvait avancer avant que quelque ajustement eût été conclu, ce qui était plutôt désiré qu'espéré. On verra plus tard que bien nous en prit de ne pas accompagner cette caravane. Le chemin direct à Astrabad en Perse, à travers le territoire de Khiva, nous était également fermé, puisque le Khan de ce dernier pays s'était mis en campagne pour s'opposer aux Persans, et campait dans un désert au sud de sa capitale : il ordonnait que toutes les caravanes y fussent conduites. La route par Merve et par Meched était ouverte et plus sûre; il nous parut prudent de suivre la seconde, parce que nous aurions l'occasion de voir une portion du territoire de Khiva, et que nous pourrions faire le trajet jusqu'aux frontières de la Perse, et finalement parvenir aux côtes de la Caspienne, par le désert des Turcomans. Tous nos amis, Hindous, Arméniens, Afghans, nous dissuadèrent d'aller trouver le khan de Khiva, qui nous fut dépeint comme hostile aux Européens; mais puisque nous étions décidés à courir tous les risques, et à nous avancer par le chemin qui nous mènerait vers lui, je me rendis chez le ministre, notre protecteur, et je l'instruisis de nos intentions. Il nous pressa de nous joindre à une caravane de deux cents chameaux, qui était sur le point de partir pour la Russie, et qui se dirigeait sur Troïtsk, ville de cet empire. Néanmoins cela ne s'accordait pas avec nos plans, parce que cette route avait été suivie par l'ambassade russe, et que nous désirions non pas entrer dans la Russie asiatique, mais atteindre la mer Caspienne. Le visir nous dit qu'il prendrait des renseignemens sur le départ de la caravane, et que, puisque nous souhaitions de choisir le chemin qui nous conduirait aux frontières de la Perse, il nous prêterait son appui, autant que c'était en son pouvoir. La caravane n'attendait que ses ordres pour commencer son voyage.

Le 21 juillet nous fîmes notre visite d'adieu au visir de Boukhara, et dans cette audience de congé le caractère de cet homme si bon se montra sous un jour encore plus favorable que dans toutes nos entrevues précédentes où il avait été si bienveillant. Le kouch beghi est un homme de soixante ans; quoique sa barbe soit blanchie par l'âge, ses yeux brillent par leur vivacité ; sa physionomie annonce de l'intelligence et même de la ruse, qui fait, dit-on, le trait le plus frappant de son caractère. Il nous adressa des questions remarquables sur notre langue, et me fit écrire en caractères persans tous nos noms de nombre, depuis un jusqu'à mille, ainsi que les mots les plus ordinaires pour désigner les choses indispensables à la vie. Il consacra près d'une heure à cette leçon, et regretta de n'avoir pas eu d'occasion commode d'apprendre l'anglais. Il me fit ensuite écrire mon nom dans cette langue, et le passant à M. Gérard il l'invita à le lire. Après cela, revenant à la médecine, il considéra avec beaucoup de plaisir un outil pour arracher les dents, duquel on lui expliqua le jeu. Il le fixa sur le bois de la porte et en arracha quelques morceaux. Puis il nous pria de revenir à Boukhara comme ambassadeurs pour le commerce, afin d'établir avec son pays des relations d'amitié et de négoce.

Alors il fit appeler le cafila bachi de la caravane et le chef des Turcomans, qui devait l'accompagner comme sauve-garde contre les attaques de sa tribu. Il écrivit leurs noms, ceux de leurs familles et de leurs habitations, et, fixant ses regards sur eux, il leur dit : « Je vous confie ces Européens ; s'il leur arrive
» quelque accident, vos familles sont en mon pou-
» voir, je les exterminerai de dessus la surface de la
» terre. Ne revenez à Boukhara qu'avec une lettre
» certifiant, sous leur sceau, que vous les avez bien
» servis. » Puis, se tournant vers nous, il continua

ainsi : « Vous ne montrerez.le firman du roi, que je
» vous donne maintenant, que lorsque vous le juge-
» rez nécessaire. Voyagez sans apparat, et ne faites
» pas de connaissances, parce que vous devez traver-
» ser un pays dangereux. Quand vous aurez terminé
» votre voyage, priez pour moi, parce que je suis un
» vieillard et que je vous veux du bien. » Là-dessus il fit don à chacun de nous d'un habillement
qui, certes, n'avait pas un grand prix, mais qui en
acquit un bien considérable par ces mots : « Ne par-
» tez pas les mains vides; prenez ceci et cachez-le. »
J'adressai au ministre les remercîmens les plus sincères au nom de mon compagnon et au mien. Le
kouch beghi se releva, et levant les mains il récita le
fâtiha; nous le quittâmes.

Je n'étais pas encore arrivé à ma porte qu'il m'envoya chercher de nouveau; je le trouvai assis avec
une demi-douzaine d'hommes bien vêtus; il était
évident qu'ils avaient parlé de nous. « Sikander
» (c'est ainsi qu'on m'appelait), je t'ai fait venir, me
» dit le kouch beghi, pour te demander si quelqu'un
» vous a molesté dans cette ville, ou vous a pris de
» l'argent en mon nom, et si vous nous quittez con-
» tens. » Je répondis que nous avions été traités en
hôtes honorables, que notre bagage n'avait pas même
été ouvert, et qu'on n'avait pas taxé nos effets, et que
je me souviendrais toute ma vie, avec le sentiment
de la plus profonde reconnaissance, de toutes les
bontés dont on nous avait comblés dans la sainte cité
de Boukhara. Ces mots terminèrent tous nos rap-

ports avec le ministre ; on conçoit que je n'ai rien à y ajouter. Je me séparai de ce digne homme le cœur ému, et en faisant des vœux les plus sincères, que je renouvelle encore, pour la prospérité de la Boukharie.

J'examinai alors le firman que le visir m'avait remis ; son laconisme ne le rendait que plus précieux ; il supposait que nous avions été présentés au roi, et cependant nous n'avions pas eu le bonheur de jouir de cet honneur. Il était écrit en persan, et peut se traduire ainsi :

« En ce temps, par la volonté de Dieu, deux
» hommes, Firinghis, partent pour leur patrie. Il est
» à propos que les gardiens des bacs, ainsi que les
» gouverneurs des villes et des territoires du royaume
» ne leur opposent aucun empêchement, parce qu'ils
» retournent dans leur patrie après avoir vu le roi,
» et avec sa permission. » Scellé du sceau de Nessir Oullah, émir de Boukhara.

L'après-midi nos chameaux furent chargés et prêts à se mettre en route. La dernière personne que nous vîmes dans notre maison fut notre hôte, qui accourut au milieu du tracas de nos préparatifs pour nous dire adieu. Il m'apportait en présent un joli bonnet très-bien travaillé ; je ne jugeai pas qu'il fût nécessaire de lui dire que dans un petit nombre de mois un changement de costume rendrait son cadeau inutile ; je lui donnai en retour une paire de ciseaux, et nous nous séparâmes avec les plus grandes démonstrations d'amitié. Les chameaux partirent en avant ;

quant à nous, accompagnés d'un Ouzbek de notre connaissance, nous traversâmes pour la dernière fois les rues de Boukhara. On ne pouvait nous discerner du reste des habitans, car nous avions adopté tout leur accoutrement, et nous avions arrangé notre visage conformément à leurs sentimens. Je marchais toujours d'un bon pas, et dans toutes les occasions je montrais aussi peu de curiosité que le permettait le degré auquel j'étais parvenu de commander à ma physionomie. Nous n'excitions pas une grande attention, quoique de temps en temps un juif, dont notre costume nous rapprochait le plus, nous demandait depuis quand nous étions arrivés. Je ne puis pas dire que j'éprouvai beaucoup de regrets en sortant des portes de la ville, puisque nous allions être plus exempts de soupçons et avoir la faculté de monter à cheval et d'écrire. Nous avions néanmoins fait usage de la plume pendant la nuit, et à tâtons; mais alors même ce n'était pas sans crainte. Nous rejoignîmes la caravane à un demi-mille au delà des portes de Boukhara; on passa la première nuit au bivouac dans un champ.

CHAPITRE XI.

SÉJOUR FORCÉ DANS LE ROYAUME DE BOUKHARA.

La marche de la caravane est arrêtée. — Assemblée des marchands. — Le pays entre Boukhara et l'Oxus. — Liaisons avec les Turcomans.—Les Turcomans Ersari et l'esclavage au Turkestan. — Ruines de Baykand. — Marches d'Alexandre le Grand. — Réponse du khan de Khiva. — Usage des Ouzbeks. — Préparatifs de départ. — Lettres de l'Inde.

Trois courtes marches nous firent arriver à Mirabad, petit village d'une vingtaine de maisons, et situé dans le territoire de Karakoul, à 40 milles de Boukhara; c'était là que demeurait notre cafila bachi. Quelle contrariété nous éprouvâmes, à la veille de poursuivre notre voyage, en apprenant que la totalité des marchands refusait d'avancer, parce que les démarches du khan de Khiva les avait alarmés! Ce potentat, en visitant les ballots d'une caravane venue de Perse, découvrit des paquets contenant de la terre de la sainte Kerbela, qui avaient été placés avec les marchandises, suivant l'usage, comme un charme, pour leur assurer un heureux trajet; mais cette précaution, opposée aux idées des musulmans orthodoxes, produisit un effet entièrement opposé : la plus grande partie des marchandises fut pillée. Or, comme beaucoup de marchands de notre caravane étaient Persans, ou au moins Chiites, ils résolurent de ne courir aucun risque, et d'attendre, soit la retraite de l'armée khivienne, soit une assurance munie du sceau du khan, qui leur garantirait la protection de leurs effets. Ce dernier parti paraissait être celui qui offrait le moyen le plus probable de mettre un terme à notre anxiété ; il fut discuté dans une réunion générale.

Tous les marchands s'assemblèrent en conseil dans la baraque où nous demeurions ; car le visir avait eu la bonté de leur faire mention de nous. Ce fut un spectacle divertissant que celui de tous ces Asiatiques bottés, et le fouet à la main, délibérant sur ce sujet important. Après quelques sollicitations et quelques refus, un de ces hommes fut choisi pour écrire une lettre à l'officier du khan de Khiva. S'étant assis au milieu du cercle, il tailla sa plume, promit de tracer de grands caractères bien lisibles, et demanda qu'une seule personne de la compagnie se chargeât de dicter. Une demi-heure se passa avant qu'on se fût décidé sur le style de la requête, sur lequel je fus consulté aussi. Je répondis que j'étais d'une ignorance absolue sur ce point, puisque, dans notre langue, nous nous adressions aux hommes exerçant l'autorité la plus éminente, en leur donnant un titre très-court, et les appelant par leur nom. On finit par déterminer que cette pièce serait rédigée en forme de requête; et, après bien des contestations, on enfanta ce qui suit :

Requête des marchands au youz bachi de Merve.

« Nous te donnons le salut de paix ! On nous a rap-
» porté que la caravane, qui récemment suivait sa
» route vers Boukhara, avait non-seulement été ar-
» rêtée comme auparavant, mais qu'aussi un droit
» de quatre tillas et un quart avait été prélevé sur
» chaque chameau; que les ballots des marchands
» avaient été ouverts sur le grand chemin, et que
» même quelques-uns avaient été détruits. En appre-
» nant cette nouvelle, deux caravanes, en route pour
» Meched, ont eu peur et ont fait halte; et mainte-
» nant nous t'expédions ce papier par un Turcoman
» pour t'en instruire. Tu nous rendras service en lui
» remettant une note indiquant quels droits tu veux
» lever sur nous, et si son altesse le khan d'Ourg-
» hendj (Khan Hazrat), a ordonné qu'il en fût ainsi, et
» s'il s'oppose à ce que nous passions après avoir payé
» les droits, tels que ceux qu'il a bien voulu accepter
» jusqu'à présent. Quand ta réponse nous parvien-
» dra, nous marcherons en avant, et nous agirons
» conformément à ce que tu nous manderas. Nous,
» le corps des marchands, nous te saluons ! »

On voit que sur les objets importans, les Asiatiques peuvent en venir au point essentiel, et renoncer à leurs divagations habituelles. Quand la lettre fut lue à haute voix, un cri général de *barikilla* (bravo) se fit entendre. Une demi-douzaine de Turcomans, qui étaient assis près de la porte, furent consultés sur la manière de faire parvenir la réponse. L'un d'eux convint de la rapporter là au bout de huit jours : la distance à parcourir était de 60 farsakhs (240 milles). Il devait recevoir trois tillas pour sa peine. Ce second objet arrangé, toute l'assemblée, levant les mains au ciel, prononça la formule de bénédiction en se frappant la barbe. Les affaires des nations n'ont pas pu être traitées avec plus de gravité dans un congrès que celle-ci ne le fut par cette réunion de marchands. Tous avaient la figure sérieuse; on faisait des suppositions, on disait des mots à demi voix, on disputait sur les expressions; les opinions étaient très-différentes sur le sujet en question : l'un recommandait un ton mesuré, l'autre un ton suppliant; un troisième un détail circonstancié de toute l'affaire. Un mollah, homme intelligent et déjà âgé, montra plus de discernement que tout le reste; et enfin l'assemblée eut le bon sens d'adopter la plupart de ses avis. Croirait-on cependant qu'après cette scène sérieuse et comique, ces gens, qui possédaient tous une certaine fortune, refusèrent de récompenser le Turcoman qui devait porter la lettre; ils préférèrent d'attendre un mois plutôt que de diminuer leurs profits; et finalement ce fut moi qui payai la somme. Il me parut surprenant qu'une réponse quelconque pût les engager à affronter des hommes qu'ils considéraient unanimement comme des barbares et des maraudeurs. Après que le messager eut été expédié, tous les principaux marchands de la caravane retournèrent à Boukhara. Nous fûmes donc laissés dans un village obscur du Turkestan, pour examiner si nous y resterions, ou si nous regagnerions la capitale. Nous nous en tînmes au premier parti, et nous nous résignâmes à notre position désagréable.

En venant de Boukhara, nous avions eu quelques occasions d'ajouter à notre connaissance du pays. A 4 ou 5 milles de cette ville, nous entrâmes dans un canton qui offrait à la fois les extrêmes de la fécondité et de la stérilité. A droite, la terre était arrosée par des rigoles dérivées du Kohik; à gauche, la poussière et le sable étaient poussés par le vent sur une région aride et solitaire. Après avoir cheminé pendant 20 milles dans la direction de l'ouest sud-ouest, nous nous trouvâmes sur les bords du Kohik, que les poëtes ont appelée *Zarafchan* (répandant l'or); mais on doit attribuer ce nom aux bienfaits incomparables accordés à ses rives, plutôt qu'au précieux métal que ses sables peuvent contenir. La largeur de cette rivière n'excédait pas 150 pieds; elle n'était pas guéable. Elle ressemblait beaucoup à un canal, car un peu plus bas ses eaux sont barrées par une digue, et distribuées avec soin entre les champs voisins. La bande de terre cultivée de chaque côté n'avait pas plus d'un mille de largeur et souvent était moindre, parce que le désert se rapprochait beaucoup des berges.

Le nombre des lieux habités était considérable, et chaque hameau était, de même que dans le royaume de Caboul, entouré d'un mur en briques séchées au soleil ; mais les maisons n'étaient ni si fortes ni si propres que dans ce pays. Dans cette saison, en juillet, tous les espaces cultivés gémissaient sous le poids des melons gigantesques de Boukhara ; une grande quantité allait être transportée par des caravanes de chameaux à cette ville. Le sol de cette région offrait des différences ; dans le voisinage de la rivière il était dur et graveleux. Je remarquai que tous les cailloux étaient aigus et anguleux, et très-dissemblables de ceux qui avaient été soumis à l'influence des eaux. La route que nous suivions en droiture vers l'Oxus nous éloigna du Kohik ; toutefois, après avoir traversé une chaîne de dunes large de trois milles, nous descendîmes de nouveau sur les bords. Son lit était complétement à sec, parce que la digue de Karakoul, que nous avions vue en passant, s'oppose entièrement, dans cette saison, à la sortie de ses eaux. Nous reconnûmes que le Kohik, au lieu de se jeter dans l'Oxus, forme plutôt un lac que les Ouzbeks nomment *Denghiz*, mot qui en turc signifie *mer*, nous étions campés en ce moment près de cette nappe d'eau. Les parties inférieures du Kohik sont mal fournies d'eau, et ce n'est qu'à certaines saisons qu'il coule dans le territoire de Karakoul.

Nous vivions à Mirabad parmi les Turcomans, qui occupent le pays entre l'Oxus et Boukhara. Ils ne diffèrent de la grande famille à laquelle ils appartiennent que parce qu'ils ont des habitations fixes, et sont des sujets paisibles du roi de Boukharie. Une quarantaine de leurs *robats* ou groupes de maisons était en vue de celui où nous demeurions. Nous passâmes près d'un mois dans ce canton et dans la société de ces hommes sans être ni insultés ni injuriés, et je crois que nous ne reçûmes d'eux que des souhaits pour notre prospérité. Comme nous n'étions sous la protection de personne, cette conduite fait le plus grand honneur aux habitans du Turkestan.

A Boukhara nous avions un vaste champ pour observer les mœurs et les coutumes des citadins; dans ce hameau nous eûmes une occasion semblable de faire nos remarques sur les usages des campagnards. Nous fîmes leur connaissance par le moyen d'Ernazzar, le chef turcoman auquel nous avions été présentés à Boukhara. Ce chef et le cafila bachi avaient l'habitude de venir chez nous deux à trois fois par jour, et nous amenaient quelqu'un de leurs amis qu'ils avaient rencontrés à un des marchés voisins; nous les faisions asseoir et nous buvions du thé avec eux à toute heure. Nous connûmes ainsi beaucoup de particularités des tribus turcomanes; et je finis par prendre de l'intérêt aux affaires et aux projets de plusieurs des hommes avec lesquels je m'étais lié de cette façon. Les noms des tribus et des lieux, dont dans un temps il avait paru que je n'aurais jamais la possibilité de m'instruire, étaient actuellement à ma portée. Ernazzar, qui dans les occasions dont je viens de parler remplissait les fonctions de maître des cérémonies, était lui-même un personnage singulier; il accompagnait la caravane afin de donner en passant des avis à ses frères, et d'empêcher que nous fussions pillés; mais nous découvrîmes bientôt qu'il n'avait pas des idées précises du *mien* et du *tien,* car il s'était déjà approprié trois tillas d'or qu'il m'avait demandés comme étant une portion du loyer dû au cafila bachi qui était aussi un Turcoman. Néanmoins Ernazzar fut pour nous un compagnon utile et amusant. C'était un homme de grande taille et vigoureux, d'environ cinquante ans, ayant un air mâle, relevé encore par une belle barbe que les années blanchissaient. Dans sa jeunesse il avait suivi les usages de sa tribu et fait des *allaman* ou excursions de pillage dans le pays des Hézaré et des Kizzilbach, c'est-à-dire des Persans; quelques cicatrices terribles de sa tête montraient la nature dangereuse de ce métier.

Maintenant Ernazzar avait renoncé aux occupations de son jeune âge et aux propensions de sa race. Mais quoiqu'il eût, comme les Turcomans réformés et civilisés, transporté sa famille à Merve, son air et ses discours étaient toujours ceux d'un guerrier. Il avait pendant plusieurs années escorté des caravanes allant en Perse et à la mer Caspienne; et sous un tel conducteur nous eûmes de nombreuses occasions d'observer le peuple intéressant auquel il appartenait.

Le cafila bachi était un homme moins sociable, et de plus avait beaucoup d'affaires; mais nous ne pouvions nous empêcher de comparer son indifférence pour nous à l'intérêt bienveillant du vieux Afghan Haïat. Malgré les injonctions du visir de Boukhara, le cafila bachi nous laissa dans notre demeure retirée, et partit avec ses chameaux pour aller chercher une provision de sel sur les rives de l'Oxus ; nous n'avions uniquement que l'oisif Ernazzar qui prît garde à nous.

Un des plus remarquables parmi les Turcomans qui nous rendaient visite, était Soubhan Verdi Ghi litch (l'épée donnée par Dieu), homme d'un âge mûr et d'un ton brusque, au teint très-rubicond, quoiqu'il déclarât qu'il ne goûtait jamais de la boisson interdite par le prophète. Il ne parlait que le turc, et, ne sachant que très-peu cette langue, j'avais besoin d'un interprète ; mais au bout de quelques visites nous nous comprîmes assez bien l'un l'autre ; et nulle visite ne me fit autant de plaisir que celle de Verdi, qui décrivait en style très-animé comment il avait attaqué les Kizzilbach. « Suivant un de nos proverbes, dit-il, un Turcoman à cheval ne connaît ni père ni mère. »

Un couplet turc qu'il récita avec feu fait connaître les sentimens de sa race.

« Les Kizzilbach ont dix tours ; dans chaque tour il n'y a qu'un seul esclave géorgien.

» Quelle est donc la puissance des Kizzilbach? Allons, attaquons-les. »

Verdi est de la tribu des Salor, la plus noble des Turcomans, il avait coutume de dire que sa race avait fondé l'empire des Osmanlis à Constantinople. Il n'y a rien d'improbable dans cette assertion; et les traditions ainsi que les croyances d'un peuple méritent toujours d'être mentionnées. Ce Turcoman frissonnait de plaisir quand je lui faisais raconter en détail la manière dont il enlevait les Kizzilbach, et soupirait de ce que son âge l'empêchait de faire la guerre à de tels infidèles. La vieillesse avait faiblement calmé ses préjugés ; car il ajoutait que si ces sortes d'actions étaient contraires aux lois de Dieu et du Coran, il ne doutait pas qu'un peu de jeûnes et de prières n'expiassent ses péchés. Verdi possédait maintenant des troupeaux de brebis et de chameaux ; et comme les années ne lui permettaient plus de continuer ses brigandages, son fils le remplaçait dans ce métier. Il me disait que ses chameaux et ses brebis valaient tant d'esclaves, et qu'il avait acheté ce cheval pour trois hommes et un petit garçon, et celui-là pour deux petites filles, parce que c'est la manière dont les Turcomans évaluent les choses. Je riais à mesure que le bandit me détaillait le prix de ses animaux, et je le priai de me dire quelle serait ma valeur si je devenais le captif d'un Turcoman ; mais il répondit que nous étions de trop braves gens pour être esclaves, et je ne pus savoir à combien il nous évaluait : moi là-dessus : « Sûrement tu ne » vends pas un Seïd, un descendant sacré de votre » saint prophète, sur qui soit la paix, s'il tombe au » nombre de tes captifs. » « Quoi, reprit-il, le saint » Coran même n'est-il pas vendu ? Et pourquoi ne » disposerais-je pas du Seïd infidèle, qui par son hé-» résie fait mépriser sa religion ? » Il y a des hommes d'un caractère désespéré, et il est très-heureux qu'ils soient divisés entre eux, autrement les maux qu'ils infligent au reste du genre humain seraient trop grands

La grande famille des Turcomans vit errante depuis les côtes de la mer Caspienne jusqu'à Balkh, changeant de demeure suivant que son inclination l'y porte.

La tribu avec laquelle nous vivions est nommée *Ersari*; pour la première fois, dans une contrée musulmane, nous vîmes les femmes non voilées; c'est une coutume générale chez les Turcomans. Dans aucun autre pays je n'avais rencontré des femmes aux formes plus robustes et plus prononcées, quoique ce soient les compatriotes de la délicate Roxane qui avait enchanté Alexandre. Ernazzar, pour dissiper son ennui, devint amoureux d'une de ces beautés, et s'adressa à moi pour avoir un charme qui lui assurât l'affection de la jeune fille, ne doutant pas que je ne pusse lui en donner un. Je me moquai de l'amour et de la simplicité du vieillard. Ces femmes portent des turbans, dont l'ampleur est encore augmentée chez leurs voisines au sud de l'Oxus.

Les Ersaris ont la plupart des usages des Turcomans; mais leur voisinage de Boukhara contribue à leur civilisation partielle. Nous avions dans notre caravane une demi-douzaine de Turcomans de la rive méridionale de l'Oxus; si ces enfans du désert pratiquent chez eux les vertus de l'hospitalité, ils n'oublient pas qu'elle leur est due quand ils sont éloignés de leurs foyers; et les Ersaris avaient réellement raison de se plaindre du séjour forcé de notre caravane à Mirabad. Chaque matin, quelqu'un de la bande portait son sabre à la maison d'un Turcoman; ce qui, chez ces peuples, indique que le maître du logis doit tuer un mouton, et que les étrangers l'aideront à le manger. Il est impossible de refuser ou d'éluder le régal qui a lieu le soir, nous n'étions pas invités à ces parties uniquement composées de Turcomans, mais on nous envoyait fréquemment des galettes de la fête. Nous eûmes de fréquentes occasions d'observer les bons procédés de ces gens envers nous. Ils savaient que nous étions Européens et chrétiens; et néanmoins, en parlant de nous, ils nous nommaient *echan*, qui est le terme de respect employé quand on s'adresse aux khouadjas et aux hommes d'un caractère sacré. Un Persan qui visite le Turkestan doit joindre les mains quand il fait la prière, et se conformer à d'autres usages dont quelques-uns ne sont pas très-propres; en échange de sa condescendance à ces pratiques, il a droit à la tolérance et à la protection du gouvernement. Un chrétien qui parle de l'islamisme avec respect, et qui évite les discussions religieuses, s'assure un traitement semblable. Le Persan est obligé par sa croyance de se conduire de cette manière: «Si, » dit sa loi, il y a soixante-dix chiites et un sunnite, » toute la troupe doit se voiler à cause de lui. » Comme nous n'étions pas gênés par des règles de ce genre, nous pouvions gaiement nous conformer aux usages des Turcomans, parce que les préjugés d'une nation ont toujours des droits au respect.

Quoique le village de Mirabad ne comptât pas plus de vingt maisons, il y avait cependant huit esclaves persans; il paraît que ces êtres infortunés sont répandus dans une proportion égale dans tout le pays.

On les emploie aux travaux des champs, et dans ce moment ils étaient occupés à serrer la récolte, quoique le thermomètre, dans l'intérieur des maisons, marquât 96° (28° 42). Trois ou quatre d'entre eux avaient l'habitude de nous rendre visite; ils me confièrent pour leurs parens en Perse, des lettres qui plus tard furent remises à ceux-ci. Beaucoup d'esclaves parviennent à épargner une somme suffisante pour se racheter; le Persan étant bien plus âpre au gain que l'Ouzbek, et ne manquant pas une seule occasion de faire un profit. Deux ou trois esclaves de Mirabad avaient réuni des sommes qui les auraient libérés; cependant quoique leur projet fût bien décidément de profiter d'une circonstance quelconque pour retourner dans leur patrie, je ne les entendis jamais, dans nos différentes conversations, se plaindre du traitement qu'ils éprouvaient dans le Turkestan. Il est vrai que quelques-uns de leurs maîtres s'opposent à ce qu'ils fassent leurs prières, et observent les jours de fêtes prescrites par le Coran, parce que ces actes de dévotion les priveraient d'une portion de leurs esclaves; mais ceux-ci ne sont jamais battus, sont vêtus et nourris comme s'ils faisaient partie de la famille, et reçoivent souvent des marques de bonté. On dit que l'usage de réduire les Persans en esclavage était inconnu avant l'invasion des Ouzbeks, et quelques personnes affirment qu'il ne remonte pas à plus de cent ans. Quelques prêtres boukhars étant allés en Perse, entendirent qu'on y nommait avec mépris, en public, les trois premiers califes; à leur retour, le synode sunnite rendit un *fetva* ou décret qui permettait la vente de tels infidèles. Chardin nous apprend même que, lorsqu'un Persan tire une flèche, il s'écrie : « Puisse-t-elle aller percer le cœur d'Omar! » J'ai entendu de nombreuses expressions de ce genre, et puisque le récit des mollahs boukhars est vrai, les Persans se sont attiré les calamités qu'ils endurent aujourd'hui. On raconte que récemment l'un des princes persans en écrivant au khan de Khiva, lui envoya les quatre livres que les musulmans regardent comme sacrés, savoir : le pentateuque, les psaumes de David, l'Évangile et le Coran, et le pria de lui indiquer dans lequel de ces livres sacrés se trouvaient les lois de l'esclavage, tel qu'il est pratiqué contre les Persans. Le khan résolut la difficulté en répondant que c'était un usage dont il n'avait nullement l'intention de se départir; et comme les Persans ne sont pas assez puissans pour le faire cesser, il est probable qu'il continuera au détriment et à la honte de leur pays. On a observé que l'esclavage chez les musulmans différait considérablement de celui des nègres en Amérique, et cette remarque est exacte; mais l'enlèvement des habitans de la Perse et leur exil forcé parmi des étrangers, chez lesquels ni leurs croyances ni leurs préjugés ne sont respectés, ne sont pas une violation moins odieuse des droits de l'humanité que ne l'est la traite des nègres.

Si les coutumes et les mœurs du peuple au milieu duquel nous vivions offraient un sujet intéressant à nos observations, il y avait aussi parmi les personnes appartenant à notre caravane, quelques-unes qui méritent qu'on fasse mention d'elles, et qui de même que nous étaient restées à Mirabad, plutôt que de retourner à Boukhara. Ces gens étaient natifs de Merve, dans le désert, ou plutôt descendaient d'une colonie de ceux que Chah Mourad, il y a une quarantaine d'années, força de venir à Boukhara, où ils composent la partie la plus laborieuse de la population. Ce n'étaient pas des hommes considérables : ils s'amusaient d'une manière purement orientale, passant presque toutes leurs heures de loisir à raconter des histoires, et à imiter la pompe et l'apparat du roi de Boukharie. L'un jouait le rôle du monarque, un second celui d'un solliciteur, un troisième punissait; ils employaient un jour entier, de cette façon, en se livrant à une gaieté intarissable. De petits garçons se seraient querellés avant que la soirée fût venue; mais quand ce moment arrivait, ces gens se rassemblaient hors de la maison pour écouter les sons d'une guitarre ou des chants turcs. Cela se faisait tout différemment de ce que j'avais vu dans les autres pays : le chanteur se place si près des musiciens, que leurs genoux touchent les siens, de sorte que le son semble lui être transmis par un conducteur vivant quand il fait entendre ses accens. Le turc est une langue martiale et harmonieusement sonore. On me dit que ce barde chantait l'amour, sujet qui est répété sous tous les climats.

Notre petite troupe n'offrait peut-être pas moins de motifs à la curiosité et à la réflexion que ces hommes parmi lesquels nous étions. Le soir, à la brune, nous tirions nos nattes, nous les étalions, nous les réunissions, afin que, maîtres et domestiques, nous puissions faire cuire nos alimens et prendre notre repas dans ce cercle circonscrit. Dans une contrée lointaine et dans un obscur village du Turkestan, nous dormions à la belle étoile, nous vivions sans escorte, et nous passâmes des semaines entières sans la moindre tracasserie. Avant de se trouver dans une telle position, les idées vagues et confuses que l'on s'en fait donnent naissance à beaucoup d'idées singulières; mais quand une fois on y est, elle paraît toute naturelle. Dans tous les lieux que nous avions visités, nous avions été au pouvoir des habitans, et un sot à cervelle fêlée, comme il y en a un grand nombre dans tous les pays, aurait pu détruire d'un seul coup tous nos plans et nos projets les mieux conçus. Mêlés avec la population, un frottement continuel nous mettait constamment en danger : néanmoins, nous avions échappé heureusement à tous. Un enchaînement de circonstances fortuites, il est vrai, et dont nous ne pouvions qu'être reconnaissans avec raison, enfin l'état tranquille des contrées que nous avions traversées, avaient été la grande cause de notre bonne fortune; car la confiance et la prudence, quoiqu'elles soient les qualités les plus indispensables à un voyageur, lui deviennent inutiles dans un pays déchiré par les factions et les révoltes. L'expérience aussi nous prouva que nous pouvions regretter que quelques-uns des plans qui avaient été adoptés pour notre pérégrination n'eussent pas été effectués ; car nous reconnûmes qu'il était bien moins difficile de jouer le rôle d'un Asiatique que je ne l'avais jamais supposé. Les hommes que nous avions vus n'étaient pas d'un caractère curieux ; toutefois, si je fus convaincu que ce plan était praticable, je fus également persuadé qu'il ne nous aurait pas procuré autant de momens de satisfaction. Nous n'avions couru que peu de risques à cause du menu volume de notre bagage, bien que nos ustensiles de cuisine, quoique peu nombreux, me fissent quelquefois déplorer les habitudes et les penchans de notre pays.

Nous vivions effectivement comme des Asiatiques, et nous eûmes beaucoup de bons dîners venant des *kabobs* du bazar; cependant, mon fidèle Ghoulam Housn, autrefois mon principal domestique, et maintenant mon cuisinier et mon factotum, se souvenait, je suppose, des repas plus savoureux qu'il m'avait vu manger, et se procurait au bazar des choses qui pouvaient tromper notre goût. A plusieurs reprises nous prohibâmes cette recherche; mais, même à Boukara, nous eûmes un déjeuner de poisson, d'œufs, de café, de confitures et de fruits : toutefois, il ne faut pas croire qu'on nous servit constamment d'une manière aussi splendide.

Notre troupe avait considérablement diminué de ce qu'elle était sur les rives de l'Indus. Un des Hindous nous avait quitté à Caboul, et le vent glacial de l'Hindou Kouch avait effrayé le Cachemirien, domestique de M. Gérard. D'ailleurs, nous n'avons qu'à rendre une ample justice à la patience et à la persévérance des hommes que nous avions choisis. Le plus remarquable était Mohan Lall, le jeune Hindou de Delhi : il montra pour l'entreprise une ardeur et un intérêt qui sont bien rares dans l'Inde. A ma demande, il tint un journal détaillé des événemens; et j'ose croire que si ce travail était publié, il fixerait et mériterait l'attention. Avant d'arriver à Boukhara, il disait, quand on le questionnait, qu'il allait rejoindre ses amis dans ce pays, et quand nous fûmes partis de cette ville, il répondait qu'il cheminait vers ses parens à Hérat. Le pauvre Mohammed Ali, dont j'ai eu plus tard à déplorer la perte, se donnait généralement pour un pèlerin qui se rendait à la Mecque, et n'avait publiquement que peu ou pas du tout de communication avec nous. Dans notre retraite à Mirabad, et sous le ciel azuré et serein de la nuit, il était impossible de se soustraire entièrement à beaucoup de réflexions que rendaient encore plus piquantes la nature agréable du climat, et le succès qui jusqu'alors avait accompagné notre tentative.

Nous n'omîmes pas d'étendre nos recherches aux antiquités du voisinage, et nous fûmes assez heureux que de rencontrer les ruines de Baïkound, qui fut une des plus anciennes villes du Turkestan. Elle est à peu près à 20 milles de Boukhara, et paraît avoir été jadis arrosée par un long aqueduc dont on peut encore suivre les restes. Dans une histoire manuscrite de ce pays, laquelle est intitulée *Narsakhi*, que j'achetai à Boukhara, et dont j'ai fait présent au comité de traduction d'ouvrages orientaux à Londres, il y est parlé de Baïkound comme d'une ville plus ancienne que la capitale de la Boukharie, et comme ayant été formée de la réunion d'un millier de robats ou groupes d'habitations. Il y est dit aussi qu'elle avait beaucoup de marchands qui commerçaient à la Chine et sur l'Océan, quoique le mot *déria* puisse également signifier l'Oxus. Dans des temps postérieurs, ou vers l'an 240 de l'hégire, on rapporte que lorsqu'un Boukhar allait à Bagdhad, il s'annonçait comme habitant de Baïkound. L'histoire décrit cette ville comme très-considérable; elle ajoute qu'elle souffrit beaucoup des infidèles des pays du Nord, qui l'envahirent dans la saison froide. A la fin, Arslan Khan y bâtit un palais et répara les aqueducs. Sur ces entrefaites, il survint une circonstance qui rappelle le passage des Alpes par Annibal. Il paraît que Baïkound était bâti sur un monticule si dur, qu'il résistait aux outils des ouvriers : en conséquence, ils humectèrent le rocher avec du vinaigre et du beurre, et il finit par céder à leur persévérance, puisqu'ils le creusèrent dans l'étendue d'un farsakh, ce qui correspond à trois milles et demi anglais. La ville moderne de Baïkound est déserte; les murs de quelques-uns de ses édifices sont les uniques restes de son ancienne splendeur. Puisque tout ce qui précède l'hégire est enveloppé de fables chez les musulmans, il faut recourir à d'autres ouvrages et à d'autres langues pour l'histoire de Baïkound, résidence d'Afrasiab et des anciens rois de Turkestan. Il ne me fut pas possible de me procurer quelque chose des restes de cette cité, et je ne pouvais me livrer à cette recherche avec sûreté.

Nous ne sommes peut-être pas parvenus à une conclusion satisfaisante relativement à Baïkound, et peut-être ne serons-nous pas plus heureux en expliquant quelques passages des historiens d'Alexandre; mais un petit nombre de faits relatifs au Kohik qui arrose le territoire de Boukhara méritent l'attention. Cette rivière est toujours citée par les Grecs sous le nom *Polytimetus*; Arrien le décrit ainsi: « Quoiqu'il » roule des eaux abondantes, il disparaît à la vue, » et cache son cours dans le sable. » Quinte-Curce nous apprend, d'un autre côté « qu'il se jette dans » une caverne, le courant souterrain se précipitant » avec un bruit qui indique son cours. » La manière dont nos cartes font finir cette rivière n'est pas conforme à la réalité, puisqu'elles la représentent comme se joignant à l'Oxus, tandis qu'elle porte ses eaux à un lac, ainsi que je l'ai dit plus haut. Pendant une grande partie de l'année, le Kohik est trop peu considérable pour pouvoir se frayer un passage à travers les sables, et en conséquence il s'y perd. Je me hasarde donc à dire que nous avons constaté la fidélité de l'expression d'Arrien, qui dit que cette rivière est *perdue dans les sables*; tandis que d'un autre côté nous ne trouvons pas de contradiction chez Quinte-Curce, qui conduit les eaux dans *une caverne* ou un lac; c'est le Denghiz ayant une longueur de 25 milles.

[1] Les cartes russes offrent une grande exactitude sur ce point.

Par conséquent, le village où nous demeurions est situé sur un terrain classique, puisque nous apprenons qu'Alexandre, après que des détachemens de son armée eurent été défaits par Spitamanes, suivit celui-ci jusqu'à l'endroit où le Polytimetus se perd dans les sables du désert, théâtre de ce désastre. Nous avions besoin de tous ces souvenirs classiques pour chasser l'ennui de notre séjour prolongé dans le petit hameau de Mirabad.

Un autre passage de Quinte-Curce, également frappant, mérite une mention plus particulière, puisque j'en ai rencontré un semblable dans un manuscrit persan que j'achetai à Boukhara, et qui contient la description de cette ville. Quand Alexandre se fut avancé dans le territoire de Bazaria, que l'on regarde comme étant la Boukharie actuelle, ou devant se trouver dans cette direction, l'historien s'exprime ainsi : « Rien ne prouve mieux l'opulence barbare qui
» règne dans ces contrées que les vastes forêts dans
» lesquelles sont renfermées des bêtes sauvages de la
» plus grande espèce. On choisit un bois spacieux
» dans lequel des sources nombreuses et continuelles
» animent la scène; on l'entoure d'un mur, et on
» l'entremêle de tours pour recevoir les chasseurs. On
» disait que dans un de ces enclos le gibier n'avait
» pas été troublé depuis quatre générations. Alexan-
» dre, y entrant avec toute son armée, ordonna que
» les bêtes qui s'y trouvaient fussent forcées dans
» leurs repaires (l. VIII, c. 1). » Ce fut dans cette excursion qu'Alexandre combattit un lion; mais de

nos jours le roi des forêts n'habite plus la Transoxane. Le paragraphe de l'historien persan que j'ai en vue est conçu ainsi :

« Ceci est la description de Chemsabad, qui fut
» bâti ici par le roi Chemseddin. Il acheta un terrain
» d'une demi-farasanghe d'étendue, qu'il fit arranger
» en jardins, en vergers et en maisons d'une splendeur
» exquise ; il y creusa des canaux et des aquéducs,
» et dépensa une grosse somme d'argent ; il nomma
» ce lieu Chemsabad. De plus il construisit une mé-
» nagerie pour les animaux et l'entoura de murailles
» qui avaient un mille de longueur ; il y fit apporter
» des pigeons et des oiseaux de toutes les espèces; il y
» fit entrer aussi des bêtes sauvages de la campagne,
» telles que le loup, le renard, le sanglier, le cerf,
» le nilgaut et autres ; il sépara celles qui étaient ap-
» privoisées de celles qui étaient farouches ; et il an-
» vironna celles-ci d'un mur plus haut, afin qu'elles
» ne pussent pas s'échapper. Quand le roi Chemsed-
» din mourut, son frère Khizir Khan lui succéda ; il
» ajouta aux bâtimens de Chemsabad, et augmenta
» la quantité des animaux de la ménagerie que son
» frère avait construite. » L'ouvrage duquel ceci est extrait offre divers renseignemens curieux sur l'état primitif du pays voisin de Boukhara ; il le nomme positivement la vallée du Sogd, et dit qu'il a été jadis un bois destiné à la chasse. Dans les amusemens de Chemseddin, long-temps après la période des rois Grecs, nous retrouvons encore ce goût pour la *splendeur barbare* qui a fixé l'attention des historiens d'Alexandre.

Le 10 août, vers minuit, au moment où nous désespérions presque du retour de notre messager expédié au camp des Khiviens, nous fûmes réveillés par le cri d'*allah acbar*, que poussaient une demi-douzaine de Turcomans. Ils accompagnaient leur compatriote, porteur de la joyeuse nouvelle que le chef de Khiva n'empêcherait pas notre caravane d'avancer. Un sale morceau de papier, écrit par l'youz bachi, contenait cet avis, dont je n'étais nullement enclin à contester l'authenticité. Le cri solennel qui, au milieu de la nuit, nous tira de notre sommeil, aurait pu dans un temps exciter nos alarmes; mais nous savions maintenant que ce n'était que la bénédiction donnée invariablement par tous les Ouzbeks et les Turcomans aux personnes dont ils s'approchent. Dans d'autres pays musulmans, son usage est restreint aux cérémonies pratiquées à la mort d'un parent; mais en Turkestan, la religion se mêle à chaque affaire de la vie. Quand quelqu'un vient vous voir, il commence par réciter le *fatiha*, ou le premier verset du Coran, heureusement abrégé dans ce mot *allah*, accompagné du geste de se frapper la barbe; quand vous allez partir pour un voyage, tous vos amis viennent vous donner le fatiha; quand vous prêtez serment, tous les assistans récitent le fatiha; quand vous rencontrez une connaissance, vous répétez le fatiha; par conséquent ce peuple si dévot ne l'oublie pas à la fin des repas. On se figurerait réellement que les Ouzbeks sont la nation la plus religieuse de la terre, puisque, dans les occasions les moins importantes, ils prononcent les paroles sacrées de leur croyance.

Nous fîmes asseoir le Turcoman et sa bande, et nous apprîmes des nouvelles de l'armée khivienne: elles nous firent concevoir l'espérance de la traverser sûrement. Nous régalâmes l'émissaire de thé et d'un *houkah*, que je demandai avec une attention persévérante, parce que personne en Turkestan ne peut tirer plus d'une seule bouffée de la même pipe, qui est passée tout de suite à son voisin, et fait le tour de l'assemblée. Nous arrêtâmes, dans notre petit congrès, que le Turcoman ferait bien d'aller à Boukhara porter la nouvelle aux marchands de la caravane. Il nous fit un récit effrayant du désert au sud de l'Oxus, et de la difficulté extrême de trouver le chemin que cachaient des nuages de sable soulevés par le vent. Je n'ai pas besoin de raconter ses aventures, puisque nous allions entrer dans cette région inhospitalière. Nous nous conformâmes à ses conseils, en louant deux chameaux de plus, que l'on devait charger d'outres pleines d'eau, provision jugée nécessaire avant que de dire adieu à l'Oxus.

Notre séjour dans le voisinage de Karakoul s'était prolongé jusqu'au milieu d'août, et si je n'étais pas pressé de parler d'autres sujets, je pourrais entrer ici dans quelques détails sur ce coin de terre qui approvisionne de peaux d'agneaux le Turkestan, la Chine, la Perse et la Turquie.

La caravane fut bientôt réunie de nouveau devant notre logis, et le 6 août, au matin, quatre-vingts chameaux partirent pour diriger leur marche vers l'Oxus. Tous étaient chargés des précieuses peaux du petit canton de Karakoul, où nous avions passé près d'un mois parmi les pâtres turcomans, qui ne parlaient que de toisons et de leur prix au marché. Au nombre des choses qui arrivèrent de Boukhara, nous fûmes agréablement surpris de trouver un petit paquet à mon adresse; il contenait trois gazettes et une lettre très-aimable de mon ami M. Allard de Lahor. Ce paquet avait été trois mois en route, et nous causa un plaisir inexprimable, après être restés si longtemps dans une ignorance complète de ce qui se passait dans le monde. Nous n'avions pas lu une gazette depuis notre trajet de l'Indus au milieu du mois de mars précédent; et c'était en ce moment à un étranger que nous étions redevables de celles que nous recevions. Il était assez curieux de voir dans une de ces gazettes un long paragraphe relatif à l'infortuné Moorcroft, qui nous avait précédés dans ces contrées reculées. Nous apprîmes, par cette lecture, que le monde prenait un vif intérêt aux pays où nous séjournions maintenant, et que la société de géographie de Londres avait pris la résolution de sauver de l'oubli la portion des papiers de ce voyageur qu'elle avait publiée. Avec ces circonstances devant nous, et même dans l'absence de toute lettre de nos compatriotes, nous fîmes la réflexion agréable que nous ne serions pas oubliés dans notre pérégrination. Toutefois il était impossible d'écarter entièrement le souvenir du sort de ce voyageur infortuné dont nous avions si long-temps suivi les pas; il était de nouveau offert à nos yeux sous les couleurs les plus vives, et ces détails nous venaient d'un lieu d'où nous les attendions le moins.

CHAPITRE XII.

VOYAGE DANS LE DÉSERT DES TURCOMANS.

On s'avance vers l'Oxus. — Dunes. — Bassesse des commerçans boukhars. — L'Oxus. — Tchardjoui. — Le désert. — Esclaves. — La caravane. — Puits de Bhalgoui. — Dangers du désert. — Le mirage. — Lait de chamelle. — Les Outchgoui et les Turcomans nomades. — Ruines de châteaux. — Mourghab. — Camp turcoman. — Officiers khiviens. — Situation précaire.

Le 16 août à midi, nous commençâmes notre marche vers l'Oxus, qui était à une distance de 27 milles au sud. Après avoir parcouru 10 milles, nous fîmes halte le soir à un petit village; puis à minuit, par un beau clair de lune, nous nous remîmes en route. Pendant une grande partie de la nuit, nous traversâmes de vastes campagnes couvertes de sable mou, disposé en dunes qui, par leur couleur et leur aspect, ressemblaient exactement à celles des côtes de l'Océan. La ceinture de ces dunes, qu'on rencontre entre Boukhara et l'Oxus, a une largeur qui varie de 12 à 15 milles; elles étaient complétement dénuées de végétation. Leur formation offre une uniformité remarquable; toutes conservaient la figure et la forme d'un fer à cheval, le bord extérieur étant tourné vers le nord, côté duquel le vent souffle dans ce pays; dans cette direction, le monticule allait en pente douce, tandis que l'intérieur était invariablement escarpé; car les sables mobiles prendront toujours leur position d'après les vents dominans; aucune des dunes n'avait plus de 15 à 20 pieds de haut, et toutes reposaient sur une base dure. Le vent était fort et les particules de sable étaient portées d'un monticule à un autre en tournoyant dans l'intérieur du demi-cercle, et en offrant, notamment à la lumière des rayons du soleil, une grande ressemblance avec l'eau; apparence qui, je l'imagine, a donné naissance à l'opinion des sables mobiles du désert. Le thermomètre, qui d'abord était monté à 100° (30° 20) descendit la nuit à 70 (16° 87) au milieu des dunes. J'ai toujours observé que les vicissitudes du chaud et du froid n'étaient nulle part plus considérables qu'au milieu des sables. Une heure après le lever du soleil nous échangeâmes cette route affreuse par des campagnes verdoyantes arrosées par l'Oxus, dans lesquelles nous cheminâmes en serpentant pendant quatre milles, et nous campâmes sur la rive du fleuve où nous nous mîmes à l'abri du soleil sous les paniers des chameaux.

Nous avions abordé l'Oxus à Bétik, qui est vis-à-vis de Tchardjoui, et l'un des lieux de passage en bac les plus fréquentés, entre la Perse et le Turkestan. Il offrait donc toutes les facilités possibles pour le trajet; les bêtes et le bagage furent placés dans des ba-

teaux et arrivèrent bientôt à la rive opposée. Le fermier des droits de douane tua un mouton et invita la plupart des marchands à prendre part à son repas. Il s'enquit très-soigneusement de nous et demanda à voir notre passe-port. Ensuite il nous apporta un couple de melons et quelques galettes ; nous nous assîmes et nous les mangeâmes avec lui et sa compagnie sur les bords du fleuve ; je crois que la conversation fut mutuellement agréable. Cet homme nous dit que l'année précédente l'Oxus avait été gelé d'une rive à l'autre, et que les caravanes l'avaient passé sur la glace. C'est un événement très rare ; il occasiona une discussion grave et une décision des docteurs musulmans. Le fermier était convenu de payer 100 tillas par mois pour prix de son bail ; mais depuis que l'on pouvait faire le trajet sur la glace, ses bateaux devenaient inutiles, et il perdait à son marché. Il alla donc à Boukhara et exposa l'affaire au roi, qu'il pria de lui accorder la permission de lever une taxe sur les voyageurs. « Cela ne se peut, lui ré-
» pondirent le monarque et ses conseillers, à moins
» que le fermier ne consente à devenir responsable
» du prix du sang pour toute personne qui tombe-
» rait à travers la glace et périrait. » La docte solution du roi fut applaudie pour sa sagesse par tout le monde, excepté par le fermier, qui se voyait obligé à payer le montant total de son contrat. Mais j'observerai premièrement que le fermier, n'étant pas responsable de la vie des voyageurs quand ils passent dans son bateau, ne peut pas l'être lorsqu'ils font le

trajet sur la glace; secondement, que puisqu'il avait conclu son accord avec le roi pour les douze mois, il aurait dû, ou être exempté de payer durant le temps que le fleuve fut gelé, ou à tout événement obtenir la permission de percevoir un droit de péage sur les voyageurs. Mais en tout pays la loi est féconde en interpellations, et le roi de Boukharie, tandis qu'il préservait son trésor de toute perte, eut en même temps l'avantage de paraître rempli de sollicitude pour la vie des croyans.

Au moment où nous nous préparions à nous embarquer, j'eus un exemple de la vilenie des marchands boukhars; j'en avais déjà vu et j'en vis depuis beaucoup de preuves. Notre bateau manquait de chevaux pour le traîner; on proposa d'en louer; j'y consentis volontiers, disant que nous serions heureux de contribuer pour notre part à cette dépense. Mais ce n'était pas ainsi que l'entendaient les commerçans; ils voulaient qu'elle fût supportée par nous seulement; nous refusâmes péremptoirement; ainsi on s'embarqua sans chevaux; cependant la quote-part de chaque passager ne se serait pas montée à un quart de roupie; et un des marchands avait des marchandises évaluées à plus de 3,000 tillas. Pourtant une fois sur l'eau, la peur les rendit moins avares de l'emploi du nom de Dieu, qu'ils ne l'avaient été de leur argent sur terre; ces invocations ne leur coûtent rien, et les frais des chevaux auraient diminué d'une bagatelle leurs profits éventuels. Les négocians de ces contrées n'ont rien des idées libérales si communes chez les hommes de la même profession en Europe ; je suis disposé à attribuer cette avarice sordide à ce qu'ils surveillent eux-mêmes la vente de leurs marchandises, et qu'il sont témoins de chaque dépense qu'elles occasionnent.

Nous passâmes l'Oxus sains et saufs, quoique sans chevaux, et je ne regrettai pas cette occasion qui s'était offerte de montrer à nos compagnons de voyage que notre bourse était aussi mal garnie que nos vêtemens et notre attirail étaient chétifs. Un Persan, qui se trouva mal à l'idée de traverser le Djihoun sans chevaux, effectua son passage dans un bateau muni de rames, et donna une gratification aux mariniers pour qu'ils se dépêchassent de le faire parvenir à la rive opposée. Il arriva, le visage blême, pour recevoir nos félicitations sur sa bravoure. Cependant, par la suite, cet homme devint un de nos meilleurs amis.

L'Oxus avait ici une largeur de 1,950 pieds, et dans quelques endroits 25 et 29 pieds de profondeur, de sorte qu'il était à la fois et plus étroit et plus profond qu'au point où nous l'avions passé auparavant. Ses rives étaient très-basses et entièrement couvertes d'une plante qui obstrue les aqueducs. On pêche dans ce fleuve des poissons d'une dimension énorme qui pèsent de cinq à six quintaux; c'est une espèce de silure; le Ouzbeks le mangent. Au delà de l'Oxus nous étions à 6 milles de distance de Tchardjoui, ville que nous avions en vue. Pour la premiere fois ce beau fleuve était employé à la navigation, parce qu'il existe des relations de commerce entre ce lieu et Ourghendje.

L'Oxus est mentionné particulièrement sous ce nom par les historiens d'Alexandre; cependant il paraît qu'il n'a jamais été connu sous cette dénomination des peuples de l'Asie : ils l'appellent *Djihoun* et *Amou*. Les auteurs anciens nous apprennent qu'Alexandre, venant de Bactra ou Balkh, s'avança vers ce fleuve, à travers un pays qui annonçait la puissance d'un soleil d'été, brûlant les sables. La distance de Bactra à l'Oxus est marquée à 400 stades, ce qui est exact, et on ne nous débite pas de fables sur sa largeur. Arrien nous dit qu'elle était de 6 stades, et dans cette partie de son cours, nous avons reconnu qu'elle était de 2,484 pieds. On peut, je le pense, suivre dans Quinte-Curce la topographie des rives de l'Oxus; car on voit des monticules bas et pointus près de ce lieu de passage, et nous lisons qu'Alexandre fit allumer ses feux sur les lieux élevés, « afin que les traîneurs de l'arrière-garde pussent apercevoir qu'ils n'étaient pas loin du camp. » Il n'y a pas de monticules au-dessous de Kilef. Quinte-Curce dit que l'Oxus est une rivière bourbeuse, qui entraîne beaucoup de vase; j'ai trouvé que son eau contient un quarantième d'argile.

Quant au nom de la ville de *Maracanda*, il se rapproche beaucoup de celui de la cité moderne de Samarcand. Les historiens anciens décrivent *Maracanda* comme ayant 70 stades de circonférence; nous avons vu que celle de Boukhara excède 8 milles anglais ou 64 stades grecs. Le caractère des peuples de cette contrée, dans ces siècles reculés, est tracé en ces termes : « Ils exercent le brigandage et vivent de » butin. » Ces expressions de l'historien nous montrent le caractère naturel de ces peuples. En descendant le fleuve nous retrouvons le nom des *Khorasmi*, habitans du pays gouverné par Pharsamanes. On y reconnaît aisément le nom du royaume de Kharasm renversé par Djinghiz. Plus haut, les historiens anciens parlent d'une région où sont les *Paraetacae*. Elle devait être montagneuse, puisqu'il est question de sapins et du formidable rocher de *Chorienes*. C'est le canton montagneux de Kartaghin, comme nous le voyons par la similitude de nom et de position. Je pense que nous avons Cheher-Sebs dans *Zériaspes :* je pourrais continuer à multiplier les coïncidences, mais je doute que ce sujet excitât un intérêt général.

Le lendemain matin, nous nous mîmes en marche pour Tchardjoui, qui sur toutes nos cartes est mal à propos placée sur la rive septentrionale ou droite de l'Oxus. Cette ville est gouvernée par un Calmouk, et située dans un emplacement agréable sur la limite de la culture et du désert; elle est dominée par un joli fort bâti sur un monticule. On dit qu'il a résisté à Timour; mais son état actuel n'est pas propre à donner une haute idée de la force ni de la puissance de ce conquérant. La population de Tchardjoui ne dépasse pas 4,000 ou 5,000 âmes; une grande partie vit errante sur les rives de l'Oxus durant la saison chaude. Nous y fîmes halte quatre jours, parce que c'était le dernier lieu habité par la civilisation entre Boukharie et la Perse. Le jour de marché arriva pendant notre séjour; j'allai au bazar avec Ernazzar le Turcoman, pour voir la réunion de tous ces hommes, au milieu desquels je passai sans que l'on prît garde à moi; leur aspect me divertit beaucoup plus que celui des marchandises qu'ils vendaient, et qui, sous tous les rapports, étaient chétives. C'étaient des couteaux, des selles, des brides, de la toile, des couvertures de chevaux, tout cela fabriqué dans le pays : tout ce qui se trouvait là de marchandises européennes se bornait à des grains de verroterie et à des bonnets d'indienne qui furent bientôt vendus. Il y avait aussi une grande quantité de lanternes, des pots de toutes les dimensions en cuivre; ceux qui faisaient le commerce en détail de plusieurs de ces objets se tenaient à cheval; tous les acheteurs étaient sur leurs coursiers; c'est toujours ainsi qu'en Turkestan on vient au bazar; dans l'occurrence actuelle, on n'apercevait pas une seule femme avec ou sans voile. La plupart des gens qui se trouvaient là étaient des Turcomans de l'Oxus, coiffés de leurs grands bonnets de peau de mouton, de même que les habitans de la Khivie. A peu près trois mille individus se trouvaient dans le bazar, où il y avait peu de bruit et de confusion, quoique le trafic y fût très-actif. L'usage d'avoir des jours de marché, inconnu dans l'Inde et l'Afghanistan, est général en Turkestan, peut-être anime-t-il le commerce, du moins il est très-commode, puisque tous les habitans du pays, à plusieurs milles à la ronde, s'assemblent dans ces occasions. Chacun regarde comme une obligation d'y venir : les diverses marchandises sont arrangées dans des emplacemens particuliers, avec autant de régularité qu'à Boukhara ; on peut s'y procurer ici du grain, là du fruit, de ce côté de la viande, de cet autre de la toile ; et ainsi du reste. Les rues sont si étroites que le marché se tient ordinairement à une extrémité des villes. Il en était de même à Tchardjoui, de sorte que tout ce qui a besoin d'être étalé l'est à terre. Le marché dure depuis onze heures du matin jusqu'à quatre heures après midi : c'est le temps le plus chaud de la journée.

Chacun avait fait ses provisions à Tchardjoui : les outres, les pots, les cruches, tous les vases propres à contenir de l'eau avaient été remplis jusqu'au bord, grâces aux canaux dérivés de l'Oxus. Le 22, à midi, nous commençâmes notre marche. Avant que d'avoir parcouru deux milles, nous entrâmes dans le grand désert qui sépare les royaumes d'Iran et de Touran. La manière de voyager dans le Turkestan est de partir à midi, et de faire halte au coucher du soleil. Après un repos de deux heures, et l'indispensable tasse de thé, on se remet en marche, et on arrive ordinairement, au point du jour, au lieu où l'on doit s'arrêter. Après notre halte du soir, nous parvînmes, au lever du soleil, à Karaoul, puits d'eau saumâtre, profond de trente pieds, et bordé de branches d'arbres. Nous étions à 22 milles de Tchardjoui. Tout le pays offrait un désert couvert de monticules de sable, mais moins dénué de végétation et de broussailles que celui qui est au nord de l'Oxus. Ces dunes ressemblaient, par leur forme et leur distribution, à celles que j'ai décrites précédemment : le sable était très-mou, non poudreux, et les chameaux glissaient doucement avec leurs charges le long des pentes. De temps en temps nous rencontrions une nappe d'argile durcie, comme si ces dunes eussent reposé sur une base de cette matière. Nous trouvâmes dans ces cavités, et sur le bord des dunes, le *kasara*, arbrisseau semblable au tamarisc, et le *salan*, sorte de graminée. Nous vîmes également le *kazzak* et le *karaghan*, arbrisseaux épineux, que le chameau broute avec plaisir. Pas une goutte d'eau dans tout le trajet, et pas un seul vestige d'habitation, sinon un fort en ruines, qui jadis servit de poste avancé aux hommes vivant sur les bords de l'Oxus. Les déserts de Djesselmir et de Parkar, dans l'Inde, me semblèrent insignifians, en comparaison de cet immense océan de sable. Nulle perspective n'est plus imposante que celle d'un désert ; l'œil se repose, avec un intérêt profond, sur la ligne prolongée des chameaux, à mesure qu'elle poursuit sa course sinueuse à travers la solitude effrayante. On a pu rire de la métaphore qui a nommé le chameau le navire du désert ; pourtant elle est exacte : les objets animés communiquent un intérêt puissant à la nature inanimée.

Au milieu de notre marche à travers le désert, nous rencontrâmes sept malheureux Persans qui avaient été pris par les Turcomans, et que ceux-ci allaient vendre à Boukhara. Cinq d'entre eux étaient enchaînés ensemble, et s'avançaient au milieu des sables amoncelés. Un cri général de compassion s'éleva de notre caravane, quand elle passa devant ces pauvres misérables, et notre sympathie ne manqua pas d'affecter ces infortunés. Ils poussèrent un cri, et lancèrent un regard de regret, quand les derniers chameaux de la caravane allant dans leur patrie se trouvèrent près d'eux. Celui que je montais faisait partie de l'arrière-garde. Je m'arrêtai pour écouter le triste récit de ces captifs. Ils avaient été pris, par les Turcomans, à Ghaïn, près de Meched, peu de semaines avant, au moment où la culture de leurs champs les avait fait sortir de leurs maisons. Ils étaient fatigués et altérés. Je leur donnai tout ce que je pus, un melon : c'était bien peu de chose ; mais il fut reçu avec gratitude. Quelle idée épouvantable ces êtres malheureux ne durent-ils pas se faire du pays où ils entraient, en parcourant un semblable désert ! Les Turcomans ne montrent pas beaucoup de compassion pour leurs esclaves persans ; et quel autre traitement attendre d'hommes qui passent leur vie à vendre leurs semblables ! Ils ne leur fournissent des alimens et de l'eau qu'en petite quantité, afin que la faiblesse les empêche de s'enfuir ; ils n'exercent d'ailleurs aucune cruauté sur eux. On a raconté qu'ils leur coupaient le tendon du talon, et qu'ils leur passaient une corde autour de l'os du cou ; mais ces récits sont opposés à la vérité, puisque les défectuosités résultant de ces blessures diminueraient la valeur de l'esclave. Ces infortunés captifs souffrent une calamité bien plus terrible, la perte de leur liberté.

En arrivant le matin à notre lieu de halte, nous eûmes l'occasion d'observer la composition de notre caravane : on y comptait plus de 80 chameaux, et à peu près 150 personnes, parmi lesquelles il y avait plusieurs commerçans très-riches qui accompagnaient leurs marchandises aux marchés de la Perse. Quelques-uns voyageaient dans des paniers placés sur les chameaux; d'autres montaient des chevaux, et beaucoup des ânes; mais même l'individu le plus chétif n'allait pas à pied. Les cavaliers précédaient les chameaux, et s'étendaient sur le sable avec la bride du cheval à la main; ils dérobaient quelques instans de sommeil, jusqu'à ce que la caravane les rattrapât. C'était une scène absolument nouvelle et curieuse. Dans la troupe se trouvaient une dizaine de Persans qui avaient vécu plusieurs années en esclavage dans le Turkestan, et qui, après avoir racheté leur liberté, retournaient à la dérobée dans leur patrie. Ces gens étaient enchantés de nos questions, et, durant le voyage, beaucoup conçurent de l'attachement pour nous : ils nous apportaient des melons, tuaient des moutons, tiraient de l'eau, et étaient toujours à notre disposition. Quelques-uns avaient été enlevés à trois reprises différentes, et s'étaient rachetés autant de fois; car les Ouzbeks sont fréquemment sujets à être trompés et dupés par leurs esclaves; ceux-ci gagnent de l'argent dans leur service. Je conversai avec plusieurs d'entre eux, le récit de leurs inquiétudes présentes n'était pas moins affligeant que celui de leurs souffrances passées. Les hommes qui jouissaient du crédit le plus considérable dans la caravane en avaient choisi plusieurs pour veiller à une portion de leurs marchandises, afin que l'on fît moins d'attention à eux, et qu'ils fussent considérés plutôt comme des commerçans que comme des esclaves émancipés, parce qu'un marchand persan est généralement en sûreté dans une caravane. En dépit de cet arrangement, des misérables au cœur endurci avaient bavardé sur les rives de l'Oxus; un Persan avait été forcé de retourner à Boukhara, et d'autres n'avaient fait le trajet du fleuve qu'avec difficulté. La moindre insinuation adressée aux habitans de la Khivie, les aurait très-probablement empêchés de poursuivre leur voyage; mais chacun avait été bien instruit sur la conduite qu'il devait tenir. Quels doivent être les sentimens de quelques-uns de ces hommes en approchant de la Perse! L'un d'eux me dit que, lorsqu'il fut traîné en captivité, il avait une femme et une famille nombreuse; il était resté vingt-deux ans en esclavage, et depuis ce temps il n'avait jamais entendu parler d'aucun des siens. Si quelques-uns sont encore vivans, leur père apparaîtra au milieu d'eux comme un spectre qui sort du tombeau. L'histoire d'un autre de ces Persans n'était pas moins touchante : il avait été pris avec sa famille et avec tous les habitans de son village, près de Tourchich, et livré par un des chefs du Khoraçan aux Turcomans, qui dans cette occasion emmenèrent plus de cent créatures humaines à Boukhara. Arrivés à Maïmana, lieu situé sur la route, ils furent remis à d'autres Turcomans, et finalement vendus à Boukhara. Là, cet infortuné Persan vit sa femme tomber entre les mains de l'un, sa fille et son fils dans celles d'autres Ouzbeks, et lui-même devint la propriété d'une personne différente. Un homme humain, apprenant ses malheurs, lui rendit la liberté, parce qu'il crut faire une chose bonne aux yeux de Dieu : le pauvre Persan se tenait aux aguets dans Boukhara, comme un oiseau près de son nid qui a été dévasté, dans l'espérance de racheter les autres membres de sa famille. Il n'avait pu réussir, et maintenant il retournait dans sa patrie, afin d'exciter la compassion et la pitié de ceux qui l'avaient connu dans sa prospérité. On aurait le cœur navré d'écouter tous les récits des maux que ces Turcomans nomades et brigands infligent au genre humain.

En partant de Karaoul, nous quittâmes le grand chemin des caravanes, lequel conduit à Merve, et nous en prîmes un autre qui se dirige à l'ouest dans le désert et n'est pas du tout fréquenté. Nous n'avions pas eu l'option du choix pour le suivre, parce que l'officier qui commande l'armée Khivienne nous expédia un messager pour nous mener à son camp. Nous nous étions ainsi jetés dans les griffes du lion; mais, dénués de toute protection, force nous fut de nous résigner. Les marchands avaient l'air bien plus contrarié que nous. Après la halte ordinaire, nous arrivâmes le 23 au matin au puits de Balghoui : il est unique, petit, son diamètre est de quatre pieds, et sa profondeur semblable à celle du puits de Karaoul, dont il est éloigné de 24 milles; les Turcomans ne le découvrirent qu'après une marche tortueuse de quelques heures. Nous l'eûmes bientôt vidé, car l'eau en était bonne; et il fallut attendre jusqu'au soir pour qu'il se remplît de nouveau.

Le long de notre trajet, le désert était couvert de broussailles, mais absolument dépourvu d'eau; nous ne vîmes d'autres êtres animés que des rats, des scarabées, et çà et là un oiseau solitaire. Quelques dunes atteignaient à une hauteur de soixante pieds; à cette élévation, elles sont absolument nues; je suppose qu'aucun végétal ne peut vivre dans une situation aussi exposée. Les monticules les plus hauts étaient à peu près à huit milles du lieu de halte; on les nomme *chir i choutr* (lait de chamelle), d'après quelque allusion à cet utile animal. La couleur du sable, qui était quartzeux, n'offrait rien de particulier. On ne voyait ni gazon, ni herbe, ni plante rampante; chaque arbrisseau croissait séparément, et l'herbe dont j'ai parlé plus haut ne se trouvait qu'en groupes. La chaleur du sable s'élevait jusqu'à 150 degrés (53° 30), celle de l'atmosphère excédait 100° (30° 20); heureusement que le vent soufflait sans discontinuer : je ne crois pas qu'en été il fût possible de traverser ce canton s'il cessait de venter; la persévérance avec laquelle le vent vient d'un seul côté est remarquable dans cette contrée méditerranée. Il est vrai que nous avions des montagnes de toutes parts, excepté au nord, mais elles sont trop éloignées pour pouvoir arrêter les vents. Notre caravane avançait d'un pas ferme et égal au milieu des sables; et je ne puis concevoir ce qui retarderait beaucoup la marche d'un chameau dans le désert. On parcourait deux milles et un huitième (3,740 *yards*) à l'heure; j'ai trouvé depuis que le judicieux Volney assigne la distance de 3,600 *yards* comme celle de la journée ordinaire de cet animal dans les sables d'Égypte et de Syrie.

Auparavant, nous avions entendu parler des déserts au sud de l'Oxus, maintenant nous avions le moyen de nous former un sentiment d'après nos propres observations. Nous vîmes les squelettes des chameaux et des chevaux morts de soif; ces ossemens étaient blanchis par le soleil. La nature des chemins ou sentiers les rend sujets à être aisément effacés; si une fois la voie battue est abandonnée, le voyageur et sa monture harassée périssent ordinairement. Une circonstance de ce genre était arrivée peu de jours avant notre départ de Tchardjoui : une troupe de trois hommes, qui venaient du camp khivien, avait perdu sa route; leur provision d'eau s'épuisa ; deux chevaux succombèrent à leur soif brûlante; les malheureux voyageurs ouvrirent la veine du chameau qui leur restait, et sucèrent son sang. La nourriture que leur fournit cette ressource leur donna la force de parvenir à Tchardjoui; le chameau mourut. Ces faits sont fréquens. Le khan de Khiva, dans une de ses dernières marches à travers le désert, perdit près de deux mille chameaux chargés d'eau et de vivre pour ses gens. Il creusait des puits à mesure qu'il avançait; mais l'eau y était peu abondante. Les chameaux supportent très-patiemment la soif : toutefois, c'est une erreur du vulgaire de croire qu'ils puissent vivre un certain temps sans boire. Généralement ils languissent, puis meurent le quatrième jour; et par une chaleur excessive succombent même avant ce terme.

Après un jour de halte pour faire reposer les chameaux, nous partîmes au lever du soleil, et, sauf une station de courte durée, nous poursuivîmes notre marche jusqu'au lendemain à la même heure; nous avions parcouru 35 milles; nous nous arrêtâmes à Sirab, puits dont l'eau est fétide; de puits en puits, nous en avions vainement cherché. Il semblait qu'en avançant à l'ouest, les grands monticules de sables eussent disparu. Le désert, quoiqu'il offrît les mêmes traits qu'auparavant, n'était plus qu'une plaine sablonneuse, ondulée, inégale, couverte partiellement de buissons. Le terrain était salé en quelques endroits, mais l'eau était assez bonne quelque temps après qu'on l'avait tirée. A peine assis, Ernazzar vint nous trouver pour avoir sa tasse de thé; jamais écolier n'aima plus le sucre que ce serdar Turcoman à tête grise. Je lui en donnais pour avoir le plaisir de le lui voir broyer avec ses dents : quelques marchands s'étonnaient de ce que nous le prodiguions à un tel homme. Je me trouvais toujours heureux dans sa compagnie, parce que je le regardais comme le seul lien qui existât entre nous et les barbares que nous allions rencontrer. D'ailleurs, il nous racontait les nouvelles de la caravane et nous instruisait de toutes les particularités du pays, sachant que nous les notions par écrit. Ernazzar ne nous trompa jamais; ainsi le sucre qu'il consommait n'était qu'une taxe bien légère pour ses services. En retour de nos complaisances, il promit de nous donner une chose exquise quand nous arriverions au premier camp de Turcomans : je ne m'attendais à rien moins que du *kimmis* ou du *bouza* (lait de jument, ou liqueur fermentée), il m'apporta du lait de chamelle, c'est la seule boisson des Turcomans. On le mêle avec de l'eau et ensuite on l'écrème; on le nomme *tchal*, il a un goût salé et amer. La partie la plus légère de ce lait est regardée par ces gens comme un breuvage agréable; elle me parut aigre et âcre. Je croyais que les Ouzbeks et les Turcomans buvaient du lait de jument et des liqueurs fermentées; mais elles sont inconnues en Boukharie, et seulement en usage parmi les Kirghiz, vivant entre la capitale de cet état et la Russie.

Une caravane est complétement une république; mais je ne crois pas que la plupart des républiques soient aussi bien réglées. Sur nos quatre-vingts chameaux, beaucoup appartenaient à des personnes différentes : il y avait quatre cafila bachis. Toutefois, jamais il ne survenait de dispute sur l'arrangement ni sur l'ordre de la marche; c'est un point d'honneur de toujours s'attendre l'un l'autre. Quand un seul chameau jette sa charge à bas, tous les autres s'arrêtent jusqu'à ce qu'elle soit replacée ; on observe avec satisfaction cette sympathie universelle. Les sentimens que nous éprouvions rendaient cette manière de voyager très-agréable, car les retards qui surviennent, sont bien moins fréquens qu'on se l'imagine. Plus je vécus avec les habitans de l'Asie dans la sphère qui leur est propre, et les jugeai d'après l'opinion que je m'en formai, plus je conçus d'eux une idée avantageuse. On ne voit pas dans l'Europe civilisée cette générosité naturelle qui porte un Asiatique, quel que soit son rang, à partager avec son prochain chaque bouchée de ce qu'il mange. Chez les musulmans, il n'existe pas des hommes comme il faut et des gens de rien, au moins pour ce qui concerne l'hospitalité. Le khan se nourrit aussi simplement que le paysan, et ne porte jamais un morceau à sa bouche avant d'avoir fait participer à ses mets les gens qui sont près de lui. J'ai moi-même partagé fréquemment cette marque de bonté de la part du riche et du pauvre, car on ne jouit de rien qu'en société. Quelle différence entre ces sentimens et ceux qui dominent les sots de la classe inférieure dans la Grande-Bretagne ! Cette affection mutuelle entre les Asiatiques n'est pas restreinte au marchand qui voyage ; on la retrouve dans les villes comme dans les campagnes. Il est déplorable que la civilisation avec tous ses avantages ne conserve pas pour nous ces vertus. Les peuples barbares sont hospitaliers, les peuples civilisés sont polis; mais l'hospitalité ajoutée à la politesse la rend plus méritoire.

Une caravane offre dans tous les temps une scène intéressante; les expédiens des hommes pieux, pour empêcher que nous ne fussions retenus dans le désert des Turcomans, méritent d'être cités. Notre ligne était trop étendue pour qu'à un appel général tout le monde fît halte pour la prière : à l'heure fixée on voyait chaque homme, soit sur son chameau, soit dans son panier, adressant son oraison à Dieu, de la manière la plus convenable qu'il pouvait remplir ce devoir. La loi du prophète permet au fidèle de faire son ablution avec du sable quand il n'a pas d'eau; et le dos d'un cheval ou d'un chameau est pour la prière une position aussi conforme à la loi que la mosquée la plus magnifique d'une ville. Le tableau que notre caravane présentait quand nous parvenions au lieu de halte était à la fois animé et divertissant. Les Ouzbeks n'abreuvent pas leurs chevaux quand ces animaux ont chaud; dans ce voyage, à peine arrivés, nous repartions tout de suite; c'est pourquoi on permettait aux chevaux d'étancher leur soif; et pour prévenir tout mauvais effet qui aurait pu s'ensuivre, le cavalier montait aussitôt sur l'animal et le faisait galoper, par monts et par vaux, pendant plusieurs milles. Cet exercice, disaient les Ouzbeks, amenait l'eau à la température du corps de l'animal échauffé. Le maintien aisé de quelques cavaliers, et la légèreté de leurs selles, quelques-unes n'étant pas plus grandes que celles que l'on emploie aux courses, donnaient à ces marches précipitées un intérêt très-vif.

La marche suivante nous fit arriver à minuit à Outchghoui (les trois puits), que nous ne trouvâmes que très-difficilement. Nous allâmes tantôt à droite, tantôt à gauche; et dans l'obscurité les Turcomans mirent pied à terre, afin de reconnaître le chemin dans le sable en tâtant avec leurs mains. Nous avions presque désespéré de le rencontrer, et nous nous préparions à bivouaquer, lorsque l'aboiement d'un chien et une réponse dans le lointain, à nos cris répétés, dissipèrent nos inquiétudes; nous fûmes bientôt campés près du puits. Nous y rencontrâmes quelques Turcomans nomades, les premiers que nous eussions vus, depuis le trajet de l'Oxus. L'eau de ce puits était amère; néanmoins ces pâtres semblent être indifférens à la qualité de l'eau. Le pays continuait à changer à mesure que nous avancions, il devenait plus plat et moins sablonneux, mais offrait toujours une alternative de coteaux et des enfoncemens. Nous découvrîmes dans une de celles-ci de petits cailloux rouges, à angles aigus, qui ressemblaient assez à des pyrites ferrugineuses; la profondeur des puits creusés dans ces dépressions, n'excédait pas 30 pieds : dans le désert de l'Inde elle est de 300 pieds. Le lendemain matin, les Turcomans se réunirent autour de nous; rien ne gênait nos relations avec eux, car ils ignoraient complétement qui nous étions, et la présence d'Ernazzar notre guide, homme de leur tribu, était un attrait suffisant pour ces enfans du désert. Ils parlèrent du froid perçant de l'hiver dans ce pays, et nous assurèrent que la neige le couvrait quelquefois à une hauteur d'un pied. Nous avions également éprouvé une baisse de 10 degrés dans la température depuis notre départ des rives de l'Oxus.

Nous apprîmes que nous approchions du campement du khan de Khiva, qui, à ce qu'il paraît, était sur les bords du Mourghab ou rivière de Merve, beaucoup au-dessous du lieu de ce nom, et à peu près à 30 milles du point où nous nous trouvions. Partis à midi, nous nous trouvâmes, au coucher du soleil, entourés de ruines, de forts et de villages aujourd'hui abandonnés; elles s'étendaient en groupes épars sur une vaste plaine. J'avais remarqué que nous sortions graduellement du milieu des dunes; et ces marques des travaux de l'homme, que nous apercevions, étaient les restes de l'antique civilisation du fameux royaume de Merve ou Merou, comme nos historiens l'ont nommé par erreur. Avant que d'être près de ces vestiges, plusieurs signes nous avaient indiqué que nous étions hors de l'océan de sable, puisque des volées d'oiseaux avaient passé au-dessus de nos têtes. De même que cet indice fait connaître au navigateur qu'une terre n'est pas loin, de même nous avions la satisfaction de savoir qu'après une course de 150 milles à travers un désert aride, où nous avions prodigieusement souffert du manque d'eau, nous allions bientôt en trouver. Nous n'étions pas encore dans le voisinage d'habitations fixes ; mais après une marche, par un temps frais et agréable, sur une plaine parfaitement plate et dure, parsemée partout de forts et de ruines, nous atteignîmes le lendemain matin un *oba* ou vaste camp turcoman, près des bords du Mourghab ; ce lieu portait le nom de *Khouadja Abdoullah* : toute la population sortit au devant de la caravane. Nous prîmes position sur un monticule à peu près à 500 pieds de distance ; les marchands nous conseillèrent de nous mêler avec eux et d'avoir un air modeste et humble. Nous nous conformâmes à cet avis. Les Turcomans du camp ne tardèrent pas à arriver en foule ; ils demandèrent du tabac ; ils apportaient en échange des charges de melons exquis ; nous les coupâmes et nous en mangeâmes en compagnie des chameliers et des esclaves, bravant les rayons du soleil, quoique je ne puisse pas dire que ce fût au détriment de notre teint qui était déjà bronzé.

En ce moment on découvrit que le camp khivien était sur le bord opposé de la rivière, que l'on ne pouvait passer à gué que dans quelques endroits : les marchands décidèrent qu'ils allaient sur-le-champ, avec tous les cafila bachis, effectuer le trajet et employer tous leurs efforts pour se concilier les bonnes grâces de l'officier qui commandait, parce que le khan était, peu de jours avant, retourné à Khiva. Leur principal objet semblait être d'acquitter le payement des droits sur le lieu même où nous étions campés, car aucun d'eux ne se souciait de se séparer de sa propriété à la portée d'un détachement venu d'Ourghendje. Si ces marchands adressèrent des prières au ciel pour la réussite de leur dessein, je puis dire que les nôtres ne furent pas moins ferventes, et la députation partit en conséquence, accompagnée des vœux de tous pour son succès. Nous restâmes parmi les *oï palloï* de la caravane. Quand la nuit vint, nous étendîmes nos couvertures de feutre sous un ciel pur et serein, et nous dormîmes sans crainte et sans inquiétude près des vendeurs d'hommes, nos voisins. Cet état de sécurité est très-remarquable dans ce pays et au milieu d'un tel peuple; mais un Turcoman, bien qu'il puisse prendre part à une expédition de brigandage et s'y distinguer par son habileté incomparable, ne commet pas un vol d'une manière tranquille et peu conforme à son naturel.

Maintenant que j'ai un peu de loisir pour parler du désert que nous avions traversé pour venir sur les bords du Mourghab, je dirai que, sous le point de vue militaire, la rareté de l'eau est un grand inconvénient. Dans quelques endroits les puits étaient éloignés de 36 milles l'un de l'autre, et l'eau était à la fois amère et peu abondante. Celle que nous avions transportée des rives de l'Oxus n'était pas moins nauséabonde que celle du désert, car il faut qu'elle séjourne dans des outres que l'on est obligé de frotter d'huile, afin qu'elles ne se fendent pas. Le corps gras se mêle à l'eau, qui finit par être tellement gâtée, que les chevaux même refusent de la boire. Le manque de bonne eau est la privation dont on souffre le plus. Durant la marche, plusieurs personnes de la caravane, notamment les chameliers, furent attaquées d'ophtalmies : je suppose qu'elles provenaient du sable, de la poussière et de la lumière trop vive. Il est douteux qu'avec tous ces obstacles physiques et toutes ces petites incommodités dont je viens de faire l'énumération, une armée puisse traverser le désert dans cette partie. Les sentiers sablonneux et pénibles, car il n'y a pas de route, pourraient certainement être rendus praticables pour le canon en plaçant des fascines sur le sable ; mais l'herbe pour les animaux est extrêmement rare, et le petit nombre de chevaux qui accompagnaient la caravane était harassé et fourbu avant d'atteindre la rivière. Un cheval qui voyage avec un chameau ne peut pas hâter le pas ; une armée ne pourrait pas marcher plus vite qu'une caravane, et les fatigues ne tarderaient pas à l'accabler. L'histoire nous apprend que plusieurs armées ont traversé ce désert et y ont combattu ; mais elles consistaient en troupes de cavalerie légère qui pouvait se mouvoir avec vitesse. Il faut faire attention que nous n'avions pas un seul piéton parmi nous. De la cavalerie légère pourrait passer dans ce désert par division et par des routes séparées, car, indépendamment du chemin qui va à Merve, il y en a deux autres, l'un à l'est, l'autre à l'ouest. Ce serait en tout temps une tâche difficile pour un corps considérable d'hommes d'aller du Mourghab à l'Oxus, puisque notre caravane de quatre-vingts chameaux vida les puits ; d'ailleurs il serait aisé de cacher ou même de combler ces réservoirs peu abondans. Dans les endroits où l'eau n'est qu'à trente pieds de la surface du sol, un commandant, doué d'énergie, peut remédier à ses besoins, puisque nous en avons un exemple dans la marche du khan de Khiva jusqu'aux bords du Mourghab. Mais après avoir écrit, peut-être prolixement, sur la traversée de ce désert, je puis me demander qui donc chercha à le franchir, et sur la route de quel conquérant se trouve-t-il? Il n'est pas sur le chemin entre l'Inde et l'Europe; et si les descendans des Scythes et des Parthes cherchent à envahir leurs territoires respectifs et à se tyranniser les uns les autres, ils le peuvent, sans exciter peut-être l'attention des fiers Bretons.

L'oba ou camp des Turcomans, près duquel nous fîmes halte, nous présenta une scène absolument nouvelle; il consistait en 150 *khirgahs* ou huttes mobiles, de forme conique, et perchées sur un terrain élevé. Elles étaient distribuées sans aucun ordre; on aurait dit que c'étaient autant de ruches gigantesques, ce qui, si elles n'avaient pas des couvertures noires, ne serait pas une mauvaise comparaison; et on pourrait également prendre les enfans pour les abeilles, car ils étaient très-nombreux. J'admirais la quantité de ces brigands futurs.

Les Turcomans étaient tous coiffés du talpak, bonnet de peau de mouton, de forme conique ou carré, et haut d'un pied; il sied beaucoup mieux que le turban, et donne à une troupe de ces nomades l'apparence d'un corps militaire et discipliné. Ces gens aiment passionnément les vêtemens de couleur éclatante, et choisissent les nuances les plus légères du rouge, du vert et du jaune pour leurs *tchapcans* ou pelisses flottantes. Ils se promènent nonchalamment tout le long du jour dans leur camp; en effet, qu'ont-ils à faire, sinon de vivre du produit de leur dernière rapine? Ils n'ont qu'un petit nombre de champs en culture, et un ou deux pâtres peuvent garder leurs innombrables troupeaux paissans. Leurs chiens prennent ce soin pour eux. Ces animaux sont très-dociles, mais féroces pour un étranger; ils ont le poil hérissé, et paraissent être de la race des mâtins; leur prix est cher, même chez ces peuples. Les habitudes martiales des Turcomans me parurent d'autant plus frappantes, qu'ils avaient débarrassé le circuit de leur camp de toutes les broussailles à un mille alentour. Je crois qu'ils les avaient coupées pour s'en servir comme de bois à brûler; pourtant la ressemblance de cet espace vide à une esplanade ou à un terrain destiné aux parades n'était pas moins réelle. En parlant des Turcomans, je ne dois pas oublier leurs femmes; leur coiffure ferait honneur à nos élégantes dans une salle de bal. Elle consiste en un grand turban blanc de la forme d'un schako militaire, mais plus haut, il est recouvert d'une écharpe rouge ou blanche qui retombe jusqu'à la ceinture. Quelques-unes de ces femmes avaient le teint blanc et étaient jolies; elles se parent de divers ornemens attachés à leurs cheveux, qui pendent en tresses sur leurs épaules. Peut-être leur coiffure est un peu élevée ; mais elles sont généralement de grande taille, et comme elles ne se voilent jamais, elle leur sied très-bien. Elles portent une longue robe qui leur descend jusqu'à la cheville du pied, et la cache ainsi que la taille; deux points qui dans ce pays sont la règle de la beauté; les nations les plus éloignées l'une de l'autre ne diffèrent pas plus par leur langue et leurs lois que par leurs usages et leur goût.

La troupe, qui était allée au camp khivien, revint le lendemain avec le lieutenant du youz bachi ou centenier; son air seul glaça le cœur des marchands. Jusqu'à ce moment aucune taxe n'avait été prélevée; tout était encore incertain. Le lieutenant était un homme d'un certain âge, coiffé d'un grand talpak fiché sur sa tête comme un bonnet d'uniforme. Il était accompagné d'une bande de Turcomans du désert, parmi lesquels se trouvait un chef ou *aksakal* (littéralement barbe blanche), de la grande tribu de Sarak. Les marchands firent asseoir la députation à la place d'honneur, parlèrent au lieutenant comme s'il eût été le youz bachi en personne, le régalèrent de thé et de tabac; car maintenant ils fumaient publiquement, et lui présentèrent des soieries, de la toile, des raisins secs et du sucre ; puis étalèrent leur marchandise. Chacun fit son cadeau; nous envoyâmes des poignées de raisins secs et un morceau de sucre en signe d'hommage. Assis à une petite distance dans nos paniers, nous fûmes témoins de toute la scène. Le youz bachi, nom que je dois employer, adressant la parole à toutes les personnes de la caravane, leur dit de la manière la plus ingénue qu'il avait ordre de lever la taxe légale du quarantième, mais n'obligerait pas d'ouvrir les ballots. « Le meilleur parti à prendre, ajouta-t-il, est de » dire la vérité ; car si j'ai des motifs de douter de » quelques-uns de vous, je les examinerai, et vous » éprouverez le courroux du khan d'Ourghendje, » mon seigneur et maître. » Cette harangue fut écoutée avec terreur ; je crois que quelques-uns déclarèrent qu'ils avaient plus de marchandises qu'ils n'en possédaient réellement, et autant que je pus en juger, aucun ne dévia de la vérité. On demanda une plume et de l'encre, et l'assemblée commença à dresser une liste des marchandises, ce qui n'était pas chose aisée.

Pendant que les marchands disputaient sur des tillas et flattaient le youz bachi, nous nous tenions bien tranquilles, et avions même l'air de dormir profondément. Cependant de ma vie entière, jamais je ne fus plus éveillé, et j'étais assez près pour tout voir et tout entendre. Plusieurs questions furent faites sur notre compte, et les principaux marchands parlèrent de nous d'un ton sérieux et plein de bonté. Nous ne leur avions jamais fait la leçon ; or, il leur plut de dire que nous étions des Hindous du Caboul, qui allions en pèlerinage aux puits de flamme de Bakou, sur la mer Caspienne. Nous avions été successivement Anglais, Afghans, Ouzbeks, Arméniens et Juifs ; maintenant nous passions pour Hindous.

Ces Turcomans sont des hommes simples, et n'interrogent jamais très-strictement. Un instant après que notre condition et nos affaires eurent été discutées, l'aksakal, se détachant de la bande, vint, très-fort contre notre gré, s'asseoir près de nous. J'ai déjà dit que le nom d'aksakal signifie *barbe blanche*; cependant celle de ce personnage était assez noire; il portait une magnifique pelisse écarlate; et jamais notre uniforme national ne me parut plus formidable que sur son dos. Il parlait un peu le persan, et me dit : « Vous êtes du Caboul ? » Je répondis par un signe de tête affirmatif. Le docteur s'étendit dans son panier, en tournant le dos, et l'aksakal s'adressa à un Afghan, qui était un de nos gens, ce dont je fus très-content, parce que cela devait le maintenir dans son illusion. On dit que les habitans de la Khivie sont de tous les Turcomans les plus hostiles pour les Européens, tant parce qu'ils se trouvent voisins de la Russie, que parce qu'ils savent que les Persans qui menacent leur pays sont aidés par cette puissance. Naturellement ils ignorent qu'il y a différentes nations en Europe, et regardent tous les Européens comme leurs ennemis.

Je ne fus pas fâché quand le chef turcoman choisit un autre groupe pour objet de ses questions, très-joyeux d'ailleurs de ce qu'après nous avoir vus et nous avoir parlé il n'avait rien découvert. Toute cette scène me parut une énigme complète, car nous nous étions mêlés, comme Européens, aux Turcomans de la caravane, et notre condition réelle était connue de chacun des hommes qui la composaient. La peur en peut avoir empêché quelques-uns de faire une révélation entière; n'importe, ce fut très-estimable, puisque j'ai des raisons de croire que les gens du khan de Khiva n'auraient pas volontairement étendu leur bienveillance vers nous. Toutefois nous éprouvâmes un exemple de mauvais sentiment, et il nous vint d'un côté d'où nous devions le moins nous y attendre. Notre cafila bachi nous fit demander de l'argent pour payer la taxe très-légitime des marchandises qu'à son départ il avait espéré passer en fraude, quoique tout eût été réglé entre nous, et qu'il eût reçu à peu près le montant entier du loyer de ses chameaux : il nous expédia donc quelqu'un au milieu de la confusion, pour nous dire que la caravane serait retenue à cause de nous si nous ne lui prêtions pas quelques tillas. Quel moment et quelle épreuve pour la modération ! Il était inutile de se plaindre de la bassesse de ce procédé, et il aurait été pis de montrer que nous le ressentions. Je pensais qu'un couple de tillas était suffisant pour donner à ce misérable.

La soirée s'avançait, et notre négociation avec le youzbachi khivien approchait de son terme. Ce personnage emporta deux cents tillas d'or; tous les marchands l'accompagnèrent jusqu'à son cheval, et le suivirent des yeux au delà des limites de notre camp; telle est la crainte de l'autorité et la puissance du plus chétif individu qui en est revêtu.

A la brune, les marchands vinrent nous rendre visite, et en buvant une tasse de thé racontèrent les événemens de la journée. Nous devions des remercîmens à Oullahdad, ouzbek, et à Abdoul, persan ; mais nous avions des actions de grâces à rendre à tous, car maintenant nous étions devenus intimes avec chacun. Quand les cavaliers de la caravane passaient près de nous, durant la marche ils nous criaient : « Eh, Mirza, comment vous portez-vous ?» Bien peu d'entre eux savaient que le nom de *Mirza Sicander* (Alexandre le secrétaire), qu'ils me donnaient, était bien mérité, car je saisissais toutes les occasions dont je pouvais profiter en secret pour faire usage de la plume et de l'encre, et comme fidèle secrétaire, d'écrire le détail de toutes leurs actions. Dans cette journée, je me sentis satisfait du genre humain, parce que nous avions la liberté de poursuivre maintenant notre voyage. Les Boukhars m'assuraient qu'ils s'intéressaient en notre faveur, par l'ordre du kouch beghi leur ministre; et les Persans, nombreux dans la caravane, redoutaient l'amitié qui unit Abbas Mirza et les Anglais. Pour ma part, je ne croyais pas qu'aucun de ces grands personnages fît beaucoup d'attention à nous; mais il était agréable de savoir que tels étaient les sentimens de nos compagnons.

TABLE
DES CHAPITRES
CONTENUS DANS CE VOLUME.

Chap. Ier. Lahor.—Départ de Delhi.—Vue de l'Himalaya. —Le Setledje.—Autels d'Alexandre.—Entrée dans le Pendjab.—Le Mandja.—Anciens canaux.— Patti. —Château d'un chef Seïk.—Lahor.—Visite au Maharadjah.— Son camp. — Conversation avec ce prince. —Partie de chasse.—Retour à Lahor.—Fête du printemps.—Services rendus par M. Allard et M. Court. —Audience de congé.—Instructions de M. Court.   1

Chap. II. Voyage dans le Pendjab jusqu'à l'Indus.—Départ de Lahor.—Réduction de notre bagage.—Vue de l'Himalaya.—Le Tchénab.—Le Djalem.—Pend Dadan Khan.—Ses antiquités.—Monts salans.—Manière d'extraire le sel.—Villages des rives du Djalem. —Théâtre de la bataille de Porus.—Iles flottantes.— Fort de Rotas.—Tope de Manikiala.—Médailles et antiquités.—Ce lieu est *Taxila*.—Ravil Pendi.— Indices qui annoncent la fin du territoire indien.—Défilé de Margalla.—Vue de l'Indus.—On passe ce fleuve à gué.—Attok.   37

Chap. III. Peichaver.—Entrée dans l'Afghanistan.—Arrangemens de précaution.—Lettre d'adieu à Rendjit Sing. — Champs de bataille. — Peichaver. — Caractère du chef.—Manière dont les Afghans passent le vendredi. —Le chef et sa cour.—Promenades dans Peichaver. — Chasse aux cailles. — Le Mollah Nadjib. — Antiquités.—Opinion sur les topes.—Préparatifs de départ.   76

TOME II.

TABLE

CHAP. IV. Voyage de Peichaver à Caboul.—Les Khiberis. — Passage de la rivière de Caboul. — Caravane. — Aventure. — Montagnes. — Entrevue avec un chef Momand.—Vent pestilentiel.—Antiquités. —Djelalabad.—Montagnes neigeuses. — Le Balabagh. — Gondamak. — Pays froid.—Nimla. — Manière de soigner les chevaux. — Djagdalok. — Ghildjis nomades. — Scènes pastorales. — Col de Lata Bend Caboul. — Mohammed Cherif, notre conducteur. 105

CHAP. V. Caboul.—Le nabab Djebbar Khan. — Présentation au chef de Caboul.—Tombeau de l'empereur Baber. — Caboul. — Traditions. — Arméniens.—Divertissement, jardins, fruits. — Le Bala Hissar. — Différence des usages de l'Europe et de l'Asie. — Tombeau de Timour Châh.—Secrets et Alchimie.—Origine des Afghans. — Les Kaffirs. — Marchands de Chikarpour. — Arrangement relatif à nos finances. — Civilisation. — Facilités pour le commerce. 125

CHAP. VI. Voyage à travers l'Indou Kouch ou les montagnes neigeuses.—Départ de Caboul. — Le cafila bachi. — Djelraïz. — Vallée de la rivière de Caboul. — Col d'Ounna. — Effet de la neige. — Les Hezarés. — Col de Hadjigak et de Kalou. — Bamian et ses idoles. — Sortie de l'Afghanistan.—Col de Dandan Chikan. — Piété des Ouzbeks. — Opinion des Asiatiques sur l'Europe. — Col de Kara Kouttal. — Aventures. — Défilés affreux. — Khouloum. — Plaines du Turkestan. 161

CHAP. VII. Difficultés sérieuses, voyage à Khoundouz. — Difficultés à Khouloum. — Tableau des malheurs de Moorcroft. — Départ pour Khoundouz. — Aventure de nuit. — Compte que l'auteur rend de lui-même. — Sottise du conducteur. — Manière de boire le thé.— Entrevue avec le chef de Khoundouz.—Départ de cette ville. — Départ de Khouloum. — Dangers de la route de Balkh.—Mirage.—Mazar.—Tombeau de Trebeck. — Arrivée à Balkh. 197

CHAP. VIII. Balkh et continuation du voyage à Boukhara. — Description de Balkh. — Monnaies trouvées dans cette ville.—Le cafila bachi. — Tombeau de Moorcroft. — Départ de Balkh. — L'ancienne Bactriane. — Exactitude de Quinte-Curce. — Désert des Turcomans. — L'Oxus. — Singulière manière de le traverser. — La caravane. — Kir. — Koudak. — Kirkindjak. — Karchey. — Maladies dans la caravane. — Karsan. — Ouzbeks. — Arrivée à Boukhara. 226

Chap. IX. Boukhara. — Changement de costume. — Visite au ministre. — Le reghistan ou grand bazar. — Société. — Bazar des esclaves. — Rigueur des observances religieuses. — Les Hindous. — Bains. — Entrevue avec le ministre. — Le roi. — Esclaves russes. — Connaissances faites à Boukhara. 255

Chap. X. Boukhara. — Description de Boukhara. — Histoire de cette ville. — Rigueur de l'islamisme. — Littérature de l'Asie centrale. — Entrevue avec le visir. — Notice sur Samarcand. — Tombeau de Bahouadin. — Ville ancienne. — Famille Ouzbeke. — Le vendredi à Boukhara. — Visite d'adieu au visir. — Départ. 286

Chap. XI. Séjour forcé dans le royaume de Boukhara. — La marche de la caravane est arrêtée. — Assemblée des marchands. — Le pays entre Boukhara et l'Oxus. — Liaisons avec les Turcomans. — Les Turcomans Ersari et l'esclavage au Turkestan. — Ruines de Baykand. — Marches d'Alexandre le Grand. — Réponse du khan de Khiva. — Usage des Ouzbeks. — Préparatifs de départ. — Lettres de l'Inde. 315

Chap. XII. Voyage dans le désert des Turcomans. — On s'avance vers l'Oxus. — Dunes. — Bassesse des commerçans boukhars. — L'Oxus. — Tchardjoui. — Le désert. — Esclaves. — La caravane. — Puits de Bhalgoui. — Dangers du désert. — Le mirage. — Lait de chamelle. — Les Outchgoui et les Turcomans nomades. — Ruines de châteaux. — Mourghab. — Camp turcoman. — Officiers khiviens. — Situation précaire. 351

FIN DE LA TABLE.

www.ingramcontent.com/pod-product-compliance
Lightning Source LLC
Chambersburg PA
CBHW060613170426
43201CB00009B/1002